浙江中医临床名家

陆芷青

总主编 方剑乔

郑小伟 主编

科学出版社

北京

内 容 简 介

本书是"浙江中医临床名家"丛书之一，介绍了浙江名医陆芷青。陆芷青教授是浙江省首批省级名老中医、国家级名老中医。本书共分六章：中医萌芽、名师指引、声名鹊起、高超医术、学术成就、桃李天下。本书重点介绍了陆芷青教授治疗内科杂病及疑难病的学术成就、学术思想及临床经验，特别是在肝胆、心病等方面有自己独到的家传经验。全书涉及验方治疗胆病、心悸、胸痹、胁痛、臌胀、咳喘、胃脘痛、头晕、中风、泄泻、疟疾等多种常见病、多发病，结合大量有效验方和具体病例展现了中医中药在内科杂病治疗中的特色和优势。

本书可供中医临床、科研及在校学生阅读使用，也可供中医爱好者参考。

图书在版编目（CIP）数据

浙江中医临床名家.陆芷青 / 方剑乔总主编；郑小伟主编.—北京：科学出版社，2019.6

ISBN 978-7-03-061736-1

Ⅰ.①浙… Ⅱ.①方… ②郑… Ⅲ.①陆芷青-生平事迹 ②内科杂病-中医临床-经验-中国-现代 Ⅳ.①K826.2②R25

中国版本图书馆CIP数据核字（2019）第128402号

责任编辑：刘 亚 凌 玮／责任校对：王晓茜
责任印制：徐晓晨／封面设计：黄华斌

科 学 出 版 社 出版
北京东黄城根北街16号
邮政编码：100717
http://www.sciencep.com

北京捷迅佳彩印刷有限公司 印刷
科学出版社发行 各地新华书店经销
*

2019年6月第 一 版 开本：787×1092 B5
2020年1月第二次印刷 印张：11 3/4 插页：2
字数：190 000

定价：58.00 元
（如有印装质量问题，我社负责调换）

浙江中医临床名家

丛书编委会

主　编　方剑乔
副主编　郭　清　　李俊伟　　张光霁　　赵　峰
　　　　陈　华　　梁　宜　　温成平　　徐光星
编　委（按姓氏笔画排序）
　　　　丁月平　　马红珍　　马睿杰　　王　艳
　　　　王彬彬　　王新华　　王新昌　　牛永宁
　　　　方剑乔　　朱飞叶　　朱永琴　　庄海峰
　　　　刘振东　　许　丽　　寿迪文　　杜红根
　　　　李　岚　　李俊伟　　杨　珺　　杨珺超
　　　　连暐暐　　余　勤　　谷建钟　　沃立科
　　　　宋文蔚　　宋欣伟　　张　婷　　张光霁
　　　　张丽萍　　张俊杰　　陈　华　　陈　芳
　　　　陈　晔　　武利强　　范军芬　　林咸明
　　　　周云逸　　周国庆　　郑小伟　　赵　峰
　　　　宣晓波　　姚晓天　　夏永良　　徐　珊
　　　　徐光星　　高文仓　　郭　清　　唐旭霞
　　　　曹　毅　　曹灵勇　　梁　宜　　葛蓓芬
　　　　智屹惠　　童培建　　温成平　　谢冠群
　　　　虞彬艳　　裴　君　　魏佳平

浙江中医临床名家·陆芷青

编 委 会

主　编　郑小伟

副主编　宋　红　　刘晓谷

编　委　（按姓氏笔画排序）

孔丽娅　　申彩彩　　包素珍　　刘时觉

刘晓谷　　余玉琴　　余鹏飞　　宋　红

张　仙　　陆　红　　陆碧梧　　郑小伟

郑洪斌　　胡艳兰　　姜春燕　　盛凯悦

程志清

总　序

　　中华医药，博大精深，源远流长。灵兰秘典，阴阳应象，穷万物造化之妙；《金匮》真言，药石施用，极疴疾辨治之方。诚夷夏百姓之瑰宝，中华文明之荣光。

　　浙派中医，守正出新，名家纷扬。丹溪景岳，《格致》《类经》，释阴阳虚实之论；桐山葛岭，《采药》《肘后》，载吴越岐黄之央。固钟灵毓秀之胜地，至道徽音之华章。

　　浙中医大，创业惟艰，持志以亢。忆保俶山下，庠序进修，克艰启幔；贴沙河干，省立学府，历难扬帆；钱塘江畔，名更大学，梦圆字响。望滨文南北，富春秋冬，三区鼎足，一校华光；惟天惟时，其命维新，一德以持，六艺互襄；部省共建，重校启航，黾勉奋发，踵武增华。

　　甲子校庆，名医辈出，几代芳华。值此浙江中医药大学建校六十周年之际，特辑撰"浙江中医临床名家"丛书，以五十二位浙江中医药大学及直属附属医院名医为体，以中医萌芽、名师指引、声名鹊起、高超医术、学术成就、桃李天下为纲，叙名家成长成才之历程，探名家学术经验之幽微，期有益于同仁之鉴法、德艺之精进。

时己亥初夏

目　　录

第一章

中 医 萌 芽

　　绿荫匝地，微风轻送，杭州的老小区安静而惬意，一个普通院落书房里，错落有致地摆放着一个大书架，一张书桌和几把靠背椅。那张棕色杉木质地的书桌上，放着一沓教案和《中医诊断学》《伤寒论》《王孟英医案》等中医书籍。与书架上排列的书籍不同，这几本或折着书角或插着书签，隐约地提醒这几本书籍主人正在使用。书桌与书架的缝隙之间还隔着一个带有两层抽屉的铜锁矮柜子，为了不让人觉得空无一物，主人在矮柜子上还摆放了一个竹制的四角板凳式的小花台，上面架着一紫砂盆的迷你松柏盆景，泥土之上还长有青苔，让这个角落富有一片青葱之色。书桌上方隔着一块大小合适的玻璃，压着一些富有年代感的信件，一些小方歌，还有几张全家福。

　　一位消瘦的七旬老人穿着黑色西装，打着红色领带伏案在旁，一手压着稿纸的左下角，一手拿着银色钢笔，在稿纸上刷刷刷地写着什么。老者时而停顿思索，时而抬头看向墙上的字画，褐色粗框眼镜后的目光透出回忆的光芒，然后又在稿纸上写下几行。这位凝神写作的老者正是第一批全国名老中医陆芷青，而此时他已74岁高龄了。

　　陆芷青刚才目光所及的字画，是自己书写的笔墨，暖暖的阳光照进来，把上面写的几个苍劲有力的字，"慎几恐有错，微辨自无非。先父建之公遗训"，映照得分外显明。陆芷青闲时常常望着这幅书画，喝茶神游，追忆着父亲，也自省自己从医是否一直遵循着这句遗训。这位给予陆芷青人生指引、医学经验的父亲陆建之的人生颇具色彩，他的经历影响着陆芷青的一生。

第一节　亦师亦父陆建之

西湖边，杭州劳动路陆家巷，白墙黑瓦，像是沉默的留声机，记录着时代的变迁。陆氏一族的祖辈世居于此，家庭富庶，是当地小有名气的乡绅。这一块在当时多是富绅聚集之地，后来的民国才女林徽因也是在这个陆家巷中出生，并度过了童年。1860年前后，太平军占领杭州，街头巷尾那些白天为官兵、夜间为贼寇的太平军让杭州百姓苦不堪言。普通百姓对于凶悍的官兵手无缚鸡之力，或命丧黄泉，或仓促逃亡。至1863年太平天国战乱结束，杭州的人口由原来的81万骤降至7万，其中民生乱象，难以复述。陆氏一族在此期间被官兵盯上饱受磨难，其中的大部分财产被太平军洗劫一空。好在别院书房的大部分书籍未遭洗劫。陆氏一族携家带口，并带着这部分书籍南迁至永嘉（现温州鹿城），以经营书店为生。

初来永嘉，由于方言差异过大，陆家的生意并不算红火，只能勉强维持生计。1878年，陆家诞生了一名男婴，名曰建之，寓意在之后学有所成，有所建树。陆家人知道从商并非长久之计，参加科举考试，考取功名，从儒为仕才是正道。因而陆家人给陆建之请了先生，从小学习四书五经。凭借家中浩如烟海的书籍，陆建之学习诸子百家书，攻读《十三经注疏》《二十四史》。陆建之读经史之书，喜欢读其要，解其意，对于古今字、通假字都翻阅多家注释。之后阅读《黄帝内经》的时候，陆建之就翻阅了不下5家的关于《黄帝内经》的注释。他后来在教导陆芷青时也说道："一家之言，不可尽信，亦泛有纸上谈兵者。下书海而后诊病，方知谁对谁错。"日积月累的琢磨研读夯实了陆建之在训诂学方面的功底，这也为之后阅读诸子百家提供了方便。

虽家中经营商铺，但陆建之性格沉静寡言，并不爱与人交际，常沉寂在书海中与书中的人儿对话。初在学堂就读之时，一些顽劣的学童对他这个"书呆子"颇为好奇，时而放个毛毛虫在他桌边，时而放个知了在他的书袋里，以图这位"风雨不动安如山"的磐石能够惊乍而起。这种恶作剧，前两回陆建之会惊慌失措，惹得这些学童捧腹大笑，颇为得意。可是被捉弄之后，陆建之又安静下来，手捧书本念念有词，不再理会他们。第三回被戏弄之时，陆建之已是不为所动。多次戏弄"书呆子"无果，这几个顽劣的学童想出了更厉害的绝招，他们寻了一种"咬人草"，放在了陆建之的书袋里，陆建之拿书时双手碰到后拿起来看了看，不以为然，便丢在一边。哪知随后他的双手开始如被蜂蜇般难受，开始发红发痒，不能再继续读书写字。陆建之知晓这又是那些同学的恶作剧，虽然之前一再忍让，可是这回实在难受，不得不报告了先生，请假回家让家人去医馆找大夫医治。大夫看了他的手问道："你之前可曾碰到了什么？"陆建之答道："我也不知道是什么，是一种植物。"大夫若有所思，拿出一本书，指着上面的一幅图问道："和这个长得像吗？"陆建之看了会，上面写着"荨麻"，点点头。大夫道："无妨，用温水洗一洗，症状会缓解的，这是荨麻，上头有刺，你下回见着别碰它就可以了。""它还能入药治病？""对啊，它能治疗一些皮肤病。"陆建之听了更觉惊奇，暗忖着这个让自己皮肤疼痛难忍的植物竟是药材，还能治疗皮肤病。回家之后，陆建之便在家中找到了一些本草类书籍，还有《黄帝内经》，在平时学儒之余，开始似懂非懂地阅读起中医书籍。

阅读之外，陆建之另外一个爱好，就是练习书法。陆建之被王羲之勤奋刻苦练习书法的故事深深震撼到了：王羲之一次吃午饭，书童送来了他爱吃的蒜泥和馍馍，几次催他快吃，他竟然连头都没有抬起来看一下，专心致志地边看字帖边练字。书童最后不得不去请他的母亲来劝他吃饭。母亲来到书房时，只见羲之手里拿着一块沾了墨汁的馍馍往嘴里送，弄得满嘴乌黑。原来王羲之在吃馍馍的时候，眼睛仍然看着字，脑子里也在想这个字怎么写才好，结果错把墨汁当蒜泥吃了。母亲看到这情景，憋不住笑着说："羲之，今天的蒜泥可真香啊！"陆建之深刻地体会到，练习书法一定要静心专注，持之以恒。原本陆建之就沉默寡言，在练习书法的时候更是把自己关在书房里，并且告诉家人，练习期间任何事情都不要打扰他，即便是吃饭时间，把饭菜放在门口即可，不必敲门提醒。家人虽有不舍，怕陆建之有饥饱不适，但懂得"书山有路勤为径，学海无涯苦作舟"。这闭门不思茶饭的学习之举，也让人备感欣慰。在日复一日的练习中，陆建之的草书达到了主副毫皆丝丝得力和笔酣墨饱的高水平。尽管如此，陆建之一直在苦苦思索如何让书法技艺更上一层楼。

1921年3月，已经在杭州出家的弘一法师在温州名士吴璧华、周孟由的陪同下一起来到了温州。弘一法师俗名李叔同，生于1880年，他的父亲李筱楼是进士出身，曾在吏部任职，也是当时的天津巨富。弘一法师才华横溢，诗词、书画、篆刻、音乐、戏剧、文学无不精通，是我国话剧、西洋绘画、

浙江中医临床名家·陆芷青

现代音乐和现代教育的开创者之一，著名画家丰子恺、潘天寿、音乐家刘质平等，都是他的学生。

弘一法师来到温州的消息传开后，陆建之心中按捺不住兴奋，前往友人家中相约一起去拜访弘一法师，讨教书法心得。在此之前，陆建之对弘一法师早有崇拜敬仰之心，无奈弘一法师在杭州出家，深居简出，不得相见。

弘一法师在杭州出家后，也是由于杭州天气寒冷，袈裟单薄，穿多不便打坐念佛，故而在瑞安人林同庄的建议下离杭向南，前往气候温和的永嘉（温州），驻锡庆福寺（俗称"城下寮"）。寺庙虽然院舍破旧，但毗邻景色秀丽的积谷山，僻处城外，闹中取静，遂为大师所钟爱。大师以重振南山律为己任，闭关治律。这番机缘巧合，温州的其他乡绅官员、文人骚客也和陆建之一样，想一睹大师风采。但大师来此静修，特撰《谢客启》，与同僚僧众约法三章："一、凡有旧友新识采访者，暂缓接见；二、凡以写字作文等事相属者，暂缓动笔；三、凡以介绍请托诸事相属者，暂缓承应。唯希同人共相体察，失礼之罪，希鉴谅焉。"并在潜修窗口处张贴"虽存犹殁"四字，以示来访者。因而陆建之等人未曾得见。

1922年，弘一法师患痢疾，身体日虚一日，躺在草席上，对前来探视的寂山长老说："朽人大病从死，小病从医，今是大病，从他死好。唯求师尊俟吾临终时，将房门局锁，请数师助念佛号，气断逾六时后，即以所卧被褥缠裹，送投江心，结水族缘。"旁人闻之莫不动容。消息传到城中，陆建之亦扼腕叹息，想登门问诊。但众僧皆云大师心意已决，不愿求医，只求顺其自然而已。好在大师心如止水，战胜病魔自行恢复健康了。得知消息后，陆建之和一道杏林之辈前往拜谒。大师知是众人关心心切，便开门接见。大师对于书画、金石、诗词、音乐、话剧、教育、佛学等无一不精，众人相谈甚欢。此次相见时，陆建之也幸得大师对联墨宝一副，无奈在之后动乱中不得已而毁之，这件事也成了陆建之一生的憾事。但交谈之后，大师潜心问学的精神、低调做事的情怀，却是深深地影响了他。

陆建之在草书上的造诣愈加精进，习得"心境"是修习书法的关键所在。平时勤学苦练的力道与临摹，皆属于基本功之类，泛泛之类皆可习之，然心境则不同，当忘乎各大书法家笔画特点，将之前所学融会贯通，一笔之中包含的起笔、力道、走势皆符合自己内心所想，写出属于自己的字"魂"，方是书法者的进阶课程。感悟这层妙语之后，陆建之又情不自禁地投入书法练习之中，造诣开始提升，上门求陆建之字者也多了起来。隐约之中，大家觉得陆建之再历练十年，必当成为一代文豪。但是历史的车轮却开始偏离原本的轨道，逐渐将这一代文人推向不同的发展方向。

清末之时，甲午战争失败，全国轰动，邻省福建的林永升等多位舰长以身殉国，温州全城上下亦悲愤交加，温州的读书人清晰地认识到，之前被自己蔑视的日本，在技术和国力上已经超过了物华天宝的清朝。1877年以来，温州的读书人前往杭州参加乡试，除了长途跋涉走陆路，还多了一条水路，他们可以乘坐26个小时的海轮到宁波，再由宁波进入上海租界，最后从上海掉头转往杭州。在路途中，这群读书人看到了西方"奇技淫巧"给上海、宁波带来的翻天覆地的变化：汽笛长鸣、浓烟滚滚的轮船，灯红酒绿、电灯如昼的夜晚，原来这个世界有那么大的不同！回到温州，这批读书人向大家讲述所见所闻，但是大多数乡民不以为然，只当作津津乐道的饭后笑谈，看着这群读书人成立"联合会"之类的社会团体宣传革命，更是觉得他们夸大其词。直至甲午战败，温州的民众们才渐渐意识到那群读书人口中革命的重要性。

当时未及弱冠的陆建之，虽然还没有前往参加乡试，但是在朋友传阅的《申报》中，也看到了清朝政府的软弱，清朝需要新的思想来抵御外敌的入侵。但是一介书生，想要为国效力，参加科举考试是最有可能的出路。因此，陆建之依旧选择每隔三年赴杭参加乡试。然而，在科举考试的文字中透露新颖革命的思想，注定他只能落个屡试不第的结果。好在陆建之在此期间并没有放下祖国医学，依旧不停阅读、钻研，已经略懂医理，在自学并背诵《黄帝内经》《伤寒杂病论》后，给人看病，屡见起效，并可以此为生计。因而在他的生活中，给人诊病的时间多了起来。

温州地处东南沿海，气候湿热，乡民常为湿疹所苦。青年时候的陆建之在上学堂期间阅读本草书籍之后，逐渐可以用一些本草书上的单方验方的外用药，解决一些皮肤上的常见病，如湿疹、痈疡。后来陆建之发觉病多方少，不足以解决生活中其他常见的类似疾病。虽然此时已经阅读过《黄帝内经》《难经》《伤寒杂病论》等医学经典著作，但对于遣方用药，陆建之心中并无太大把握。况且乡镇之间的游走郎中前脚打保票药到病除，后脚患者魂归于天的情况时有发生，人命岂如草芥，应慎而待之！对于自己不会医治的疾病，陆建之都让求医之人前往他处就诊。闲暇之余，陆建之也会回到书房翻看医书，思考中医治疗疾病应有的诊疗思路。若偶遇患者，必定问他在其他医馆的治疗情况。

在初期的诊病中，陆建之发现，虽然自己所遇之病在书中已有记载，条

浙江中医临床名家·陆芷青

理清晰，自己也曾阅读相关医案，但具体开药用方提笔之时，脑中只有一些模糊的记忆。因而，从《药性赋》《濒湖脉学》《医学三字经》和《汤头歌诀》的中医四小经典到中医四部经典著作，陆建之都力求通读一遍。初读一遍，一知半解，再读，似懂非懂，三读之后，文意大体通明，不明之处也另有摘抄。在阅读过程中，陆建之怀揣着求知的欲望，完成了通读中医基础经典的自学。尤其是在阅读《黄帝内经》之时，虽然陆建之有一定的文言文功底，但是由于《黄帝内经》文辞古奥，三读之后亦有颇多不解，里面涉及的天文地理知识自己并不曾接触过。既然《黄帝内经》能被医家从古推崇至今奉为经典，则其中之大义、大奥必非一般人能感悟透彻。

　　为了真正读懂《黄帝内经》，陆建之虚心向他人询问该如何阅读此书。当时，诵读《黄帝内经》之人在儒生中也不占少数，大多数认为稍懂医理可以有助于自己少患疾病。有人就推荐陆建之阅读《黄帝内经》的注解，历史上已有不少朝代的名医为《黄帝内经》做注，唐有王冰，明有吴琨，清有张志聪，翻阅这些注解阅读起来更通俗易懂。每每获得这些有用之书，陆建之都会津津有味地沉浸其中，反复咀嚼思考。家中的人经常看到陆建之在书房之中捧书而立，眉头紧锁嘴中念念有词重复一句话，忽而又兴奋地转身，翻出之前未能读懂所摘抄的笔记。虽读的是《黄帝内经》的注释，但在不知不觉之中，《伤寒杂病论》等其他著作中的疑惑也骤然间豁然开朗。

　　除了自己通读原文并阅读各家对经典的注释，陆建之也会参加儒生之间的品茗之会，虽名曰品茗，实为文学交流。在这些交流中，除了富有"永嘉文派"的文人，也总有附庸风雅，想要卖弄才学之人。他们胸中虽无精通经史的笔墨，但初来乍到的他们总想给自己留个开门红。在场名贤高于自己之人不在少数，若自己的言论能说服他人抑或是得到前辈的赞赏，那名声大噪便指日可待了。因而但凡有聚会，这些学子就想着另辟蹊径找些自认为独到的见解，准备半月余。有一回，北头桥一张姓书生谈论《黄帝内经》，道："内经之论，不过尔尔，其曰'上古之人，其知道者，法于阴阳，和于术数，食饮有节，起居有常，不妄作劳，故能形与神俱，而尽终其天年，度百岁乃去'，今吾家祖母八十有六，喜水烟与黄酒，一日不曾断过，体格硬朗，身心愉悦，有悖于《黄帝内经》，《黄帝内经》之语不可全信矣。"众人听了诧异不已，但也实在挑不出个所以然的毛病来，就附和了几句恭祝张家祖母高寿的客套话。但陆建之听了，只觉得此乃断章取义。天人相应之理亘古不变，张家祖母之水烟与黄酒属温热之品，若张家祖母本就体寒，水烟

浙江中医临床名家·陆芷青

与黄酒则有小益而无大害。青年壮年男子则大多不然，本就阳刚之气盛，若温热之品过之则必伤本体，有害而无一益。此番想法虽在陆建之脑中盘旋，但是陆建之觉得这张姓书生误解医理并不伤他人性命，只是卖弄不当罢了，若直接和他理论上一番，恐伤了他的体面。那时的陆建之并没有十足的经验去理解《黄帝内经》文字背后对疾病治疗的真正意义，心中更是觉得书到用时方恨少，说不出多少反驳的话，只得在旁默不作声。

三五年之后，陆建之在出城上山认药的路上碰到了一支送丧的队伍。本来陆建之不以为意，但是哭丧一行人的反差让他有点好奇。队伍之中，大多数人都情绪平平，情绪的极致表达停留在眼含泪光，似乎对逝去之人并无深厚感情。但其中的一对夫妇似乎尤为悲恸，妇人还未至城外郊地，就已经精疲力竭，抽泣之时被亲朋架着缓缓前行。模糊的言语之中，陆建之听出了是白发人送黑发人。人言道，人生在世有三件最痛苦的事情：少年丧父、中年丧偶、老年丧子。陆建之想着，好在自己父母健在，家中又略有富余能够让自己读书识字，不愁于劳苦之生计，在一旁目送送葬队伍离去。

陆建之采药回家后，在茶馆喝茶之际听闻旁边一桌的人谈论城中近事，说的正是自己所遇到的白发人送黑发人之丧。"哎，那个大烟真是碰不得，是要人命的东西啊，就这么一个壮年小伙，硬生生给吃成了一个骷髅鬼。""她娘把他绑起来，据说力气大的不行，要冲出去抽大烟，眼珠子都快瞪出来吃人了哟。""枉费他读了这么多年的书，功名还没考取一个，没给家中光耀门楣，反而要吃空家底，偷祖辈的财产去卖。""这种不孝子还是去了的好，这大烟着实可恶。""不过听说真的会欲仙欲死嘞，只是我们这种人也吸不起，不然我也想试一试快活如神仙的感觉。""呵，那个北头桥抽大烟的馆子我进去看过一眼，我跟你们说啊，里面各个躺在那里不停地吞云吐雾，人一进去，呛鼻的很，但是那几个呀，都闭着眼睛一脸享受，简直要升仙了。""别说了，让你家的那口子知道了，谁知道嚷成什么样呢！""那个婆娘不生个大胖小子，吼什么吼。"后面的陆建之没有继续听下去，听到北头桥的时候，陆建之想起来那个经常在品茗会上大放厥词的张姓书生，突然之间觉得前面看到的妇人的面孔和他有点相似。但是想了想，应该不会是他吧。正想着摇摇头，另一个同学过来和陆建之打招呼："德嵘，德嵘，你知道不，那张生前两日抽大烟抽死啦！""谁啊？""就是那个经常讲《黄帝内经》哪哪不对，让很多大夫拒绝诊治的那个。""真是他？""看来陆兄已经知道啦？""我之前不肯定，今日早上碰到一支送葬队伍，现在你一说我才确定。""他抽大烟一年多，前面他学他奶奶抽水烟，不知道哪个给了大烟，他还觉得自己比原来年轻了，越吸越多。大烟价格高，他就偷偷拿他媳妇的陪嫁去当铺，没两次就花光了，后来又去他爹书房，被抓了个正着，一顿打呀。""那应该会戒了呀，毕竟才吸了没多久。""坏就坏在他觉得旁人说的和《黄帝内经》一样都是假的，自己早就比一般的大夫强了。他就去他亲戚家假装串门，其实是偷了亲戚家的财物，一日之内去了好几家，然后就逃到隔壁县的地下大烟馆了。那些钱全部花在了大烟上。等别人找到他，他就已经半死不活被人打得不成人样了。"这件事情对陆建之的触动很大，不熟读经典，断章取义，害人害己。

民国初年，陆建之的第一任夫人王瘦梅英年病逝，陆建之心痛万分。在此之前，陆建之略通医理但并不以此为主业。昔日读《大学》，《大学》之纲领有三：明德、新民、止于至善。而今虽然能文能诗，修己尚可，但是所学之识并未用之得力，主张之新颖使得仕途看似缥缈无期。夫人的病逝，让他自叹疾病害人，让人阴阳两隔，又扼腕痛恨自己，学医不精，连自己的家人都不能好好保护，更深叹医学的博大精深，自己还只不过是管中窥豹，要学习的地方还太多。他仰天长叹，感慨万千，何苦让光阴流逝，不如打定主意细研医学，治病救人，医人亦医己，顾家亦顾民。况且辛亥革命带来的思想改革，让陆建之觉得清王朝不会东山再起，在宁波、上海的所见所闻提醒陆建之进入西洋之学日新月异的变化中，若遵循守旧自己的才学会受到限制。

岁月的车轮滚滚向前，1918年3月，陆建之的第二任夫人生下长子陆芷青，寓意"青出于蓝而胜于蓝"。这个暗含深意的名字，也深藏了一个父亲对长子的爱和期待。从陆芷青初上学堂开始，陆建之就一直以严父的形象停留在陆芷青的记忆中。陆建之性格寡静，对于陆芷青的学业不曾言语评论过多，但是相应的要求一个也不会少。长大成年后的陆芷青，父亲的三个要求让他印象最为深刻，这也深深影响了他的一生，也影响到他以后对自己儿女的教育，同时也是让他受益匪浅的三个要求。第一是要真正读懂读透。在陆建之学医的过程中，他深刻体会到学习经史的重要性，因此他要求陆芷青，经史每读一句，就必须完全读懂一句。这一句没有读懂，就不可以看下一句。假使今日没有读懂，明日还是继续再读这一句，要有持续的耐心，把经史读透为止。第二就是要专心。开始对一本书感兴趣并准备阅读的时候，就要抱着一颗专注之心，即读完这一本之后才可以看其他感兴趣的书籍，不可以三心二意，在读了一半被他书吸引之后弃而觅他。第三就是做事情要持之以恒。在书法练习上，每日必须临摹足够的字帖才可以休息。

在父亲的严格要求之下，陆芷青八岁时，就开始背诵《汤头歌诀》。初学之时，陆芷青背诵无法，多次背诵都是前记后忘。但是后来把各类方剂经过分析，和之前所背诵的《药性赋》的中药药性、药效结合起来理解，再比较异同，就能够牢牢记住。再到十二岁时，陆芷青开始阅读临床书籍的时候，更深入了解其中的方义，就真的熟记在心了。因而在陆芷青随父亲陆建之侍诊阶段，父亲说上方名，陆芷青就在纸上写方子的药味和剂量，再自己临证加减后给父亲过目，陆建之修改完毕后，再誊写到新的纸上，那时的陆芷青，还只是个少年。

1929年，那年出现了一个学习中医、名叫潘澄濂的温州青年。年仅20岁的潘澄濂在上海中医专门学校毕业之后，打算在家乡温州办一家诊所。但这张稚嫩的脸庞上此刻却写满愁苦，有点不知何去何从，一个巨大的难题摆在他的面前。根据当地习俗，当时业医之人，多要书写医家日记，它是医家对自己日常出诊记录的保留。而在正式开办诊所之前，为医者需要请一位自己敬仰，抑或是在当地颇有名望的前辈行开笔礼，在医家日记上写下开业日期及祝福语和期望后者可行医，大家称这一习俗为"开笔行医"。而潘澄濂从上海求学回来，对温州的各位前辈虽有敬仰之心，却并不熟识，潘澄濂担心会被拒绝，毕竟自己行医开诊所之后，与前辈也算是竞争关系了。那时的陆建之已是十里八乡的名医，潘澄濂从父母及乡亲耳中闻得陆建之无论是医术还是人品都以"仁"当先，便抱着试一试的态度登门请求。令潘澄濂欣喜的是，这位已是天命之年的陆建之前辈和善地接待自己之后，只问了自己一些对《伤寒杂病论》的理解，自己回答完毕后还予以点拨，并爽快地答应为自己开笔。这一开笔，也给中医药行业注入了新的力量，因为谁也不曾想到，这个稚嫩的少年今后会成为中西医结合领域的领头人，成为浙江中医学院（现浙江中医药大学）副院长，培养出更多优秀中医学子。

陆建之和陆芷青行医多年后，他们的大名，在当地可以说无人不知。说起来，还有一段趣事。若不是陆建之的二儿子陆崇熙前往桂林参加大学的考试，流落桂林，他可能自己都不知道自己的父亲和大哥那么受乡亲尊重。1937年，陆建之的二儿子陆崇熙前往桂林参加国立中央大学的招生考试。考试结束后，离放榜还有一段时间，如果能够录取，紧接着就需要前往重庆就读，因而陆崇熙在等待期间留宿在当地旅馆。眼瞅着最初带过来的盘缠逐渐见底，陆崇熙一方面给大哥陆芷青写信，让大哥邮寄一些生活补助。另一方面，陆崇熙走上大街上，想着大哥的生活补助可能会有延迟，应当另做打算，想想有什么谋生之计，或许可以在路边摆个代写书信之类的小摊。陆崇熙边走边思忖着，突然听见前方有两个讲温州话的声音，心中一喜，赶忙向前作揖搭话："两位可是温州人？"两位中年男子一愣，答道："正是正是，莫非小兄弟也是吗？"陆崇熙喜笑颜开，"在下听两位兄台方才用家乡话交流备感亲切，在这异地他乡，能遇见同乡实属不易，上来叨扰两位兄台莫要见怪。在下陆崇熙，家父陆建之，家兄陆芷青，住在永嘉。此次来桂林是参加国立中央大学的招生考试。""啊呀呀，令尊和我们可是故旧啊！我们的家人生病的时候也都上门请令尊前往就诊。不知令尊身体可好？"陆崇熙神色黯然，道："我临走之前，家父身体抱恙，之前请了不少大夫调养也不见得好转，我心中也甚是忧愁。""小兄弟不要太过担心，令尊定会好转康复。我们在此从商，如果需要我们的帮助，尽管开口吧。""实不相瞒，在下已在桂林停留多时等待放榜，身上盘缠即将耗尽，无奈家兄的补给还未送到，不知两位兄台能否借我些盘缠，等家兄的补给一到，定上门如数奉还。"两位中年男子相视一笑，乐呵呵地道："还以为是什么大事呢，小兄弟如果不介意，可以住在我们家中，这样吃住都无妨，我们也想听听故里的消息呢！"陆崇熙眉间愁云舒展，忙作了一个揖，"小生感激涕零！""不必客气，谁让我们和令尊是故旧呢！而且我们确实也很敬仰令尊与令兄的为人啊！"陆崇熙跟随两位老乡前往他们家中，返回旅馆收拾好行囊后，便在老乡家里长住了下来。等到陆芷青补给寄到，放榜结果出来陆崇熙被录取，陆崇熙喜气洋洋地回赠了一些礼物给老乡，就赶往重庆的国立中央大学报到去了。多年后，陆崇熙和子孙辈们津津乐道此事，父亲陆建之和兄长陆芷青的医术精湛和为人让人称颂。

第二节　学禀家训铭慎微

父亲陆建之对于陆芷青的成医之路影响深远，无论是家传经验方之医术，还是从医之医德，都在陆芷青幼年和童年阶段可见一斑。在陆芷青出生之时，父亲陆建之在医学上已经有所建树，在当地治疗温病方面颇有名气，上门求医者不在少数。《浙江历代医林人物》谓其"以善治温病著称于世"，时人称为"蛇篓"，"蛇"温州方言谐音"邪"，谓其治"邪证"即温热病如捉蛇入篓，稳操胜券。

在陆芷青的童年，常常看见家中繁忙进出的人无数。有些是父母抱着啼哭的孩儿泪流满面进来的，有些是昏睡中耷拉在壮年小伙背上进来的，更有甚者是躺在门板上被抬进来的。幼年的陆芷青并不知道他们是怎么了，只知道他们是来求爹爹的，过一段时间，他们可能还会再来，但不会再如此愁容满面、步履匆匆了。有一回一大早，一个和陆芷青相似年龄，五六岁的小囡被母亲抱着上门求诊，小囡身上穿着红色碎花对襟小袄，眼睛闭着，牙齿打着哆嗦，两个小脸蛋红扑扑的，断断续续地喊着冷。当时正是秋高气爽的好时节，大伙儿身上穿的都是单件，扫视一眼街上见着的大多是穿着丝绸旗袍的女人和穿着棉布长衫的男人。怎么这个小囡穿得这么厚还要喊冷呢？陆芷青好奇地跟着上前，在房门口看着父亲怎么医治。"大夫啊，救救我的女儿吧，她昨日白天和一群小孩到附近的水塘里玩掉下去呛了几口水，晚上回来就开始发烧，额头越来越烫，我就去附近西医馆找里面的大夫开了白色的药圆子吃，她半夜出了一点汗，但是早上我起来的时候发现她额头更烫了，还喊着冷。我是信不过那边的洋玩意了，大家都说你治这种高烧厉害，陆大夫，您赶紧给瞧瞧吧。"陆建之听这个妇人把发病过程说的条理清晰，心中略有把握，摸了小囡的脉象，舌象由于牙关紧闭看不得，费了好一会才看见红红的舌尖。这期间，小囡还有咳嗽，陆建之心中思忖，这怕是一个大青龙汤适用的方证，无奈是小儿，恐怕药量不可过猛，且仲师云大青龙汤只可顿服。陆建之诊断后在一旁开完方子，和妇人道："拿着方子去抓药吧，记住了，这个方子只抓一剂就够了，等囡囡汗出透了，就可以了。如果出得太多，记得来找我。"妇人赶忙说着"谢谢大夫，谢谢大夫"，另一边转身抱起孩子去药铺了。

三日后，一个小囡穿着枣红色对襟小布衫，梳着两个羊角辫，一手牵着妇人的手，一手拿着一小块麦饼来到家中。陆芷青一看，这好像是前几日来的那个小妹妹，水灵灵的大眼睛，这会儿睁开了，灵动可爱得很，毫无病态之色。倒是那个妇人，眼中泪光闪烁，一脸沉闷哀伤之色。妇人找到陆建之道："医术高明的陆大夫啊，我家囡囡好了呢，你看看！但是我做错了一件事情啊！"说完便扑通一声跪倒在地，陆建之赶忙向前扶起。"夫人这是做什么，赶紧先起来，我们有话好好说。"妇人默默起身，拉着囡囡在一旁坐下，沉默良久，道："上回和我们家囡囡一起玩也生病发烧的还有一个男孩，不过他发病的晚一些，我这边囡囡好转的时候他那边恶鬼上身般厉害地抽搐起来。我和他娘说：'我这有张方子，我家囡囡吃了一剂已经好多了，

你可以拿去问问陆大夫能不能吃。'他娘心疼他家这根独苗，急着去抓药，并没有来这边找你看看，直接问了药铺里坐堂的一个大夫，大夫说可以吃，就抓了三剂回来。哪知道第二日他娘上门来骂我，问我安的什么心，给的什么方子，把男孩吃得命都没了！我这才知道吃了一剂后这个男孩出了好多汗额头还是烫，他娘给他又吃了一剂，结果这一次出了大事，男孩汗出得更多了，但是身体开始发凉，到后面气息越来越弱，就，就断了呀！"妇人说到此处泣不成声，"我，我这才想起来你和我说过这个方子只能吃一剂，我没有告诉她啊！"陆建之听了，气得捶胸顿足，连连道："庸医，庸医啊！"仲师《伤寒论·辨太阳病脉证并治》中写得明白："一服汗者，停后服。若复服，汗多亡阳遂虚，恶风烦躁，不得眠也。"这个男孩怕是亡阳后呜呼哀哉了。恐怕药铺那个坐堂医生是学艺不精，以薄口食之流，害人性命，就在一句之差，一念之间啊。陆建之愤愤不平却又无可奈何，而今西国医学有大起超越中医之势，学医的高材生都攻读西医，中医人才匮乏，祖传中医实为少数，这导致中医界良莠不齐，因而只能宽慰妇人道："这方子没有问题，但一般人只可服用一次，多了伤及性命，这不是你之过。只是那看方子的医者实不上心，让她抓了三剂。夫人不要过多苛责自己伤了心脾之气才好。"妇人听了，点点头，拉着小囡再让陆建之诊治，陆建之诊脉察舌，另开了一剂小方给妇人。妇人道谢牵着小囡离开了。

又有一日，一位小伙前来家中乞求陆建之前往城西家中诊治祖母，陆芷青提着药箱跟随左右。进入主人家中卧室，一位老奶奶躺在床上遮着自己的脑袋，面容痛苦，口中呻吟不已。从孙子口中得知，祖母原本患有偏头痛，但寻医无数，长久难愈。听一位乡亲说独细辛一味便可以治疗头痛，便抓了一些煎服了两日。然头痛不减反而更加剧烈，胀痛欲裂，原本神清能衣能食，现在被头痛所困，只想着喝水，已经半日未进米粮。陆建之诊脉察色后道："你的祖母所患的头痛是风热头痛，所服之细辛，其形细而其味极辛，故名之曰细辛，性温，治寒性头痛佳。风热头痛用细辛相当于火上添油啊！"说完摇摇头，开了方子，递给孙子，"之后不可乱服药物，疾病有寒热之不同，药物有寒热温凉属性之异，不可道听途说，应当找大夫辨证开方才是。"孙子点头，送走陆建之就前往药铺抓药，五剂药后，祖母头痛减半。后再辨证施治服药30余剂，头痛几乎痊愈。陆建之在回去的路上告诫陆芷青："中药本草上千种，医者用药开方，熟知药性功效乃是为医之基本。不可学江湖游医，或者一知半解之辈，以为一方能治一病便觉有治百病之力，男女老幼，迥然有异；药之多少，差之毫厘失之千里。为医者，手中之笔墨，手下之药味，如何选择和配伍，用量的拿捏，亦如将军在战场上指挥不同士兵的排兵布阵。敌善箭术须以盾防之，敌善马术则以攻马为先。不可以海兵战步兵，必败。用于中药同理，尤需懂药性，明功效，虚则用补药，补中又有气血阴阳之别，气血阴阳互生之理，如要用之得心应手，效如桴鼓，定须仔细斟酌，谨慎小心。"陆芷青只觉得父亲的这番话深刻又复杂，听着似懂非懂，只能先默默铭记在心。

陆芷青在随父亲陆建之侍诊期间，每当夜间出诊，陆建之都是全程亲自上手，只让陆芷青在一旁观察。三五次之后，陆芷青向父亲提出心中的疑惑，陆建之道："你初步上手，若是日中之时，我必定不加以干预。只是夜间的诊视最容易出差错，望诊的面色在烛光下会有差异，导致误诊。尤其是皮肤黧黑贫血的患者，极其容易看错。有一次我朋友的妻子患了盲肠炎，经过西医的治疗后病情已经稳定，就随我的朋友一起来找我调理。当时正值饭后休息掌灯之时，当时我给她开了大柴胡汤去大黄、桂枝茯苓丸合方。服用之后却出现了下痢的症状。一番诊治之后反而身体逐渐衰弱。这个朋友还是十分信任我，请我再次诊治。诊断思量之后断为桂枝茯苓丸证及当归芍药散证。用此方与大柴胡汤去大黄合方，用了一剂之后下痢即止，之后元气也逐渐恢复。因此在夜间出诊，对于你来说现在是难于望诊。"之后又有一次，陆建之指导陆芷青望诊之时说道："气由脏发，色随气华，人体的神色是脏腑气血盛衰的外在表现。望色泽可以察脏腑精气的虚实，是诊断疾病的一个重要手段。医生必须掌握望色的要领才能正确诊治。此正如船工须能看风向，识水情，方可安全航行。医者若不明望色之要，便犹如船夫不识风向与水情，误诊误治焉得幸免？"父亲如此两次的训诫之后，陆芷青深深明白了望诊观察入微的重要性，所谓"望而知之谓之神"，此番功力定不能一日而成，需要在诊疗之时仔细斟酌辨别，观之甚微，察之秋毫。

一日，陆建之把陆芷青叫到书房，考查他的学习情况。陆建之提前让仆人准备好了笔墨，陆芷青来了之后便给他出了一道题："妇人慎用的药物有哪些？"需要陆芷青在半个时辰内回答完毕。类似的如"小儿慎用""灸法慎用""阴虚血燥之人慎用"等问题，父亲时不时会提出，让陆芷青有个系统的回答。之前陆芷青学习医方中药，注重辨证论治，证方相对，治病为首则，对于证候及人群差别中慎用的学习不为重点，但是父亲的多番考查，在陆芷青侍诊期间多了一些思考的内容。诊治妇人时自然而然地想到经带胎产

之时应当慎用的药物，规避了不少可能存在的风险。一个老中医对待生命慎而又慎的行为，一个父亲对孩子从医"谨慎"二字的教诲，陆芷青深深感受到了，日后也从父亲的日常考查中无形地转化到了临床。

看着爱子技艺一日日精进，父亲陆建之盼望着儿子将来能做一个有出息的好医生，思忖良久，命人精工细做了一块匾额，给自己的诊室题名曰"慎微医室"，并附上对联"慎几恐有错，微辨自无非"。悬好的第二日，陆建之在清晨把正在背诵医籍的陆芷青叫到跟前，问道："你可知为父悬挂这幅匾额的用意？"陆建之注视着匾额，思考了一会儿答道："孩儿虽未正式单独诊治过患者，但是孩儿在随父亲侍诊期间，也略有体会。父亲日常考查孩儿药物慎用的情况，此为用药之慎。再有父亲诊察舌脉，静心宁神，没有把握就不下笔开方，不能医治的疾病也会让患者转求他处，这是诊断之慎。就诊之余，父亲会嘱托患者日常避风寒、节饮食，此为起居之慎。父亲常说为医者就怕称为庸医，庸医治病犹如倭寇盗贼一般一样令人憎恶，时常杀人于无形，我想用药之慎和诊断之慎，就是父亲告诫我的不要误诊吧。而起居之慎是要求患者在医者治疗下，也要注意起居有常，仲景之桂枝汤后的护理就是此意。倘若药物有效，而起居不慎，也有使病情加重的可能。做到这三点的谨慎，才能使病情不会被耽误，能够缓解患者的痛苦。"陆芷青说完这一段，视线又转向"微辨自无非"，道："刚才三点的谨慎，也离不开观察细微。用药之慎需要先明白药物之间细微的差别，如人参和高丽参。诊断之慎则是从望闻问切的细心而来。同为咳嗽，闻诊之中亦有深浅之别，音调之微小差别，非自己辨别不可得。起居之慎则需要医者的劝导提醒，气血虚者不可做大汗之工作，看似和疾病无关，实则对患者有益。我想父亲的'慎几恐有错，微辨自无非'是提醒为医之人应谨慎小心，以患者为重，切忌误诊的意思吧。不知我这样理解是否是父亲的意思。"陆建之听陆芷青领悟如此之深，心中颇感欣慰，拍了拍陆芷青的肩膀，让他继续晨读去了。望着匾额上的字，再望向院外初露的朝霞，陆建之觉得自己的儿子逐渐长大成熟，让人放心了，这只雄鹰即将展翅高飞。

第三节　耳濡目染立雄心

民国时期是西方现代医学的开始和发展阶段，西学东渐后，民国时期的中医不可避免地受到了西医的冲击和影响，更有甚者宣称要废除中医。中医界的有识之士自是拼力反对，而其背后的艰辛却是历史遗留的重担。

从人才分配来讲，晚清时期中医医生质量开始下滑。据香港大学香港人文社会研究所所长梁其姿对医疗政策的研究表明，元明清三代对医生训练、遴选与鉴定的要求十分严格，但到了明代，这些制度已有名无实，到了清代则更加松动。重庆大学医学院的创办人陈志潜也曾经说，清代官员对医学界的监管不负责任，医学教育既不正规，实践也全然不规范化，属自由竞争状态。这样医生就来自多种途径，有的因举业无望而弃儒行医，有的是业医世家代代相传，更多的则属混入医疗业，充当谋生手段而已。梁启超之语"西人医学，设为特科，选中学生之高才者学焉。中国医生乃强半以学贴括不成者为之，其技之孰良，无待问矣！汉志方技犹自列为一略，后世废矣，良足叹也！"也道明了中医人才的流失。从国民政府态度来讲，西医受到政府的支持，其规模在中国以一日千里的趋势迅速扩大，蓬勃发展，卫生行政机关也悉由西医掌握。从民心动乱来讲，民国初叶，崇洋心理与日俱增，连连战败和外国势力的欺压让中华儿女对自己的文化自信心不堪一击，一般民众对于中医大多处于自我否定之中。

1929年2月，南京国民政府中央卫生会议做出"以四十年为期，逐步废除中医"的决定，医学界的争论之声再起。陆建之在报上看到此消息，气愤又着急，在书房坐立难安。这是陆建之经历的第三次废除中医的争论。民国初年之时，北洋政府就颁布过《壬子癸丑学制》，并将中医排除在正规教育系统之外。当时陆建之正经历着丧妻之痛。举案齐眉的妻子因病魔骤然离世，陆建之愤恨病魔之可怖，学医之晚，假使中举也不能换得健康体魄。再读《伤寒论·张机序》："上以疗君亲之疾，下以救贫贱之厄，中以保身长全，以养其生""赍百年之寿命，持至贵之重器，委付凡医，恣其所措，咄嗟呜呼！厥身已毙，神明消灭，变为异物，幽潜重泉，徒为啼泣，痛夫！"感慨尤深。此时即使外界废除中医之声又起，但学医之心已笃定，况所读之书、所学之术、所治之病尚表明岐黄之术效如桴鼓，怎可轻易丢之？而今废除之声再起，但自庚子年（1900年）业医以来，前期非专于医而疗效浅薄，精于学后活人无数，证明书中所言非虚，吾当护佑此瑰宝矣！然吾儿初入医途，视今之局势，前途茫茫，须慎而择之。陆建之把陆芷青叫到书房，问道："芷青，汤头歌诀今日复习背诵了吗？""已经温习过了。""痛泻要方""痛泻要方陈皮芍，防风白术煎丸酌，补泻并用理肝脾，若作食伤医更错。功效补脾泻肝。"陆建之听了心中十分满意，"那你可有志向继续随我学习中

浙江中医临床名家·陆芷青

医？现在西医拔地而起，废除打压中医的政策越来越多，中医的地位可谓是摇摇欲坠，如果你以后从事中医，一旦真的遭遇正式废止，前途可就堪忧了。""父亲，我正想要和您讨论这件事情。今日的报纸我也看到了，但是我认为中医不会被废止，也不应该被废止。我跟在父亲身边，也看到了很多危在旦夕的患者在父亲的医治下恢复，并非他们口中的臆造之学。倘若之后中医能够像西医一样办有学校，我也想去报考学习。""好！既然你有此想法，为父定当支持！等你学完《温热论》和《王孟英医案》就随我出诊侍医吧！"

1930年开始，十三岁的陆芷青开始跟随父亲出诊。彼时叶开泰药号与中医界明确打出"提倡中医，以防文化侵略；提倡中药，以防经济侵略"的旗帜，公开宣告提倡中医中药之目的是："促进健康，强种强国，维护民权；职业自由，扫除障碍，张吾民权；发挥天产，推销中药，富裕民生。"获得全国业界支持，并最终获得政府支持并取缔了废除中医的议案。陆氏父子二人在此期间一直阅读相关的争论报道。虽然对西医的偏颇持反对看法，但是也确实在现实和报道中，看到了西医独特的优势和中医的部分劣势。中医经过此次浩劫，原先以单方验方自诩为"祖传秘方"的江湖游医减少了一大半，中医界内也在自省整顿和提高之中。

西洋医学初登之时，陆建之对于西医的态度可谓嗤之以鼻，不予辨证而医怎会有疗效，他日定会高下立见。陆建之在城区中新开的诊所患者不断，有治愈之人但也有效果不佳的患者，后再见有些中医不能治愈之人，好转后皆奔走相告西洋医学治病之神。对于百姓而言，医学只是治疗人们疾病痛苦的学科，是中医还是西医又如何呢？这个问题，只是地域的区别而已。中医是产生在中国的，西医是产生在西洋的。从前中国闭关自守，和西洋不相闻问，连学术也绝少通融。自从海禁开放后，西洋商品逐渐输入中国，并且一日多过一日，学术上的引进像潮水一样澎湃，尤其是医学，更获得一般人的逢迎。西医初传入我国之时，是一种陌生的医学模式。西医医生的饭碗问题曾经是一大难题，因而他们会自然地向同途卖术的中医进行猛力的攻击，才可以享受学术上带来的盈利甚至是专利。

但是三次废除中医的议案接连被否决，足以证明中医实力的强大。但被攻击的中医脆弱及相互矛盾之处，有时连古籍都无法自圆其说，也确实值得思量。陆建之逐渐从愤懑的情绪中走出来，冷静地看待这场中西医没有硝烟的战争。在此环境中，全盘否定西医是不明智的，但是为了更好地发展中医，应与西医抗争，中医也应认识、了解和接触西医，知己知彼、百战不殆，也是他山之石可以攻玉的智慧。因而每次有遇到西医治疗无效后又上门求诊的患者，陆建之都要把陆芷青叫到跟前。除了一般的四诊之外，陆建之总是特地问患者之前在西医诊所治疗的经过、他们所用的器械，以及用药后的感觉。如果患者有之前被西医治愈的经历，更是刨根问底，询问当时患者的症状，考虑中医可能的治疗方法。每月中的一两日，陆建之也会带着陆芷青去一些西医诊所看一看。之前，在陆建之笔下开笔行医的潘澄濂在一家医务所工作，所中设有病床四十余张，并有小化验室及配药部。收治的病种，在急性病方面有伤寒、斑疹伤寒、疟疾、痢疾、肺炎等；慢性病方面有肺结核、溃疡病、肾炎、肝硬化、维生素C缺乏症等。主其事者，虽为西医，除抢救病例用西医外，大部分均以中医中药治疗为主。因而陆建之和陆芷青在拜访交流中，习得一些西医的知识。对于血压计、听诊器之类的器械，也慢慢琢磨着应用起来。父亲陆建之摒弃成见接纳西医的行为，给陆芷青造成了深深的触动。在后来陆芷青的成医之路上，不断地纳新学、扬国医，都是因为父亲之前潜移默化的影响。

陆芷青随父亲侍诊之初，曾遇到一个胸痹的老年患者上门求医。老太太来时被家中两个儿子抬着进入陆建之的诊室。老太太仰面躺在就诊的床上，双手捂着胸口呻吟不已。家中儿子叙述告知，老太太在小河边洗衣服时突然胸口闷痛，倒在河边，周边的邻居赶紧叫来在附近务农的两兄弟，本来两兄弟想要背着老母亲过来，但是老母亲就是不让人碰她的胸口，只喊着，"哎呦呦，别碰"。眼看老母亲面色逐渐苍白发青，两人来不及找板车，一人架起手，一人抬着腿，一路小碎步赶到诊室。一摸老太太的脉象，细而结代，继而挪开老太太的双手触摸虚里，也是节奏不齐。陆建之看完舌苔脉象，立刻开方抓药，在自家小厨房让家中仆人煎药。在等候中药期间，陆建之也告知家中两儿子："你老母亲这次病情凶险，现在我们只能等中药煎好，倘若在此期间病情再恶化，那也是天意了。"两儿子点点头，别无他法，只能坐在一旁焦急等待。陆建之还让仆人把厨房的白醋送到诊室，这让陆芷青迷惑不已。药端上来之后，陆建之在汤药中加入一勺米醋，再给老太太缓缓送服。半个时辰后，老太太逐渐平静，呼吸平缓，又重新睁开了双眼，两儿子拿着剩下的药扶着老太太回家去了。

患者走后，陆建之把陆芷青叫到跟前，主动和他讲起了这张方子："这个疾病你认为应当诊断为什么？""根据之前在《金匮要略·胸痹心痛短气

病脉证治》读到的'胸痹之病，喘息咳唾，胸背痛，短气，寸口脉沉而迟，关上小紧数，瓜蒌薤白白酒汤主之'应当是胸痹了。"陆建之点点头，拿出刚才开的留底方子，指着上面的药味解释道："这里用了丹参、降香、郁金、薤白、瓜蒌皮、赤芍、川芎、党参、黄芪、麦冬、五味子、米醋。以丹参、赤芍、川芎活血去瘀，瓜蒌皮、薤白舒胸宣痹，党参、黄芪益气，麦冬、五味子酸甘化阴，郁金理气，治气虚或气阴两虚瘀血内留者。若并见痰浊凝结，可以加胆南星、陈皮、法半夏。""那为何要加上米醋呢？""这是为父多年来的经验，刚才你也背到了瓜蒌薤白白酒汤，方中的白酒我认为用米醋更合适。虽然大多数医家认为瓜蒌薤白白酒汤中的白酒就是具有性温辛散善通，行气活血，助药上行之力，以加强薤白行气通阳作用的普通白酒，但是在制作工艺上，两者都以大米为原料，但是米醋是在酿成米酒的基础上，再添加醋的菌种，经发酵酿制而成。《本草求真》记载过：'米醋，酸主敛，故书多载散瘀解毒，下气消食。且同木香磨服，则治心腹血气诸痛。'因而在胸痹中应用米醋，取米醋味酸收敛心气，性温活血化瘀通脉以增强疗效。这是我治疗多例胸痹对比所得，你今后也可取此法。"

在跟随父亲踏入医学门槛的过程中，陆芷青见到了很多被疾病折磨的形态各异的患者，面色发青发白，或者行动受限的一些变化，都比较常见。其中肝胆病的患者在这方面的表现，给陆芷青的印象很是深刻。黄疸患者拥有典型的皮肤发黄和眼睛发黄的外在表现，而一些肝硬化腹水的患者，成年男子的腹部可以膨隆成十月怀胎的孕妇，引人注目的同时让旁观者心生惊讶与恐惧，总觉得此人定当命不久矣，郊区偏远之处更有邪灵鬼神一说，称这种是恶鬼投胎来了，等到某一日鬼胎足月，吸尽宿主的阳气，就会破肚而出，来人间作祟，宿主也会暴毙而亡。因而那些肝硬化腹水的患者不但没有被家人送去诊治，反而被人避之不及，弃之自生自灭。陆建之的诊室曾经收治过一个流浪汉，陆建之在街角的杂物堆里发现他时已经奄奄一息，他回家叫来陆芷青和仆人把他扛回了诊室，路上有街坊邻居看到他们，指指点点，觉得陆建之是把一颗灾星带回了家中。陆建之等人不予理会，诊断后给他送服了中药，同时用外敷的方法敷于神阙穴。两次治疗后，流浪汉的肚子明显减小，人也能睁开双眼，逐渐有了神志。为了能够随时观察病情，陆建之就把流浪汉放在诊室里面，因而来看病的患者也看到了流浪汉的变化，纷纷啧啧称奇，更是在附近的大街小巷传开。十来日之后，流浪汉精神恢复，梳洗打扮之后是个四十来岁的中年男子，姓杜，原本也不是温州人士，战乱后和

浙江中医临床名家·陆芷青

家人走散就四处打工寻找妻儿，谁知在不知不觉的劳累中身体垮掉，患上了肝病，无人照料，想当临时工又被拒绝，久而久之落魄在街角。这个杜姓男子被医治健康后就留在陆家打杂，每每出门，都夸陆建之医术高明，心地善良，诊室的名声瞬间传得更为遥远，肝胆病患者纷至沓来。因而在肝胆病方面，陆建之总结出一套自己的经验，并传给陆芷青，陆芷青也在父亲的指引下对肝胆病的治疗更加有把握。但是同为肝胆病，有些患者就得不到改善，神奇之处在于西医能够解决这些问题。陆芷青想要了解更多，父亲和自己说去书中寻找答案，书本是最好的老师，陆芷青看不懂西医的教材，但他对知识的渴求更加强烈了。

陆芷青要去上大学深造医学的心，一直跃跃欲试。

第二章

名师指引

1934年，陆芷青独自一人前往上海，进入上海中国医学院开始接受院校教育，系统地学习医学。在当时极其复杂的社会历史背景之下，谈到上海中国医学院，这所在困境中开办、艰难维持生存并谋求发展的中医院校，也是近代历史中关于中医学，尤其是中医学的院校教育、生存和发展的一个缩影。

第一节　大师校长同指引

自第一次鸦片战争之后，西方列强用暴力打开了清政府的大门，拉开了中国近代史的序幕，中国逐渐沦为半殖民地半封建社会，清朝奉行许久的闭关锁国政策逐渐瓦解。西方工业革命之后，近代西方多种多样的科学技术和文化思想在中国国内通过各种形式开始渗透、大肆入侵，对我国的传统文化和科学技术造成了猛烈的冲击，许多传教士和西医医生在华行医、办学校、译书并创办刊物。

在几千年的历史长河里，为中华民族的生存和发展做出过重大贡献的传统中医药学，在这个关键时刻，遭受了包括现代医学在内的西方科学技术空前的冲击。整个传统的中医学，在古代社会长期处于低生产力的状态下，几千年来一直受到封建社会意识的影响，导致中医学的发展十分艰难、缓慢。面对近代西方医学的挑战，中医自身的短板也愈发明显。第一次鸦片战争后，在短短的数十年间，西方医学便在我国占据了一席之地。传教士们在他们的诊所或医院里培养了中国第一批西医，中国也陆续派留学生出国学习西医。因此，由中国人组成的西医队伍不断扩大，产生了许多西医药学术团体。西方医学的理论和医疗技术，以及在中国成长起来的西医队伍，对中医学来说无疑是强有力的竞争对象。现代医学（西医）大量涌入，严重冲击了中医的发展。

在当时，不论是北洋政府，还是国民党当局，或者是一些带有民族虚无主义偏见的人，他们对中医采取打击、歧视，甚至取缔、消灭的政策，同时还出现了许多所谓的进步人士主张中医学现代化。从此，我国传统的中医学开始进入黑暗而漫长的艰难岁月，中医学遭遇到了巨大的挑战，但在此期间仍有中医人士不间断地抗争。人们开始使用西方医学体系的思维模式加以检视，中医学陷入存与废的争论之中。

同时，一些热衷中医的有识之士一直不断努力，为中医谋新的出路。其中的代表人物有王一仁、秦伯未和章次公等。

王一仁，原名晋第，曾从丁甘仁学习中医，改名依仁，浙江新安人。秦伯未，原名之济，号谦斋，上海陈行人，出身道医世家，自幼酷爱文学和医学。1919年入上海中医专门学校，在名医丁甘仁门下攻读中医。1923年毕业后，留校任教，并在上海同仁辅元堂应诊，以治内科杂病见长，对虚痨痼疾尤精。王一仁和丁甘仁二人还是校友。在多年的学医、行医生涯中，对中医饱含深情，专业精湛，医术高超。在内忧外患的情况下，中医的存续艰难，境遇堪忧，二人深切地意识到想要实现中医的复兴必须靠中医人，中医也需要与时俱进，实现新的突破。教育是一个国家的根本之一，中医想要存续发展、立于不败之地，院校教育的良性发展必不可少，需要系统培养高质量的中医学人才。因此二人渐渐萌生了自己办学，开展中医学教育的想法。这也是上海中国医学院成立的背景。这些热爱中医的有识之士，在面对如此困苦的境地及各种强权的威胁下，没有放弃，从不妥协，立志办好中医学院校，培养优秀的中医学人才。后历经无数艰难，终于在1928年2月13日上海中国医学院举行开学典礼。

成立之后，上海中国医学院开始为中国中医事业的发展注入新鲜血液，输送了大量的人才。

上海中国医学院成立之后，每年都会在江浙一带的报纸上刊登招收新生的消息，之后慢慢扩展新闻传播范围，面向国内大部分地区发布招生信息。陆芷青从报纸还有周围人的交谈中，得知上海中国医学院招生的信息。身边不少人，尤其是父亲陆建之，都想让他去报考试一试，虽然陆芷青的父亲当时已经是一位在浙南一带享有名气的中医，却真心希望当时的陆芷青除了有自学钻研历代医家典籍的知识、有跟着自己坐诊所得的临床诊疗经验，也能

够接受专业系统的院校教育。不仅仅继承家学，也要将家学发扬光大，与专业教育体系相融合，推陈出新，去上海见识更广阔的天地，结识更多的蜚声上海甚至全国的名医名家，不能仅仅局限于家中这一方书店和小小的诊室。儿子陆芷青应该像一只雄鹰，到更广阔的蓝天下翱翔。所以，当有这么一个报考医学院校的机会出现时，陆建之认为这是一个异常难得的机会，要好好把握才行，无论结果是被录取还是落榜，都是宝贵的经历。

当年的陆芷青是能用心揣摩到父亲的这般苦心的。陆芷青除天资聪颖、勤奋好学外，他的性格品质里还包含了要强、不服输和坚毅。自从得知了上海中国医学院招生的消息，自己心底已经跃跃欲试，现在又有了家人的支持，便下定决心报考。陆芷青开始在家自行复习相关考试科目和内容，包括在当时通用的文化课课程，医学方面的考查内容还是以张仲景的《伤寒论》为主。临近考试时间了，陆芷青只身一人来到上海，沉着冷静的性格里，不免也有着忐忑焦虑。终于到了考试那日，坐在考场的陆芷青，将自己潜心学习了多年的知识，尤其是中医学相关知识发挥得淋漓尽致，那一手好字逐渐将试卷空白之处填满，无论谁看到这样的卷面都会感到赏心悦目。考试散场之后就是一段焦急等待考试结果公布的时光。在成绩揭晓那日，当陆芷青看到榜单上自己以显著的得分名列前茅，顺利通过招生考试时，他露出了发自肺腑的笑容。回家不久，陆芷青便收到了上海中国医学院的录取通知书，身边的所有人都无比激动和兴奋，替陆芷青开心。

1934年的秋季，陆芷青正式开始了在上海的求学生活，少年陆芷青的人生进入了一个新的阶段。命运也与那个时代的上海滩紧紧相连。20世纪30年代，上海滩号称"十里洋场""东方巴黎"，是威震八方的亚洲和远东第一大都市，其城市经济总量、金融证券市场规模仅次于纽约、伦敦，超过法国巴黎，也超过日本东京和大阪的总和。这是一个盘踞着各方势力的角斗场，风云际会，灯红酒绿，纸醉金迷。这一切对于陆芷青和其他来上海求学的同学们来说，完全是陌生而又新奇的存在。

上海这个城市有着其独特的复杂性。早在1914年北京的军阀政府就意识到上海的重要地位，恢复设立了"沪海道"，辖区包括旧松江府和太仓州区域。1926年以后上海经济日渐发展，地位迅速上升，内政外交的优势也日益凸显。此时政府又增设了"淞沪商埠督办公署"，其辖区范围除上海全县外，还包括宝山县的吴淞、高桥、殷行、江湾等六个乡。但此时上海在行政区划上还是属于江苏省。1927年上海工人阶级革命曾一度占领上海，大革命失败后，国民党政府看到当时上海在全国政治经济上的重要地位，为了加深对中国人民的压榨，便于1927年设置了上海"特别市"，1930年正式改为上海市。其辖区范围除了以前"淞沪商埠督办"区域的范围，还包括宝山县的大场、杨行两乡，松江、青浦两县的七宝乡的一部分，松江县的莘庄乡的一部分，以及南汇县的周浦乡的一部分，辖境跨五县，当时的四界，北至吴淞口，南接上海县，西接嘉定、青浦、松江三县，东接川沙和南汇，东西约35公里，南北约50公里。上海市建立以后，原上海县只剩下今沪杭线以南的八个乡，县治就于1933年迁至北桥。

这一时期，由于帝国主义和官僚资本主义对中国人民的残酷榨取，上海的工商业畸形发展，人口也逐渐增长。由于人口的逐渐增长，城市区的范围也逐渐扩大，除旧城区、旧租界地区日见畸形发展外，在闸北、南市、沪西、浦东一带也逐渐发展成为城市区和平民居住区。1932年"一·二八事变"时，日本侵略者占领上海四郊，当时闸北的城市区及平民住宅区全部被毁，战争结束之后，闸北一带的城市区部分恢复。

在当时的社会历史背景之下，上海注定是个多元化的城市。上海不仅受到欧美基督新教、天主教的影响，还有犹太教、东正教文化的传统。在二战期间，上海是全世界唯一一个不需要签证就可容纳犹太难民的城市。犹太人聚集区，一个是在虹口的提篮桥地区，另一个是在静安区以西摩路教会堂（现为上海教委所在地）为中心的陕西北路。在外国侨民之中，犹太人最会做生意，是最有势力的侨民群体，他们拥有上海租界的大部分财富。另外一个不容低估的是来自俄国的文化，十月革命之后，大批俄国贵族逃到上海，形成了一个可观的白俄群落。最高峰的时候有十万白俄人在上海居住，而后来定居上海的，也有两万多人。在新乐路白俄人有自己的东正教堂，在汾阳路竖立了普希金铜像。这些白俄侨民把俄化的法兰西文化也遍行其中。俄国上流社会当时完全法国化，讲法语，崇尚法国文学和艺术。白俄人流落到上海之后，自然而然地将法国文化带到上海。19世纪俄国的文学作品，在上海大量被翻译成中文，其温和的人道主义精神、激进的民粹主义传统影响了整整一代知识分子。那时的上海，要提到的另外一个有名的人群聚集区，就是在虹口的公共租界，那里是日本人的天下，最高峰的时候，有近十万日本侨民生活于此。在今天的四川北路底、山阴路、溧阳路一带，仍有一些强烈的东洋风格，被称为"小东京"。

拉丁文化的浪漫、超脱、伤感、颓废，与基督新教的理性、世俗产生了

浙江中医临床名家·陆芷青

很大的反差。上海人之所以有小资情调，很大程度上渊源于此。在上海文化传统之中，既有紧张的一面，又有潇洒的一面，既有世俗的一面，又有超脱的一面。上海由多种互相矛盾的元素平衡，反而形成了难得的张力，使这个都市多姿多彩，就像一个磁场，吸引着四面八方的人群。

在上海文化传统形成的过程中，如此多元、丰富的国际文化参与其中，使得海派文化具有世界主义的性质，是复数的世界，是东洋、西洋八面来风的世界。在全球城市之中，如此的世界主义也为数不多，而近代上海，在文化的国际化方面，超过了香港和东京，首屈一指。即便如此，上海依然有自己的本土文化。任何外来文化，若要在中国扎根，至少在一开始，需要本土的文化土壤予以呼应，西方文化只能起"催化"作用，在外来文化"催化"之下，本土文化中原来可能并非占主流的一些要素，得以重新组合，"发酵"为主流文化。

近代的上海，对世界来说，是一个移民城市，对中国来说，也接纳了来自全国各地的民众，离得最近的江浙是移民的主力军。上海的本土文化，也掺入了明清以来以江浙为代表的江南文化。

陆芷青作为地道的江浙人，面对上海这样纷繁复杂，汇集了各方经济文化势力的大都市，自然是陌生又熟悉。20世纪30年代的上海滩，灯红酒绿、纸醉金迷，是个名副其实的花花世界。对于青年学生们来说，不少现象皆可称为诱惑。

上海中国医学院作为一个新成立的院校，创办和管理的过程都需要慢慢摸索着前进，针对当时的社会大环境，院方制定了校规，拥有一套较为完善的管理制度，规范学生的行为，加强对学生的管理。陆芷青是一个极其低调、沉稳和内敛的人，一心求学，并没有被这新奇的花花世界左右。在学校他是成绩优异、具有良好品德的优秀学生，严格按照学校的规定学习和生活。上海中国医学院是一所寄宿制学校，学生们都住在学校的校舍内。校规有一条是"不能晚归"，大家都要在晚上10点前回到宿舍。陆芷青白天大多数时间都用在勤奋学习上，晚上也是回到宿舍内继续学习。

上海中国医学院的特别之处在于培养专门的中医人才，发扬中医，还兼容西医，不搞中西对抗，开启了国内中西医融合的先例。这所学校的创办者，大都是那个年代的有识之士，为了中医的生存和欣荣发展，不畏惧任何艰难险阻，赴汤蹈火与各类反对中医的群体抗争。他们同时也认识到西医的优势，大多数人都是出于好奇心去了解西医，后来又报以学习的心态去认识西医，在这个过程中逐渐意识到西医的可取之处。因此学院的决策者们，安排了不少西医的基础课程。经过多次的整合，学院课程的设置相对而言比较综合，包括内科、外科、妇科、儿科、针灸科、外语等，中医方面的课程大致有伤寒论、温病、方剂等，西医方面的课程则包括生理学、解剖学、细菌学、产科学等，还有临床实践课程和综合公共课程的设置，已是中西医结合的模式。这在当时是领先的、大胆的尝试。在那个百家争鸣的时代，尤其是新文化运动开展之后，"废除中医"之类的声音不绝于耳。但上海中医学院打破成见，引进西医课程，体现了中西医融会贯通的思想，互相取长补短、不拘门户之见的先进观点。

对于从小跟随父亲学习中医的陆芷青来说，西医是一个完全陌生而又新奇的领域。思维方式和学习方法对于当时的学生来说都是新的考验。为此陆芷青付出了比常人多出几倍的努力，除了传统的中医课程，现代医学也需要耗费大量时间和精力去钻研。将这两个完全不同的体系做到兼容，并非易事。陆芷青是个低调沉稳之人，同时也是个不惧困难与挑战的人。课余时间大多奉献给了医学。休息日，在图书馆一待就是一整日，一遍遍翻阅中医和西医书籍，在自己的笔记本上做各种详尽的笔记，便于理解和复习。陆芷青写得一手好字，笔记本上密密麻麻的笔记，在旁人看来简直就是精美的书法艺术作品。

学校的日常生活，除了在教室上课，还有外出跟师临床实践。那个时候的上海，开放程度相对较高，这其中也包括教育界。除了课程设置，在临床跟师选择上，大家的选择也不少。在这里就不得不提对陆芷青产生极其深远影响的几位良师，千里马遇伯乐，良师一个个也都是大师，在陆芷青的学习和行医生涯中都留下了不可磨灭的印记。

上海中国医学院成立后，全国各地前来报考求学的人数与日俱增。教职人员并不固定，时有变动。之后学院又增聘陆渊雷等担任教授，开展授课工作。陆芷青在上海中医学院学习的几年时间里，陆渊雷是当时陆芷青的老师之一，在各方面都给予陆芷青帮助与启迪。这种交流并不局限在学校里、课堂上，陆芷青很有幸能在门诊跟师于他。

说起当时上海中医界，陆渊雷可谓是医学界家喻户晓的风云人物之一。陆渊雷，1894年生人，名彭年，江苏川沙人。民国元年（1912年）就读于江苏省立第一师范学校，师从朴学大师姚孟醺学习经学、小学，遍览诸子百家，工书法、金石，对天文历算及医术造诣尤深，通晓英、法、德、日诸国

文字。毕业之后，先后在武昌高等师范学校、江苏省立师范学校、国学专修馆、暨南大学、持志大学、中国医学院等高等院校任教。其父儒而知医，常称医道能愈人疾苦，勉励其学医。在授课之余，他阅读了大量医书，用心钻研中医各家学说。民国十四年（1925年），大师恽铁樵创办医学函授学校，陆渊雷遂拜其为师，并协助其办校。又师从国学大师章太炎学习古文学及中医基础理论，深得两位名家之教益。

大师恽铁樵，本名树珏，别号冷风、焦木、黄山民。1878年出生于其父恽磨照的任地福建省台州。他5岁丧父，11岁丧母，由同族亲戚携挈，随后与异母兄长回到祖籍，即近代名中医的摇篮——江苏省武进县。天生异常聪颖的恽铁樵，年少时由于家道中落，更立志发奋、刻苦研读，13岁就读于族中私塾，16岁即考中秀才，20岁读完了全部科举经典，为深入学习中医，开拓了畅通的渠道。由于乡风的熏陶，已涉猎《温病条辨》等医学著作，粗通医道。在叔祖北山先生温热夹食，庸医妄投"小青龙"时，他已经能明辨是非，提出质疑。1903年考入上海南洋公学，攻读英语，成为近代中医界既精通旧学，又系统接受新学制教育的第一人，为吸取现代科学知识发展中医奠定了基础。

1906年南洋公学毕业后，恽铁樵先赴湖南长沙任教，后回上海浦东中学执鞭。教学之余，翻译了《豆蔻葩》《黑夜娘》《波痕夷因》等中篇小说，1909～1910年分别刊登在上海出版的《小说时报》上，与林纾齐名，而别具风格。1911年任商务印书馆编译，1912年任《小说月报》主编。恽铁樵主编重视章法文风，尝谓"小说当使有永久之生存性"，录用文稿，不论地位高低、名声大小，唯优是取，尤重奖掖晚生，育携新秀。当时鲁迅创作的第一篇小说《怀旧》，署名为"周逴"投到《小说月报》，恽铁樵以独具的慧眼对这篇小说和作者倍加赏识，发表在第四卷的第1号上，对文中佳妙之处密加圈点，并加按语向读者热情推荐，给鲁迅留下了深刻的印象，20年后致杨霁云的信中还提及此事，传作千古佳话。恽铁樵10年的编辑生涯虽与医学无缘，但却为熟悉和掌握西医知识，以及其后的著书立说打下了扎实的基础。

恽铁樵所处的时代正值中西文化交汇之际，业医者大多忽视理论学习而更侧重具体方药的积累，致使中医学经典著作《黄帝内经》被束之高阁，少有问津。恽氏从维护中医学理论体系科学性的角度出发，通过剖析《黄帝内经》的理论实质，对构成中医学理论基础的阴阳、五行、六气等令人费解

浙江中医临床名家·陆芷青

之处作了比较圆满的解释。他提出的"四时五行"观点，把自然界的四时交替变化看作宇宙万物变化的支配力量，从而揭示出《黄帝内经》的理论核心与自然界的运动变化规律一脉相承，即由四时的风寒暑湿，化生出六气，由四时的生长收藏，化生出五行，再由四时五行派生出五脏。故而，四时成为《黄帝内经》的基础，"《黄帝内经》之五脏非血肉之五脏，乃四时之五脏"。恽氏从方法论的角度揭示出中医学理论体系的精神实质，明白晓畅地解释了中医学朴素辩证的认知思维。恽氏门人弟子当中，较有影响者，如章巨膺、徐衡之、顾雨时、何公度、陆渊雷、庄时俊等，均成为日后中医学界的骨干力量。作为一位有着远见卓识的杰出医家和蜚声近代中医教育史的佼佼者，同时也作为致力于沟通中西医学而对后世产生较大影响的一代宗师，恽铁樵为中医事业做出了重大贡献。

另一位重要人物章太炎，1869年1月12日出生，浙江余杭人。清末民初民主革命家、思想家、著名学者，研究范围涉及小学、历史、哲学、政治等，著述甚丰的他是近代中国国学大师，也是学者型的资产阶级革命家。但学术与政治毕竟不同，在政治方面，章太炎确有他的局限，这些局限在辛亥革命及民国初年表现得很明显。章太炎的一些主张与孙中山不同，但他仍是一位有功于辛亥革命的民主革命宣传家。

陆渊雷师从如此两位大家，受益颇多。对其今后的学习和发展影响深远，学恽铁樵深厚的国学功底，学章太炎先进的改革思想，倡导中西医结合，陆渊雷无不深受这两位大师的影响。

1928年陆渊雷先后在上海中医专门学校、上海中国医学院任教。陆渊雷在学习中医学的历程中，受到了近现代医学的影响，提倡中西医汇通，主张中医宜积极吸收西医学的长处。在当时的背景之下，随着中西医之间学术争论的进一步激化，提倡中医与西医融会贯通，中医需要科学化的人才也就多了起来。陆渊雷就是其中的代表人物。1928年的秋天，陆渊雷受聘担任上海中国医学院教授，主讲《伤寒论》。他主张用西医理论来解释中医经典理论，著有《伤寒论今释》一书。他以自己所著的这本书作为讲授《伤寒论》的教材，由于授课内容大胆、新颖，在学生中大受追捧。也就是在这个阶段，陆芷青开始师从陆渊雷。

陆芷青自幼受到名医父亲的影响，在中医家庭氛围的熏陶下，从小就对中医有浓厚的兴趣，并有惊人的天赋，熟知中药、方剂，来到学校之后，学习西医课程的同时，跟师陆渊雷。在两人相处的过程中，深受陆渊雷提倡中

浙江中医临床名家·陆芷青

医与西医相结合思想的影响，开始与现代医学结下不解之缘，这对陆芷青以后的从医生涯，以及医学风格的形成，产生了深远的影响。

另外一个重要人物就是当时上海中国医学院常务董事之一的丁仲英。丁仲英的父亲是著名医家丁甘仁，他是家中次子。丁仲英自幼随父亲行医，颇得真传。丁仲英，名元彦，又名放贤，原籍江苏武进孟河。一直久居上海，后因种种原因乔迁至美国，卒于美国旧金山。他秉承家学，不断汲取新知，学贯中西，主张中西医结合。他曾说："中医以气化学理见长，西学以物质实验为胜。两者互为因果，不能偏废，诚能熔冶一炉，大有造于医药，病民受赐，正复何穷。"他号召医界同仁"放大眼光、兼收并蓄、取长拾短、发明新知，万勿困守故步、自封自划"。在学术团体中组织讨论释疑，成立藏书室，以促进会员提高学术水平；还创办了《光华医药杂志》，传递信息，介绍学术经验，与陈存仁合编《健康报》；之后还任上海中医学会理事长、中央国医馆理事和上海分馆馆长、全国医药团体总联合会理事等职。

丁仲英非常热心教育事业，认为学术之昌明，全赖人才之蔚起。除亲自主持上海中国医学院，以及沪南、沪北广益中医院外，并冀望中医界同道"慷慨输将，用图匡济，广设医校，以培植人才，即所以巩固医学之基础"。强调办好学术团体，希冀共相切磋，他认为这对于昌明中医事业极为重要，曾经说："凡事对己身宜有自尊之念，于团体宜有负责之心。不自尊则流于散佚，不负责则失于涣散。应各尽心力，相互扶持。一人精力有限，一事之学理无穷，况在于医，至关重要，尤宜集思广益，互相灌输，勿以所能者矜人，勿以所知者自秘，以增进学业之精神。"丁仲英临证辨证准确，用药以轻灵见长。治外感热病，能融伤寒、温病学说之长，对危急病证，能当机立断，左右逢源。如说神昏之因，"热不扬、舌红、口渴不多饮、夜不安眠，神糊而不躁扰者，邪热入心包也；若烦渴、壮热、扬手掷足、口臭气粗、大小便闭，自汗蒸蒸而神昏者，邪热入胃也"。对于疑难杂病，汲取各家之长，择善而调治。对于外科疾病，则从整体着手，内外并施，扶正与祛邪并重。

丁仲英除了医术精湛，同时十分重视医德，他个人的品性也极其高尚，以身作则。他认为"患者徒步而来或乘车而至，是其病虽重而不重，彼呻吟床第者，动弹不得，无资延医，唯有就毙已耳，岂非更觉可怜"。并说组织义务往诊，不仅有利患者，还能通过"细心探讨，以究病源，临证之功，更为有益"，医德仁心可见一斑。在陆芷青跟师过程中，丁仲英常组织义诊，

不收患者分文。但无论在诊所里的有偿诊治，还是组织的免费义诊，丁仲英对待患者都一视同仁，态度没有差别。这所有的一切，陆芷青每次跟诊都看在眼里，耳濡目染，潜移默化，牢记于心。无论是跟诊的经历，还是几年之后陆芷青开始个人行医，陆芷青不仅医术高明，对患者的诊疗效果显著，同时在对待患者的态度上，和蔼可亲，谦逊有礼，深受患者的喜爱，为后来成为江浙名医打下了坚实的基础。

陆芷青还有一位老师，以儿科为专长，他就是徐小圃（1887～1959年），名放，上海宝山人，同样出生于医学世家。徐小圃先生开始接触中医时，受业于他的父亲杏圃公，幼承庭训，尽得其父杏圃公之真传。成年后父亡，个人遂悬壶问世，于上海东武昌路设立诊所，专业儿科。徐氏除继承古代儿科诸家之长外，对汉代张仲景撰写的《伤寒论》钻研颇深，临证细致，处方果敢审慎，屡用峻剂以起少小沉疴。徐氏常说："儿科古称哑科，审证察色不可粗心大意。"他在诊病过程中，总是弃座站立，此因小儿不能与医生合作，坐在诊察椅上难以精确诊断，故其子弟们均是站立诊病。徐氏临证一丝不苟，对每一名患儿的口腔都仔细检查，毫不遗漏，绝不因业务繁忙而求快。坐诊时一旦遇重病者，即给予病重患者提前诊治；对于贫病交迫者，则免收诊金。同时他还热心中医院校教育事业，屡捐巨款兴办中医学校和药圃等。徐小圃是一个精益求精、善于虚心学习的人，凡中医同道有所长，都愿意亲自去请教，他对祝味菊善用温阳药治疗内科疾病的经验尤为信服，中年后在儿科领域形成了自己独特的治疗体系。

虽然陆芷青在之后的行医过程中并不以儿科为专长，但凡遇到前来求治的小儿患者，他都像老师徐小圃那样，站立诊察，颇为仔细，犹如温暖慈祥的长辈。毕竟小儿年纪尚小还无法说话，即使长到几岁，表达也常常词不达意，或哭闹着不配合。因此，医生的耐心和细心尤为重要。陆芷青的脾气秉性向来温和，跟诊徐师之后，对他的影响很大，特别是在独立行医之后，遇到小儿患者时，更是细心谨慎，这也成了陆芷青一贯秉承的品质。

陆芷青在上海学习的几年里，在他遇到的名师中，还有一个值得一提的人物，那就是陆士谔。他的特殊之处在于，他不仅仅是一名中医，同时也是一位颇具盛名的作家。

陆士谔，是当时著名的医家和小说家，也是陆芷青的恩师之一。他传授给陆芷青的不局限于医学知识，还有这个光怪陆离的大千世界，离奇纷繁的故事小说，为学医的平实生活增添了些许活力。陆士谔1878年出生，江苏青

浦（今属上海市）人，名守先，字云翔，号士谔，亦号云间龙、沁梅子等，生于千年古镇珠溪镇（今朱家角）。早年跟随名医唐纯斋学医，后来在上海行医，一边行医一边写小说，一生创作了百余部小说。在陆士谔14岁时，他从青浦珠溪镇（今朱家角）老家到上海当学徒，但生活不易，因为一口"家乡话"被周围的人嘲笑，甚至歧视。三年后他回到家乡，师从名医唐纯斋，开始学习中医。1905年，27岁的陆士谔回到上海行医谋生，1925年因为医好了一名富商的疑难病而成名，被誉为沪上十大名医之一。这时的他，已经是一名优秀的中医，再无人敢嘲笑和歧视他的口音。陆士谔在行医和写小说的同时，着力最多的还是编著医书。他尤其喜欢文武全才、诗画皆优的薛雪。薛雪故去后，子女没有从医者，仅留下医案在郡中传抄。道光年间，有一个叫吴金寿的人编辑薛案74则，编入《三家医案合刻》，陆士谔在此基础上，又进行更多的搜集整理，在1918年10月辑成《薛生白医案》，书分风、痹、血、郁等19类，并于薛案后附叶天士案以资对照二人的辨证思路，使读者有得于案外，以获得更多的思考与启迪。翌年编《叶天士医案》《叶天士手集秘方》和《增注徐洄溪古方新解》，自著《医学南针》等。此后又编著了《分类王孟英医案》《丸散膏丹自制法》《增评温病条辨》《家庭医术》《万病自疗医药顾问大全·妇人科》等，所著内容涉及范围极为广泛。1934年和1936年，他出版了2部自家的医话，即《国医新话》和《士谔医话》，表达了自己对于中医的思考与看法。1937年，他编纂医经、本草、方剂、各科临床、医案诸书共21种，合成大型丛书《基本医书集成》而封笔。

陆士谔在学术方面，悉诸温病，赞尝伤寒，曾在报刊发表医学史和中医理论方面的论文，如《中国医学之系统》《国医之历史》《释郎中》等。笔调轻盈隽永，韵味超凡通脱，论述犀利明快，启人心智，展示了他那一代儒医的风貌。他也因此成为在中国医学史和中国文学史上均享有盛名的人。

从陆士谔的个人经历来看，他具有多重身份。在医学专业上，已是沪上名医，颇受推崇。在著书立说上也是数一数二的高手，不但写得了医学书籍，他的小说在当时可谓是受人追捧。陆芷青在机缘巧合之下与陆士谔结识，并跟随其学习中医，二人的交流不局限于医学知识体系，在写作上也有交流，写作不仅包括医学书籍的撰写，还有天马行空、异彩纷呈的故事小说。对陆芷青影响最深的当然还是陆士谔对中医的执着，陆士谔不仅在临床上医病救人，还擅长临床总结，写下了大量医书，包括中医的体系、中医的历史及其他医家值得借鉴的医案理论分析；除了内科的著作，还包括妇科、制药方法的论著，同时还擅于总结自己的临床经验和理论。他将这些著书立说，流传于世。以上种种，在某些程度上对陆芷青都有一定的影响。

陆芷青不但擅长书法，写得一手好字，同时写作文笔也很好，在闲暇时间，他常常会写下随笔、诗句。多年后，陆芷青成家立业有了孩子，就会偶尔给孩子们题字，因书写优美、词语睿智，大家都高兴地拿去装裱起来，挂在家里显眼的地方。后来陆芷青调入浙江中医学院，从事教学、科研、临床工作，执教之外先后发表在国内外期刊论著、医话、治验50余篇，"温病条辨白话解""升降出入理论在医学上的应用""膻中与包络初探"等，可以说陆芷青不仅仅只是擅长临床治疗的名中医，同时也是一名致力科研工作，表达自己观点的作者。因此他是一位多才多艺，各方面都有所造诣的中医名家。

陆芷青在上海学习、生活的经历，以及多位名师对他产生的影响是在长期潜移默化中逐渐形成的，自然是长远而深刻的。毕业后，陆芷青回到温州，秉承慈善之心，首先来到普安施药局坐诊，成为常驻医师。这个药局的特殊之处在于，仅收取挂号费，看病、配药不收费，一定程度上相当于义诊，陆芷青的第一份工作，就是在这么一个相当于慈善机构的中医药机构里担任常驻医师。也是在这里，无论是他的医学专业知识，还是个人品德，抑或是个人的兴趣爱好和特长，都遵从各位大师的教导和指引。陆芷青高明医术和低调和蔼的态度，在众多患者中广为流传，积累了庞大的群众基础。

第二节 衷中参西扬国粹

漫漫岁月流过，陆芷青在一年年草长莺飞、花开花谢中，开始了自己的行医生涯，也逐渐形成了自己独特的风格。

陆芷青想起年少在家时，父亲要求陆芷青仔细研读并熟背《黄帝内经》《伤寒论》《金匮要略》等中医理论经典著作，而《汤头歌诀》《药性赋》等实践性较强的著作，则是不被允许阅读的。因为在当时有不少中医，对中医基础理论一知半解，仅仅学习了几个方剂，就开始悬壶，这让陆芷青的父亲深感不齿。清代医家吴鞠通曾云："生民何辜，不死于病而死于医，是有医不若无医也，学医不精，不若不学医也。"陆芷青在接触临床之后，才逐渐体会到父亲当年的良苦用心。陆芷青在行医之后常说："不少医生先学习临床知识，学成后就不愿再深究理论，以为大功告成，急于行医。殊不知，理

浙江中医临床名家·陆芷青

论基础不扎实，遇到简单的疾病，尚能应付，碰到大病、疑难病就常常束手无策。"因此，打好中医基础方面扎实的基本功，是陆芷青认为日后行医甚至有所成就最重要的基石。

陆芷青在自己独立门诊时，时常想起在陆渊雷门下研读的陆氏《生理学补正》《病理学补正》等西医学知识，陆渊雷行医病历上写以西医诊断，运用中医经方治疗的做法，也让陆芷青以此为表率，逐渐具备了娴熟的中西医结合运用的能力。

陆芷青在行医中，常常记起丁仲英老师所言的"中医以气化学理见长，西学以物质实验为胜。两者互为因果，不能偏废，诚能熔冶一炉，大有造于医药，病民受赐，正复何穷。"，每想到此，陆芷青的眼光总是望向远方，"是啊，治病救人，就当放大眼光，兼收并蓄，取长补短，发明新知，他山之石，可以攻玉；取其所长，为我所用；中医识病辨证，立足整体与宏观，西医辨病识症着眼于局部与微观，衷中参西，可以相得益彰。"

现在说起中西医结合治疗疾病，仿佛是司空见惯的事情。但在当时西医作为新生事物刚刚传入我国，在那个时候，治病中运用西医，有这种眼界的中医人，却是不多的。

在第一次鸦片战争以前，清政府实行闭关锁国的政策，几乎与世隔绝，只有极少数新兴事物能传入中国，大家对于外面的世界也无从了解，自然对于西方医学知之甚少，绝大部分人可以说是对此一无所知。而在鸦片战争之后，中国的大门被轰然打开，西方世界的残酷性和先进性一股脑涌进，国人无从筛选，好的坏的全部倾倒而入，国人在某种程度上只能被动接受。残酷的战争、烧杀抢掠、非法占领等人们没有权力和能力去做任何选择。但在某种程度上，西方世界一些先进的科学技术也借此机会传入中国，这在当时引起了很大的争议，有坚决维护中国传统文化，完全排斥西方的，也有赞同吸收西方科学技术文化的。在那将近百年的历史中，这一争论从未停止过。

西方现代医学在中国的传播，开始于晚清时期来华传教士中的医生群体。1834年，美国的现代医学传教士伯驾在广州创办眼科医局，成为19世纪西医东渐的滥觞。外国人开始得以在中国设立医馆，建造医院，推动了西方现代医学在中国各地的深入，构建起以沿海通商口岸为中心，辐射内地多方的西医网络体系。在近代西医东渐的进程中，虽然双方有误解和冲突，甚至到了水火不容的地步，但从历史上看，中国人对于西医的认同和接受相对顺利，西医并没有退出历史舞台，究其原因，自然有西医本身的优势因素。

19世纪西方现代科学技术的长足发展，并且在医疗领域加以运用，西医一般是通过仪器检验和生化化验等手段来判断身体的健康状况，可借助仪器对人体内各种生物指标的数量和大小有较为清晰和准确的把握，如血常规、肝功能、X线、磁共振等。这种较为直观又明确的方式易被大家接受。同时在分析方法上，西医学多采用分析归纳法，以及科学的观察和精确的实验研究来了解人体内部构造，因此在该方法的指导下，大量现代科学技术及理念被应用在西医学中，使西医学在近百年来得到迅速发展。另外，西医学注重分析局部病理组织细胞的改变，借助现代仪器的观察和测定，细微而准确，治疗手段先进而科学。其对人体极其的微观了解，是西医取得社会大众信任的重要原因。西医以起效快、疗效明显等优势，逐渐在中国占有一席之地。

陆芷青在上海中国医学院的学习，让他不光具备了从宏观出发，从整体观念和辨证论治看端倪的思想，而且接受了西医用直接明了的实验数据和检验报告，更多的从微观的角度去探寻疾病发生发展的思想。现实中每一步的推进，都是不容易的。中医讲望闻问切，与患者直接的接触限于切脉。而西医的体格检查则是医生运用自己的感官、检查器具、实验室设备等直接或间接地检查患者的身体状况，与患者的接触相对于中医来说多了很多。这在当时不仅仅是肢体动作上的突破，更是传统观念上的极大转变。古人常说"男女有别""尊卑有别"，因此体格检查在那个年代，在很多普通民众眼里都是不允许的事情，他们抵触这样的接触。这不仅需要医者不被传统的思想观念所束缚，同样也需要患者的良好配合。每当这些体格检查方法应用于中医门诊遇到阻力的时候，陆芷青就不由想起他的老师们。陆渊雷和丁仲英他们是不惧他人眼光，一心以医学事业发展为重的人。想起他们在门诊坐诊时，都会给患者做一定的体格检查，心肺听诊、量血压、测体温这些都是必要的检查。面对西方现代医学的大举进入，我们不能捂住双眼，假装看不见它，就以为它不存在。中医人需要正视它，然后去了解它。除了学校教授的西医课程和跟随老师门诊用到的西医诊疗，陆芷青还主动学习和了解西医，如果一个人对其没有兴趣，很难坚持下去，一旦了解西医，再将西医的优势发挥运用到中医上，有所创新，才能博采众长，推陈出新。在以后的学习和行医过程中，陆芷青也没有偏废其中一个，而是都有所采撷。

我们仿佛看到了，那个娴熟读着古医籍、耳朵上又挂着听诊器，在每一个日出日落，在诊室里伏案疾书的身影。

浙江中医临床名家·陆芷青

第三节　师古不泥成大器

陆芷青虽然从小深得家传，又经过几年在上海的学习生涯，不少理论体系逐渐在陆芷青脑海里成型，关于如何学习中医、运用中医，陆芷青有其独到的见解。

陆芷青认为研习中医有两点难处，尤其是对于自学的人来说，一是古文的学习，尤其是对于古文的理解程度；二是中医理论博大精深，深奥难懂。陆芷青的父亲陆建之学习中医就是通过自学，可见其付出了多少努力，才成为一代名中医。在学习中医书目的推荐上，陆芷青认为《黄帝内经》《伤寒论》《金匮要略》《神农本草经》是必读的经典著作。它们是中医的根基所在，现如今通行白话，大多数人很少学习古文，古文在日常生活中也运用不到，从而导致古文看上去非常的深奥，难以理解。

中医经典有原著，自然就有其各种译本，尤其是后代医家的各种解读，或文言文，或白话文。《黄帝内经》《伤寒论》等都有众多版本的译本，虽然为中医在世间的传播和普通人了解学习中医提供了方便，但却失去了原著广阔而深远的意义。每个人都秉持自己的理念，有的完全赞同原著，而有的却与原著所表达的含义相去甚远。各派医家可谓是各执己见，众说纷纭。中医的主观性比较强，每个人都能有自己的心得体会，推荐版本和权威解读，都不过是他人的想法，但如果想在中医上有所造诣，其中的滋味需要自己去体会，因此阅读原著是一个非常好的选择。

既然崇尚原著的阅读，而古文对于大家来说，又异常晦涩，有不少人在学医后感觉自己文化基础薄弱。因此为了读懂这些中医学的经典原著，应该先学好古文，这是一项基本功。陆芷青就是借助《康熙字典》，这个学习古文的必备书籍，一点点理解了众多古代医学经典中的文字。

语言上的障碍逐渐克服之后，在阅读学习中还会遭遇其他的问题。陆芷青除了研读原著，还研读了大量的译本。例如，《黄帝内经》译本的注家就甚多，有王冰、张介宾、高世宗等，每个译者都有自己丰富的心得体会，著书成说，直至发行出版，流传于世。但质量参差不齐。因此对于这些译本，阅读时需要比较鉴别，求同存异。陆芷青觉得那些意见一致的，往往说明了古人对原文的共同看法和理解；有争议的，说明各家学说观点有所不同，当然随着时代的发展，有的认识在不断地改变和提高。因此应边读书，边到实践里去运用这些观点。

前有众多大师的指引，但陆芷青最难能可贵的地方，在于他并没有被这些中医大家们束缚，而是博采众长，推陈出新，与时俱进。这在当时是非常难得的。

陆渊雷先生曾经说过："中医不识病却能治病。"这并不是一句笑话。"不识病"，指的是当时中医还不认识现代医学中的病；"能治病"，是根据病的临床表现，即"证"与"症"，运用辨证论治而立法处方用药、治疗疾病，这是几千年来传承下来的宝贵的实践经验。中医人对此都应该有传承，但也不能拘泥于此。陆芷青渐渐认为现代医学这种从人体本身出发的局部的研究方法，的确有其科学性、客观性和直观性。相较而言，中医学则是在不干扰人体的生命活动的前提下，用整体综合的观点来观察"证"的发展变化，只是这里的主观性较强，因此非常考验医者的诊疗水平。

陆芷青在临床跟师的时候就发现，如一个因为胸口疼痛、心慌不安前来求治的患者，如果患者还说他心跳好像不规律，时快时慢，甚至有时会停止。中医根据四诊中的切诊，得出的脉象一般是结代脉，下的中医诊断一般是胸痹、心痛病，这自然是毫无疑问。这时，运用西医的思维方法，借助西医的听诊器，听到不正常的心跳声（病理性心音）就直观而又明显。这大大提高了诊断的准确性。无论是对于西医还是对于中医来说，都是利好的消息。患者若感到头晕，还可以量血压，观察患者是否罹患高血压。临床上还常会遇见一类患者，他们或有功能性病变，或有器质性病变，但却没有明显的症状，而通过体格检查，如触诊、血常规、血生化等方法检查，检查结果会提示患者有生理功能的异常。例如，现代医学中患乙型肝炎的患者，他们在最初感染病毒的时候，大多无明显的自觉症状，如面色少华，或发黄精神萎靡、脉象多弦细等，此时需要医者进行四诊时要分外仔细，切不能马虎大意，错过疾病的细微征象。若同时借助现代技术检查肝功能、乙肝病毒等，将会对乙肝患者有更直观、确切的判断。在运用中医传统的辨证论治方法的同时，更需要我们借助现代科学技术的辅助，无论是物理的，还是生物的、生化的、细胞学的方法等进行检查，有利于对疾病做出全面的、更加科学的正确诊断。

陆芷青心中明了中西医在医疗方面的优劣后，明白了中西医结合诊断治疗的有利之处，他心中仿佛点燃了一盏明灯，只要对医治患者的病情有好处，只要能快速减轻患者的痛苦，就要用好手中所学中医、西医知识，造福

患者，助他们早日康复。此后，在临床上，陆芷青不光对中医汤药信手拈来，还研习了大量的西医知识，如药理学等，因而处方用药也就不再拘泥于中医方剂汤药。

当父亲陆建之1934年逝世后，学成归来的陆芷青开始帮忙打理父亲留下的诊所，悬壶济世，心中一直谨记父亲陆建之"慎几恐有错，微辨自无非"的教诲。陆芷青成了一个富有灵魂和温度的名医，他的成就和影响早已不局限于中医学界，还贯穿于西医，甚至文化和艺术领域。

第三章

声 名 鹊 起

第一节 悬壶瓯越起沉疴

在温州的一段时间里，陆芷青凭着自己的医学知识，以及对患者认真负责的态度，逐渐医名远扬。但由于当时条件相当落后，加之国民政府认为中医"愚昧落后""阻碍科学""医事卫生障碍"等，对中医甚为轻视，陆芷青纵有志向，也难以施展。

临床实践是医务人员的根基，而救死扶伤则是医生的天职。作为一名医生，陆芷青从单独应诊开始，从来没有脱离过临床一线的工作。1937年，随着"卢沟桥事变"的爆发，日本帝国主义全面侵华战争开始，大片国土沦丧，山河破碎，民众更是处于水深火热之中。后日军侵入上海，战争爆发，陆芷青回到温州，来到普安施药局（仅收挂号费，看病、配药不收费）坐诊，成为常驻医师。而战地救护是保存和恢复战斗力的重要保障，在那个硝烟弥漫、缺医少药的年代，中医界广大同仁积极参与、组织战地的日常救护工作，并在其中充分发挥了中医药的独特作用。当时陆芷青积极响应政府号召，加入战地救护团，参与救护工作，时有报刊指出，战场受伤之将士，"倘以国医之具有根底者为之治理，则木屑竹头，亦可驳骨舒筋；青草树根，尽足还魂。堪以短促之时间，奏其神速之功效；轻微之药物，当乎宝贵之灵丹"。中医界自身也积极呼吁，"为人道计，为国家计，为抗战前途计，为种族人格争生存计"。抗战时期，陕甘宁边区医药极其缺乏的情况下，中医药以其"简、便、廉、效"的独特优势，在防病治病工作中得到了广泛运用与发展，为抗战胜利做出了贡献，由于中医在战时医药救护工作中

的突出贡献，促进了政府与社会对于中医药的深入理解和正确认识，为中医赢得了全社会、全民族的尊重。同时也为中西医结合、团结，树立了典范，对中华人民共和国成立后的中医工作产生了一定影响。

陆芷青丰富的学识，是自幼勤勉，加之青年时期发奋图强而扎下根基，经过长期培育耕耘才结出的丰硕果实。他的治学方法，贯穿于他学习、工作的始终。陆芷青把他要读的书分为用功书、浏览书和工具书三类，着眼于"精"与"博"的"出入"。

陆芷青把用功书分为：经典理论类，如《黄帝内经》《难经》《伤寒论》《金匮要略》等；温病类，如《温热经纬》等；药物类，如《神农本草经》《本草疏证》等；各家学说类，如《脾胃论》《格致余论》《景岳全书》《证治准绳》等；医案类，如《临证指南医案》等。

而浏览书，陆芷青主张先读序言、凡例，此乃作者著书的目的、要求和方法，跋是作者的体会，再择其精华而读，方可事半而功倍。因此，浏览书要着眼于"精"，取其长而融会贯通。陆芷青常常谈到，刘河间以火热论的观点阐发"病机十九条"，认为六气皆从火化，并以亢害承制论解释机体平衡与不平衡的生理病理变化，对朱丹溪及吴有性、叶天士等的学术思想有较大影响；张元素对脏腑病机及本草气味厚薄、寒热升降等理论阐幽发微，并善于运用补脾益气的方法，充实了临床医学理论，李东垣、薛生白等受其影响颇大。刘、张二家，可谓是医学流派形成和各家学说发展的始祖。而工具书，在遇到问题时需查阅使用。祖国医籍浩如烟海，汗牛充栋，然人之精力有限，不能兼收尽取，如《中国医学大辞典》《中药大辞典》《中国医籍考》《四库全书总目提要》等可带着问题去翻阅，经常查阅此类书籍，可开阔视野，加深对问题的理解。陆芷青经常推荐的是《医部全录》，它分脏腑经络、身形来归纳古典文献的生理资料；又以诸疾为纲要，归纳总结历代文献对疾病的病机认识、治疗方法及方剂药物，以及验方医案。其所收集的历代名医的论述颇为丰富，分门别类，十分便于查阅与检索，同时还可借此翻阅原著，以睹文章之原貌，由此也体现了由精而博和由博返约的治学过程。

中华人民共和国成立后，陆芷青积极响应党的号召，投身温州公共医疗事业的建设之中。他精湛的医学技艺、耐心细致的服务，在当地口口相传，被民主选举并光荣任命为温州市第一届人民代表大会代表，同时还被推举担任了温州市卫生局中医科科长，成为温州市中医界公共医疗机构的重要人物，并由此走上行政管理与医疗业务双肩挑的生涯。陆芷青无时无刻不牢记

浙江中医临床名家·陆芷青

自己的历史使命，将自己的生命与党的中医药事业紧密地联系在一起，虽身兼数职，事务繁多，但仍坚持每周的门诊、会诊及查房等，无论何时都"雷打不动"，从不轻易停止自己的业务工作，将全部身心都投入到了新中国的中医药卫生事业建设中。他主抓中医工作，为中华人民共和国成立后温州市中医政策的制定、各级中医机构的建立和建设、中医人才的培养等方面，都积极献言献策，为温州中医药事业的后续发展打下了牢固的基础。亲人、同事们经常看到，那个鼻梁上架着眼镜的陆芷青，坐在办公桌前，奋笔疾书、运筹帷幄。

1956年，为了响应毛主席"中西医结合""重视中医"的号召，提倡中西医结合，取长补短，共同推进中国医疗卫生事业的进步。为了更好推进临床工作的开展，陆芷青以身作则，从温州市卫生局调出，进入温州市第一人民医院，任中医科主任。在政府政策的号召下，许多西医医生转为中医医生。大批中医工作者调入中医学院。

当时陆芷青主要诊治内科，但伤寒、霍乱等也是经常会遇到的。陆芷青看病认真，仔细推敲，谨慎从之，坚持看病人数贵精不贵广的原则，严格控制看病人数。陆芷青的父亲生前行医时始终要求自己谨小慎微，这也深深扎根在陆芷青心里，并对他的医德、医风的形成及医术的提高，产生了巨大的影响。

几十年来，陆芷青一直将父亲的遗训"慎几恐有错，微辨自无非"奉为行医的准则。"做医生要细心、耐心，经验是患者告诉我们的。"陆芷青曾经诊治了温州西郊浦桥余省三之子的疾病，患者症见眩晕，卧床不起，动则作呕。诊视后，发现患者舌中剥无苔，此多为胃阴亏虚所致，然而该患者舌苔四周却见薄白而滑，非阴虚症状。于是仔细询问病史，得知该患者在眩晕症状出现前曾患高热，服用某医生所开的中药后，体温恢复正常而出现眩晕。陆芷青又查看了前医所开处方，发现凉药剂量极大，于是断定该眩晕为清凉太过，痰饮中聚而致，清阳不升而致的眩晕，投以苓桂术甘汤。患者服用后，一剂晕止，两剂可下床活动。在诊断该病例时若未仔细观察患者苔象，未仔细询问病史、查看前方，而妄下结论，又如何能做到药到病除？

陆芷青如遇患者求助，不论白天或晚上，不辞辛苦，莫不为之尽心诊治。在诊治肝胆疾病方面，尤其有自己独到的经验。一次有一位老太太，患肝胆病数年，久治不愈，陆芷青在经过仔细的望闻问切后，不过寥寥数剂，病情大为好转，不久便被治愈，遣方用药甚为精准，患者家属非常感谢，而

且直称神奇。诸如此类事迹，不胜枚举。

陆芷青在从事医疗工作多年后，在看到社会的进步，切身感受到了党对中医事业的大力支持，在医院成立门诊部后，他积极递交了入党申请书，随后光荣加入中国共产党，成为愿为党的事业贡献一生，积极而又普通的一分子。此后，陆芷青对自己的要求更严格了，他用所学知识兢兢业业为老百姓看病；他待人亲和，从不摆架子，对待患者，从不分老幼妍媸、贫贱富贵，均一视同仁，上至省委领导，下至平民百姓，陆芷青自始至终，都是平等对待。即使在"文革"期间中医被批斗，湖州市市委一家属患病，遍访西医诊断为肝硬化腹水，说时日无多。家里人都开始准备后事。而后请陆芷青前去医治，陆芷青认为并不是肝硬化腹水，而是"胆"的问题，随后开了五剂药，患者症状明显好转，由此可见陆芷青的高超医术。

陆芷青以治疗肝胆病最为擅长，尤其是胆系疾病。能够从背部按压穴位、观察体表征象，诊断出是否为胆系疾病。日后亦主攻心血管方向，也建树颇多。陆芷青在此等艰苦的条件下，仍坚持本心，疗去疾厄，逐渐声誉远扬，屡屡被患者和家属称为名医，建立了自己的威望。

第二节　奇雨楼里展家训

江南的雨，密密斜斜，绵绵潇潇，似烟似雾，水气蒸腾、润物无声，为江南披上了一层神秘的面纱；时而又淅淅沥沥、柔情倾诉；也有时会水击屋瓦，激情飞扬。在江南青石板铺路的小巷深处，在小桥流水人家的岸边，陆芷青伴随着江南的雨，度过了他的童年、少年，聆听着父亲的教诲，习医道，明圣贤之道，悟医术之道。空气中还仿佛回荡着他一遍遍的背书声。

在江南杭州唤作"奇雨楼"的小楼书斋里，陆芷青陷入静静的沉思。其实，忧愁、焦虑是每个人都要面对的事情，特别是对一个每日行医用药的医生来说。每当有了烦心事，陆芷青就会沏上一壶清茶，安安静静的在这一方书房里，静静思考、悠悠品味。

每当看到父亲命名的那块匾额"慎微医室"，再看到两旁对联"慎几恐有错，微辨自无非"，陆芷青的心就会逐渐平静下来。陆芷青常会想起父亲说的话："看病再谨慎也会出错。故会时刻自省而勤学，在诊病之时，常手不释卷，勤而学之，老而弥笃，所得理论，必证之于实践。"陆芷青不仅把"慎几恐有错，微辨自无非"又摘抄了一遍，提笔总结到："治学治病一曰'勤'。学海无涯，不学则知识无以积累，亦无所进步，勤学、博学、慎学，相信"三人行必有吾师"。每遇到内科疑难病证，多虚心向师长及同道请教学习，取他所长，补己之短，不断充实自己的学识。二曰'慎'。慎学是治学的基本要求，也是陆氏家训。《礼记·中庸》有云："莫见乎隐，莫显乎微，故君子慎其独也"。铭记家训，严格律己，对于重点的医书古籍，更是谨慎精读，有的篇章必须反复推敲，细细琢磨，背诵如流，对之深刻领悟后，才能在临床上受到启迪并有所创新。三曰'博'。培养卓越见解最好的办法之一便是博，要博学又善问。四曰'行'。'读万卷书，行万里路'，读书不临证，则书为读死书，然验之临床，书就被读活了。因地有高下，气有寒温，年分老幼，性分男女，禀有厚薄，且病之变化多无穷，以书之死方去应万变之证，岂非削足适履？正所谓医不三世，不服其药；九折肱者，乃为良医。"

陆芷青也一点一滴地去教育他的孩子们。也正是这样，他把他的严谨、对生活的态度，都教给了孩子们。他们人人从小就学会了严格要求自己。孩子们也很争气，没有让他失望。大儿子陆善炯，1957年考取中国人民大学国际政治系，主修国际共产主义运动史，是当年温州唯一一名考取中国人民大学的学生，后陆续在上海华东师范大学、湖北大学和浙江警察学院任教。第二个儿子陆善为，考入清华大学，两个孩子这么出息，在当地传为美谈。每当谈起父亲的教诲，他们在唏嘘感怀中，都深深觉得严谨自律是父亲给他们最好的礼物。大女儿陆碧梧在父亲身边耳濡目染，也深深爱上了祖国医学，父亲从小让她打下了坚实的基础，日后她也一直从事中医的针灸治疗，发扬光大岐黄之术。三儿子陆善森在多个行业都做得很成功，纵跨医界和商界，谈起父亲，陆善森也深深感受到父亲做事认真的态度对自己的影响，让他印象很深刻的是有一次，他将"正大青春宝"的药方拿给父亲看，父亲立马能说出这个方剂出自于哪里，治义何在，在哪本医书里可以找到，真的是极为熟悉中药、方剂及出处。

陆芷青的孩子们，不光没有被逼着传承父亲的手艺，而且还给了他们绝对的自由，鼓励他们追求自己的梦想并予以全力支持。陆芷青在小儿子陆善真上高中时，发现他对体育有着极大的热情，于是鼓励其往这个方向发展，并经常叮嘱他凡事不可一味求速，根基一定要打稳。小儿子大学毕业后已是浙江省的一名优秀的体操运动员，1993年任国家体操队女队总教练，当陆善真作为总教练时，他也喜欢像父亲一样静静地思考，中国女队从未夺得过女

子团体冠军的直接原因就是因为缺乏腿部力量。过去，训练局的人总笑话中国女子体操队队员是见风就倒的林黛玉，腿上没劲个个和豆芽似的，也就能在高低杠、平衡木方面拿点金牌。多年来，为了拥有欧美队员健壮的腿，陆善真找到了像程菲这样类型的运动员。程菲拥有中国女子体操运动员前所未有的一双腿，陆善真日日琢磨怎么让中国女孩能跳出"砰砰砰"的感觉。在对队员的训练中，陆善真经常想到父亲的教诲"不积小流，无以成江海；不积跬步，无以至千里，踏踏实实练好每一日"。所以，他在训练中也着重把每一个运动员的基础打好，他们才能走得更远。同时，陆善真知道，"出成绩，更要出人才！"把项目的训练变成项目的教育，把技能的传习变成文化的传承，培养队员勤奋、守纪、不屈不挠的品质。就这样，陆善真与刘群琳合作，培养出奎媛媛、毕文静、刘璇、程菲、杨伊琳、何宁、张楠等多位世界冠军。奎媛媛擅长平衡木和自由操，夺得1996年波多黎各世界体操锦标赛自由体操金牌，成为中国女子体操队第一个自由体操世界冠军；毕文静创建了高低杠中著名的"毕氏转体"；刘璇拥有多个由自己名字命名的体操动作，是悉尼奥运会平衡木冠军；其中成绩最突出的是中国女子体操队前队长程菲，程菲跳马的"独门绝技"，已经经国际体联批准，命名为程菲跳。中国女子体操队过去心理素质一直很差，陆善真又用实战方法，训练了四年才训练出第一个团体冠军。他从来不发火，不骂人，很有趣的是这和我们在电影里看到的威严教练不一样，但我们知道，这和他温文尔雅的父亲陆芷青是多么的相似。尽管陆芷青的小儿子所精通的领域，是看起来与中医八竿子打不着的体育，但这种流淌在家族血液中的"匠人精神"，却是一脉相承的。

陆芷青或许很少对孩子直接地说教，但他本身对于中医的执着与信仰，就足以为孩子们指明航向并源源不断地向他们输送能量。

第三节　钟灵毓秀汇杭城

追溯中国几千年的中医教育史，只有唐盛时期有过，其他朝代时有时无，历代中医继承传接下来，多是以师带徒，言传身教，且多是家族式的代代单传。中华人民共和国成立后，党和政府对中医特别重视，在党的中医政策的光辉照耀下，随着时代的发展，全国各省都兴办起中医高等学府，由于党和政府对中医的关怀和支持，加上中医中药具有悠久的历史和深远的根源，数千年来对保障人们生命健康和民族的繁衍昌盛做出了伟大贡献，所以深得民心。陆芷青虽然已在温州当地贤名远播，在国家大力发展中医教育的时候，陆芷青又积极响应号召，投身到中医的传承和教育事业中来。他不仅成为医疗方面的大医，也成为出色的中医教育家。

1959年，陆芷青调入浙江中医学院，从事教学、科研、临床工作。陆芷青置身于中医高等教育事业，感到无比激动。他先后教授《黄帝内经》《伤寒论》《各家学说》《温病学》《中医内科》《中医基础理论》及《中医诊断学》等课程。特别是任中医诊断教研室主任之后，更觉肩上责任之重大。陆芷青认为，学校犹如一个工厂，产品质量是关键，工厂出了废品，只是经济物质受点损失，而医学教育，是培养高级医学人才，它关系到人民群众的生命健康，如果培养出庸医那怎么了得。所以陆芷青崇敬老一代教育家和名牌大学校长对教育事业、对学生高度负责的精神，他把中医前辈教育家作为楷模，殚精竭虑，鞠躬尽瘁。

陆芷青经常谈起中医学发展史上富有创见的理论家、临床家和教育家——陈念祖。陈念祖幼年即随祖父读经史，兼习医学，35岁时肄业于福州鳌峰书院，后随进士孟超然学经史，39岁中举人，曾任直隶省威县知县等职，清嘉庆二十四年（1819年），他告老还乡，在福建长乐嵩山井山草堂讲学，不但把他数十年来研究中医经典的体会传授给学生，而且大力呼吁其他医家也应对这方面的学习加以重视。来自全国各地听他讲课的人很多，一时间弟子云集。在医学教育方面，陈念祖尤其强调启蒙教育的重要作用，没有规矩就不成方圆。他指出："医学之始，未定先授何书，如大海茫茫，错认半字罗经，便入牛鬼蛇神之域。""入门正则始终皆正，入门错则始终皆错。"因此，陈念祖十分重视经典著作，对古典医籍的钻研功力深厚，涉猎广泛。陈念祖还长期从事中医普及工作，将中医知识通俗化，为后学开启了登堂入室之门。中华人民共和国成立前，虽然各地设立了一些私立中医学校，但能入学的人数不多，可是读陈念祖书而当医生的甚多。陈念祖一生著述十分丰富，传世之作包括《神农本草经读》《十药神书注解》《医学三字经》《时方妙用》《时方歌括》《长沙方歌括》《医学实在易》《医学从众录》《伤寒论浅注》《伤寒真方歌括》《伤寒医诀串解》《金匮要略浅注》《金匮方歌括》《灵素集注节要》《景岳新方八阵砭》《女科要旨》等，内容涵盖了中医基础理论、临床及医学知识入门、普及等方面，是中医普及教育的理想教材，对中医教育的普及起到了很大的推动作用。陈念祖医著虽以深入浅出、通俗易懂著称，但他恪守"俗而不庸、浅而不陋"之原则，被众

多医家肯定为医学教育入门之正宗，所以普及面广。陈念祖所以能以浅近之语言表达中医深奥的理论，是由于他对中医理论有精深的造诣，才能深入浅出，由博返约。因此，他所编著的书，处处以极其精简的语言道出医学原理，使人易于领悟，这才是陈念祖医学修养的超人之处。中国近现代的一些名老中医，许多就是从读陈念祖的书开始学医的。他不把经典作为圣条，而把它们作为行动的指南，这种精神值得我们借鉴，陆芷青也常以此为榜样。

作为浙江省中医诊断学科创始人，陆芷青对传统医学、中医诊断学有很深造诣。"师者，所以传道、受业、解惑也。"培养具有良好职业素质、较强实践操作能力、能够独立进行诊断治疗、富有创新精神的医学人才，是高等中医院校教学工作的重要目标。陆芷青在教学中十分注意教学方法，由他主讲的"中医诊断学"是一门根据中医学的理论体系，研究诊察病情、判断病种、辨别证候的基础理论、基本知识和基本技能的学科。它是基础理论与临床各科之间的桥梁，是中医学体系中的主要内容。其中的四诊和辨证技能是每一名中医学生应具备的专业素质，卓越的医生更需要具备过硬的基本功。该学科内容繁杂，知识点零散，学生容易产生枯燥的感觉，缺乏学习兴趣，学习效率降低。为提高学生的听课效率，加强课堂上的师生互动，陆芷青从不上大课，而是坚持小班教学，如第一届120位学生就被分为3个小班分别授课。对此，陆芷青颇为欣慰："上小课虽然老师辛苦，要多上好几次，但对学生有益，这样培养出来的学生才更有希望。"

"中医诊断学"这门课程包括了常用的望闻问切四诊方法，还有中医独到的辨证思维体系的训练。教授期间，陆芷青总是竭尽所能让课堂更贴近临床实际，避免纸上谈兵。在绪论引导中，他讲授"司外揣内"原理中的"黑箱"理论时，就常识性地讲述植物生长越茂密，说明土地越肥沃。学生就很容易理解事物的表象与内在本质间存在相对应的密切联系；他还以体魄健康的运动员与半身不遂的患者比较为例，说明患者体内气血阴阳紊乱，邪气相干的内部病理改变，从而可以从外知内来诊察病情。他讲授"见微知著"原理中的"生物全息"思想，虽然可举出许多临床应用的实例，如望舌、望目、望面推测全身脏腑病变，但对于大一的学生来说，不如用"耳朵"为例，耳朵如同一个在子宫中未出生的胎儿形象，不同部位与人体相应的部位对应；再如自然界柳树，借用"无心插柳柳成荫"来讲，小小的柳枝蕴含着一棵柳树的全部信息，这样直观形象，每个学生都能记住，人体任何一个相对独立的局部，都是整体成比例的缩小，都包含着整体的信息。

上望诊课时，以舌诊而言，内容相对较多，若按纯粹之中医理论逐条讲解，或可收工，然欲使所有学生理解掌握，确非易事，但通过观物取象法，多能变难为易，润苔主津液未伤，燥苔主津液损伤，腻苔主湿浊，剥落苔主胃阴大伤，焦黄苔主热极津伤，裂纹舌主阴液损伤，看似很为琐碎，取"象"而言，以天气、地下水、植物生长，地面情况来说。当天热无雨，地面干裂，植物干枯，类似裂纹舌，焦黄苔，燥苔等；当阴雨连绵，地面泥泞，杂草丛生，类似腻苔，水滑苔，胖大舌；当地下水多，天气炎热，水多则苔滑，热多则苔燥，舌苔是黄厚腻，还是黄厚燥，可以体现出湿热之多寡；当天气旱涝不一之际，旱处作物干枯，甚至寸草不生，涝处则水草丰茂，类似人体有无舌苔、剥落苔、舌苔厚薄等变化。他常说，舌头就像人体的一面镜子，你有病，能从舌头上反映出来，人的寒热、虚实、痰、瘀等症状，都可以从舌头上看到。这种方法，对心血管和消化系统疾病，诊断效果尤其明显。如果舌头看上去比较厚腻，可能就是消化不好；如果有痰，可能是血脂有点高。在当时医学检查设备还不是很先进的情况下，陆芷青用这套方法诊断出的病证，八九不离十。

为了望诊教学更加直观，他四处找来各类反映病态面色、舌苔、舌质的挂图；为了更好地展示问诊，他用录音机将医生的问诊过程全程记录，在课堂上真实再现；为了闻诊中辨识不同类型的咳嗽，能够听到真实的哮、喘声，陆芷青就亲自带着录音机，到医院寻找各类患者并一一录音，配合课本方法，为学生播放、分析讲解；闻诊中音哑失音的虚实证辨别，也是一个难点，学生常难以分清"金实不鸣""金破不鸣"病机的虚实，或者是叙述不清。陆芷青借用"铃铛"为例，当铃铛被异物堵塞为"金实不鸣"；当铃铛破损时为"金破不鸣"，都不能正常发出声音。通过这个生活常识，学生就可以联系到人体也是"气动则有声""肺为气之主，肾为气之根"，同样当邪壅肺窍或肺肾虚损、精气不足时，就会出现音哑失音。

讲切诊，他又毫不吝啬地拿出家传绝技，有没有胆囊炎，一按穴位就知。对胆囊炎患者的早期诊断，他用一套独创方法，按压人背上穴位进行诊断。这个穴位就是天宗穴，位置在肩胛骨中央凹陷处。他一按天宗穴，就知道这个人有没有胆囊炎。当时还没有B超这么先进的检查设备，他的这套诊断方法很管用。陆芷青后来带过的一个研究生，曾对他这种按压穴位诊断胆囊炎方法，作过准确率对比分析。通过对1000多例患者对比分析，结果

浙江中医临床名家·陆芷青

显示，陆芷青诊断准确率达到90%以上。这种"神技"，也让学生们眼见为实，叹为观止，也更增加了对祖国医学的浓厚兴趣。

在四诊学习结束后，陆芷青多采用情景教学，课堂上学生分别模仿医生与患者，模拟诊室，指导学习要点和正确方法后，进行四诊模拟训练，或在学生中寻找真实的患者，甚至他让门诊中的适合患者走进课堂，作为学生的实训对象，真实地让学生领会到"外行的看热闹、内行的看门道"。

四诊过后，陆芷青非常注重学生辨证思维的训练。他课堂讲授，对每一种证候概念清楚、层次分明、重点突出、联系实际。引经据典，深入浅出，举一反三。为了更好地体验不同的辨证方法，最后得出诊断，让学生有兴趣主动参与课堂教学，陆芷青开发了"辨证实训系统"，实训分析病案，对病案中的主症进行提炼、对主诉进行凝练，对病案的病性病位进行病机分析，得出病案的证名，加强思辨能力的培养，活跃了课堂气氛。

本着"古为今用，洋为中用，以今为主"的原则，陆芷青教学也是"与时俱进"，探古研今，博采众长，力求能够较全面地向学生们展示现代中医各科的新理论、新技术、新进展。他认为随着时代的前进，科学的发展，作为新时代的中医，应当掌握一些现代医学知识，两者相互补充，会对中医学术有所裨益。但他也谆谆教导，中医人必须先学会中医的辨证论治，发挥中医特色。西医的诊断技术与检查方法，只供临证参考，切不可轻易对号、攀附，亦不可中药西用，而失去中医之本。

听过陆芷青讲课的人，都会被他激昂的语调、犀利的言辞、深邃的思辨打动。他善于思辨，思辨能力独上高楼，行文别具风格。陆芷青的论述旁征博引，发人所未发，文采斐然，有独到的看法。陆芷青讲课生动活泼，最忌死板硬套。他授课不枯燥烦琐，多为联系实际的生动有效的经验，很多讲解都是书上没有的。特别是那些根据讲授内容，穿插的趣闻轶事及临床病案，不但增强了学生学习兴趣，培养学生的积极思维及分析问题能力，也进行了医德教育。他的学生们每听一次课或学术讲座，感受到的是一次精神享受，不仅学到了知识，还领悟了老师严谨的教风、宽阔的思路和丰富的学识，印象深刻、受益匪浅。

《医宗金鉴·凡例》云："医者，书不熟则理不明，理不明则识不清，临证游移，漫无定见，药证不合，难以奏效。"可见书熟才能明理，明理才能识清，识清才能临证自如而效著。陆芷青自己教书严肃认真，他更注意言传身教。他对自己始终是严要求，高标准，目不停览，手不停批，勤于记笔记，一丝不苟地写教案，提出参考书目，每日都备课看书到很晚，一般晚上11点之前不睡觉。

用功读书他强调三点要牢记：一要熟读精记，熟练的精读原文至朗朗上口，正所谓书读百遍，其义自见；对精要处须做到熟记，最好是铭记于心，临证时才能胸有成竹，灵活运用。陆芷青曾以大青龙汤治卢表妹三伏天夏暑失足落水后而见恶寒高热、无汗、烦躁、身痛一案，一剂即应。若非娴熟经旨，何以有如此胆识。二要善思明理，古语有云："学而不思则罔"，每读一篇章，都应仔细回味消化，析疑解惑，莫不需要一个"思"字，尤其是对于经典著作，更是需要深思而熟虑，反复推敲方可。对于强调明理，即对文理医理需做到明白晓畅，至于见到脱简阙文，义理难通者，应采取"缺其所可疑，通其所可通"的态度，不依文附义，管中窥豹，牵强附会。三要勤记贵恒，在明理基础上，随时将学习心得在书上注以眉批，持之以恒，必有所获。陆芷青读过的医籍里，随处可见珠笔或墨笔写下的眉批，或批或赞，极尽精微，少则十字，多则百余字，仿佛拉开了一幅画卷，可谓字字珠玑，引人入胜。如一本《伤寒来苏集》，眉批多达一百多处。

他善于并勤于记笔记，每次临证都留有记录，作为检验临床效果好坏的依据，以便日后总结。几十年来他养成处方留底的习惯，足见其笃行之恒心也。因此1984年其团队在整理陆芷青论治胆病的经验时，就得益于他平时积累的处方留底，为胆病电子计算机系统的回顾性验证，提供了200多例宝贵的第一手资料。他的勤奋努力是学生有目共睹和钦佩的。

课堂执教时陆芷青每日早晚都要亲自到同学的自习课堂上转一遍，遇到同学们提出的难题当场解答。不论是对于初学者粗浅的问题，还是好辩者咄咄逼人的质疑，他都是从容不迫，耐心地加以解释。临床带教时，强调学生多临床、早临床，重视培养学生的动手能力。学生跟随陆芷青抄方，陆芷青要求理、法、方、药有机统一，要求他们多思考、多观察，他认为通过联系实际，临床观察，常可得到较好的解决。例如，治疗奔豚证的主方桂枝加桂汤，究竟是加重桂枝的剂量还是另加肉桂，意见不一。通过临床发现，有时重用桂枝即可取效，这是因为桂枝本身具有通阳平冲作用；但有时须加肉桂始能有效，这是由于患者肾阳不足，用肉桂能温肾助阳，而桂枝则力所不及，故非用肉桂不可。这就是所谓"临证得真知"。

他同时要求学生德、智、体全面发展，要视患者如亲人即"见彼苦恼，若己有之"，不论富贵贫贱、长幼妍媸均一视同仁，不为名利，一心为患者

着想，一心为中医事业着想。即使门诊量超负，对每位患者都必须悉心诊治、审慎处方，力求精简廉验。同时还要耐心指导患者进行恰当的休息与调护，治病、治身更治心，鼓励患者要有乐观精神，树立战胜疾病的信心。陆芷青常常告诫同学们，作为医生，对患者最感痛苦的身心疾患，必须抱以同情、关心的心情询问，即所谓的心理救治。与患者悉心交流也是治疗的一种方式。问诊的心理疏导与治疗作用不容忽视，医生的倾听是对患者最好的安慰，它能够增强患者与病魔作斗争的勇气，坚定正能胜邪的决心，重拾身体康复的信心。除此之外，对于一些精神类疾病，心理疏导本身就是一剂良药。实际上，医生给予患者心灵上的慰藉，这种人文关怀足以让患者信任医生，有利于疾病的康复。

　　陆芷青还非常善于关注学生的所思所想，从思想上引导他们。当时有个学生对自己的专业不自信，因为他并非自愿选择这个专业，一方面是为这个专业发展前途堪忧，觉得中医不符合现代医学发展趋势，对中医的前景感到担忧；另一方面就是学生学得不深不透，没有把握住专业的精髓，没有领会到中医的作用和魅力。陆芷青就对他说："随着时代的发展，总有一些岗位和工作会退出历史舞台。但是事实证明，中医作为我国的传统医术，几千年的发展让它日益精湛，成为现代医学中不可或缺的一支力量。现代很多国外的医学家都开始研究中医，这说明中医还有很大的发展前景。如果你认为中医的前景不广阔，那么你的判断有可能是错误的。"在陆芷青的引导下，这个学生也看到了中医临床的确疗效可靠，最后变成了心甘情愿学习中医的优秀学生。在学生们的眼中，陆芷青既是难得的良师，更像和蔼可亲的父亲。

　　心理学家布鲁纳曾说过："知识的获得是一个主动的过程，学习者不是信息的被动接受者，而是知识获取过程的主动参与者"。高等教育的目的不仅仅是向学生传授知识，更重要的是向学生传授学习方法。德国教育家第斯多慧也说过："凡是能够引起学生的思想、工作和智力上的最具精神的方法，是最好的方法"。陆芷青用自己的言传身教，用热衷于中医教育事业的一颗心，爱才育才。1978年以来，先后带了5批研究生，学术继承人及助手，如程志清、马瑞坪、郑小伟、郑红斌等，日后也一个个成为中医学术的带头人，行业的引领者，医、教、研事业的领导和骨干。多年来他为国家培养出一代又一代的中医人才。

　　宋代张载云："教人至难，必尽人之才，乃不误人。"王安石曾云："教人治人，宜皆以正直为先。"陆芷青在任职中医诊断学教研室主任期间，十分重视对教师队伍的培养，他也经常思考，怎样培养一代代优秀的接班人，把自身团队建设好。陆芷青认为，作为一名优秀的中医教师，除了要具备深厚的专业知识，还必须加强自身的道德修养，育人必当先修身，要坚持把德育放在首位，以培养学生树立正确的人生观、世界观和价值观为重任。强调突出中医特色，教好、学好四大经典。提高教学质量，关键在于教师。他鼓励大家尝试改革教学方法，要求教师教学内容要随时补充更新，要不断增添现代化教学设备。陆芷青亦深知作为一名教师，保持对学生的了解和互动的重要性，这些都是他一再强调的。陆芷青深爱着教育事业，他用自己的心血书写着对教育的热爱和深情。

第四节　雅趣博学乐岁月

人之生也，亦百代之过客，匆匆一世，瞬息而逝，欲有所为，忙亦必然。然而人的精力和体力，毕竟有限。欲以有限之体与精力，去完成无限的事业，就需合理的安排、科学的调节，才可保证精力与体力久用而缓衰，才有可能既不伤体亦不劳神。在工作忙碌时，利用休息时间，可读一点提神的书，阅读专业书劳累时，可以改换专业外的书。兴趣的交替，兴奋点的转移，日久自成习惯，既不劳累，又可休息。

陆芷青自少年时起，生逢乱世，自13岁起便进入繁忙的学医及社会活动中去。成年之后，家事、医事积于一身；离家之后，进入高校教学、临床、科研、政管等，承担着大量的工作压力和家庭经济负担，但他不仅不曾被困难压倒，反而变压力为动力，培养了多种兴趣与爱好，使生活的内容更加丰富，生活的质量更加优异。同时，在艰难、压力、经济、病伤的干扰下，善于化解矛盾，克服困难，调节生活，保养形神。这就成就了多才多艺的陆芷青。

也许，聪明人更懂得微笑面对生活。

一、知音识曲弄绕梁

少年时期，陆芷青学习过多种乐器的演奏，二胡是他的最爱。生活、工作、学习虽然很紧张，但每当静下心来，拉起二胡，当那近似人声的乐音响起，他的思想仿佛飘向了远方，生活也变得不枯燥，也不单调，往往一曲拉

好，精神上也舒畅淋漓。这也如陆芷青的好友何任先生所言："我特别爱听《春江花月夜》。从我十五六岁时听到如今耄耋之年，可谓百听不厌。这则根据琵琶古曲《夕阳箫鼓》（又名《浔阳琵琶》《浔阳夜月》）改编的中国民族音乐精品，据说是唐代遗留下来的，以琵琶、箫、胡琴等乐器大合奏。它让我身心受益很大。当我忙时，心烦意乱时，抽时间听一两遍《春江花月夜》，就自然而然地轻松起来，头脑也格外清新……我深感，中国民族音乐能使我心除烦忧，消块垒，宽胸怀，坚意志，心情畅爽；身则清头目、舒肝膈、健脾胃、和气血，犹如茶饮添香。"

二、犹有余香难释卷

陆芷青随父习医期间，一方面背诵医书，另一方面补习文化，因而养成一种勤于书卷的习惯。若一时不读，则惘然如失。因此他一生中最大的兴趣莫过于读书藏书。陆芷青热爱文学，首先是因为感人，故事情节、人物命运能打动人心，引起共鸣，再者是思想深刻、内涵丰富，可以做深奥的哲思，令人在掩卷之后有所思、有所感、有所得、有所获。最重要的一点是优美的语言，犹如一道铺满鲜花的小径，能够引人曲径通幽，去见识别有洞天，或豁然开朗，领略到险峰之上的无限风光。在多种语言风格中，陆芷青尤其喜爱中国古典书籍，如《红楼梦》《史记》《左传》等，其中看得最多的当数《红楼梦》，每隔几年就会再看一遍。《红楼梦》以封建社会的现实生活为描写对象，内容博大精深、包罗万象，几乎包括了古代文化和日常生活中各方面的知识，是一部封建社会的百科全书。从建筑、园林到服饰、器用；从岁时、礼俗到典籍、称谓；从哲理、宗教到诗词、典故；甚至音乐、戏曲、绘画、饮食、养生，无不涉及。对于书中的诗词、医话、戏曲，陆芷青更是细细品读。诗词是《红楼梦》的有机组成部分，也是精华和糟粕错综交织在一起，陆芷青善于用马克思主义的观点去正确地分析《红楼梦》的基本主题，把《红楼梦》诗词和《红楼梦》艺术构思紧密地联系在一起。陆芷青认为，《红楼梦》诗词表现的作者的阶级立场，是十分鲜明的。"无才可去补苍天，枉入红尘若许年"。这种发自内心的不得补天之恨，毋庸置疑证实了作者对于日趋衰败的封建贵族阶级的惋惜及怀恋，同时还希冀着繁荣或可复，颓运或可挽。在《红楼梦》众多诗词中，咏菊诗十二首常让陆芷青拍案赞叹。他常说，菊花在我国人民的心目中是地位颇高的少数几个花种之一，老百姓爱菊、种菊、赏菊十分普遍，知识分子文人墨客更是常以菊花为题材赋诗吟咏，大部分的咏菊诗属于言志类，不外乎表达诗人的审美观点和价值取向，而在《红楼梦》中，作者别出心裁地将咏菊的过程编成一个故事，以"忆菊"为起点，忆之不得就寻菊，寻访得到名菊就种菊，如此，赋予了菊花诗有头有尾的故事情节，使十二首诗在内容上紧密联系，创造出了新意。

作为一名中医人，《红楼梦》中的医话自然也是陆芷青专注研究的部分。如林黛玉的人参养荣丸，薛宝钗的冷香丸，贾宝玉的祛邪守灵丹、开窍通神散，秦可卿的益气养荣补脾和肝汤等，陆芷青都从自己的专业角度，仔细分析其病因病机及组方思路。例如，人参养荣丸，《红楼梦》第三回中讲，黛玉初进荣国府，贾府的人问她常服何药？为什么治不好她的不足之证，黛玉回答说，如今还是吃人参养荣丸。贾母闻知便说，正好我这里正配丸药呢，叫他们多配一料就是了。林黛玉所服的"人参养荣丸"又称"人参养营丸"，由人参、当归、黄芪、白术、茯苓、肉桂、熟地黄、五味子、远志、陈皮、杭白芍、甘草配伍而成，具有益气养血、养心安神之功效，临床上常用于心脾不足、气血两亏、形瘦神疲、病后虚弱等证。不过，虽然林黛玉和贾母都服用人参养荣丸，但追求的功效却是不一样的。黛玉用人参养荣丸益气养血，治体弱多病的虚损之疾；贾母服用人参养荣丸是为了滋养气血、延年益寿。这也是中医异病同治的典型医案。

再如陆芷青看冷香丸，《红楼梦》第七回提到宝钗患了一种"无名的病证"，诊断是"从胎里带来的一股热毒"。关于胎毒，《医宗金鉴·痘疹心法要诀》记载："上古无痘性淳朴，中古有痘情欲恣"，即"上古之人无出痘者，天性淳朴也，中古之人有出痘者，情欲渐炽也，古人谓痘禀胎毒，此定论也"。陆芷青根据中医理论分析，性欲源于肾，肾乃先天之本，主人体生长、发育和生殖，与阴胞（即子宫）有络脉相联系。胎毒导致肾阴火过旺，导致情欲炽烈，此乃第一症状。肾属水，心属火，肺属金；水克火，火克金；肾阴火过旺还导致肾水不足，不能上济于心，心火上炎，肺金被灼；肺宜滋润，如受燥热，必有喘嗽，此乃第二症状。宝钗的病机病因不在肺而在肾，所以治肾是根本，既可安心神，又可平喘咳。"为这病根，也不知请了多少大夫，吃了多少药，花了多少钱钞，总不见一点效验"，秃头和尚给了一个海上方"冷香丸"，再细数其中组成分析，"白牡丹花蕊、白荷花蕊、白芙蓉花蕊、白梅花蕊各12两，将花蕊晒干为末，研细；再用日雨水、

浙江中医临床名家·陆芷青

露水、日霜、雪各12钱，调匀，和了药，再加12钱蜂蜜，12钱白糖，制成龙眼大的丸子，埋在梨花树根底下。若发了病时，拿出来吃一丸，用12分黄柏煎汤送下。"喘嗽属肺部疾病，白色入肺，故用白色花蕊，性凉以直达肺经。所取4种天水也属寒凉，水质清纯轻扬，"治上焦如羽，非轻不举"，易于上达肺部而起到治疗作用。用黄柏煎汤送服，是因黄柏入肾，可滋阴和清下焦湿热之毒。"热者寒之，寒者热之"，利用药性之偏，调节人体阴阳之偏，冷香丸的适度寒凉正可纠正宝钗体内的"热毒"之偏，《红楼梦》中的中医中药可谓配伍得当、行家里手。

三、笔歌墨舞赋诗词

受家庭影响，陆芷青从小对中国古典文化有着浓厚的兴趣，儿时背诵《声律启蒙》，觉得朗朗上口；少年时习读白话注解《唐诗三百首》，饶有兴味；后读《宋词精选》《古文观止》等兴趣倍增。陆芷青常对厚厚的《古文观止》爱不释手，《古文观止》选文上起先秦，下至明末，又包括《左传》《国语》《战国策》，还有唐宋八大家韩愈等的佳作，凝聚了古人的智慧，集聚了世代古人的优秀名篇。每一篇都是人生的警录，受益匪浅，字里行间流动着艺术的雅俗共赏，折射思想光辉。书中有议论，有抒情，有韵味，有生动性，仿佛把历史呈现在眼前，读其故事，陶冶情操，感受到了一番古人的智慧。

青年时期，陆芷青又读《楚辞》《诗经》，别有韵味。这是中华文学两大源头，在上古最淳朴干净的空气里，一歌一咏都是经典。三千年来的诗词歌赋，无数文人的笔调才情，无不根植在这两片沃野。每当彷徨无助时，陆芷青就会拿起《诗经》，那种和谐，那种执着，那种崇高，那种圣洁诗歌文字里的纯净情感，那种氤氲着的灵秀之气，让人沉静倾倒。同时，它又像一位老者，无所不知，知无不言，言无不尽，记录着许多寂寞和不舍之情。人世间的悲欢离合，阴晴圆缺，让他懂得了真谛。

诗情种于心，陆芷青此后由于工作的缘故，曾行遍大江南北，长城内外，所至之处，常有感而发，或信口而吟，常被报刊或诗集录用，他在诗词上的造诣越来越深。他喜欢在工作闲暇之余，沏一壶淡淡的龙井，听着古曲，在"古味"十足的书房里静心潜读。淡淡的茶香、书香，还有古曲，都源源不断地灌输到他的生命里来，他闭目冥想，只觉得字里行间都是那么的美丽动人，不一会儿，"灵感下"，他就完成了一首诗或词。尤其是遇上如香港回归、"神六"（神舟六号载人飞船）上天等举国欢腾的喜事，每每心有所感，陆芷青就会当即赋诗以抒怀。他创作并发表的诗词已达百余首，其中一首汇集了众多中药名的《念亲歌》更是让人拍案叫绝："相思子念知母恩，芙蓉培育最细辛，雨天慎滑石，冷暖须防风。白芍开丽朵，满庭悬红花，十大功劳勤灌溉，还要捉了地鳖虫。学成当归，双亲合欢，衣锦还乡熟地，预知子是蛟龙。白头翁佛手迎宾客，红娘子巧妇谢亲朋。杜仲歌高呼，刘寄奴执壶，手捧琥珀杯，畅饮葡萄酒。橘红灯八盏，高挂中堂，菊花佩兰，排列两旁，犀角吹奏，远志成才，珍珠马宝，满院芸宾。乐哉！乐哉！"

陆芷青调回杭州工作后，被西湖诗社聘请为名誉顾问，威望渐增。话说当年胡庆余堂博物馆新做修葺，多处悬挂对联，有胡雪岩亲自所写"凡百贸易均着不得欺字，药业关系性命，尤为万不可欺""采办务真，修制务精"，还有的下联在，缺了上联，浙江省中医院院长就推荐了富有文学底蕴、又书法高超的陆芷青，前去胡庆余堂补联，现还挂在药房大堂。

即使到了晚年，陆芷青由于身体原因，已不便再出门诊，甚至不便下楼，仍然每日坚持在家里看书、看报、写诗。其中一首《四季吟》正是他对自己晚年生活的描述，"春寒真料峭，整日伴油汀，棉衣捂三月，无心步广庭，闲来勤泼墨，吟诗畅心灵，今朝惊蛰节，偶尔闻雷霆。夏日炎炎热，溽暑躲房中，空调冷气出，闭户不透风，人称福禄寿，我叹孤独翁，若有老伴在，真正乐融融。月色溶溶夜，秋虫唧唧鸣，坐看阶露湿，披衣防冷更，入室挑灯读，倦卧枕上吟，诗笺无佳句，愧当骚客名。隆冬冷三九，餐餐火锅红，暖酒驱寒冻，身在幸福中，儿孙多孝敬，老朽耳微聋，期望春分到，不用裹棉绒。"

四、灵动流逸展墨毫

青年时期，陆芷青便习书法。盖彼时中医处方，皆用毛笔，父亲陆建之强调习字与学医均应一丝不苟。勤于书法，不仅可提高医术，也是养生之法宝，因为书法不仅仅是用手写，更是用心写，需要心境的平逸与和谐。他常说："一手好字，二会双簧，三指按脉，四季衣裳。"意思是，一个好医生要具备好的"笔头""口头""手艺"和"派头"。其中，一手好字被列

为第一条。因为有些患者认为看中医，首先是看字，他们会通过看处方字的好坏，来判断医生水平的高低。西医是一门技术，中医是一门艺术。古人强调中医一定要有一首好字，处方要清晰，来不得半点马虎。过去的名医大都能文能书，如张仲景、华佗、王叔和、葛洪、孙思邈、王惟一、唐慎微、朱丹溪、李时珍、王士雄、吴师机、陆九芝、何鸿舫等医药学家，不仅医术精湛，其书法亦颇可观。明代著名的医药学家李时珍的书法，"井气虹光紫白腾，天昭间世圣贤生……燕酣之乐今无穷，胜会光阴难再得。"字体为隶书，间有甲骨文，古朴、端庄、典雅，文化素养之高，可见一斑。

浙江乃文化之邦，人杰地灵，历代也涌现出不少医学和书法大家，医家如朱丹溪、张景岳、俞根初、张志聪、雷少逸、王孟英等；书法家如王羲之、赵孟頫、吴昌硕、沙孟海等。受这种良好文化氛围的影响，浙江省中医的医案与书法结合十分风行。他们书写的医案和精湛的书法，跃然纸上，熠熠生辉，令人叹为观止。青年时期的陆芷青已然写得一手好字。在中医学院任教后，他认为作为一名高校老师，在各方面均应为学生师表，书法上更是要求自己精益求精。

事实上，中国传统的书法艺术与中医学有很多相通之处，它们有着共同的思想和哲学基础。陆芷青认为，一个健康的体魄必须阴阳平衡、气血充沛、运行通畅、虚实得体、内存正气、外发神采，而一幅完美的书法必是章法布白和谐自然，结构造型别致优美，运笔流畅。书法艺术与中医养生的思想对气血的认识是一致的，都强调情志调节。中医讲气为血之帅，血为气之母，气行则血行。气血是构成人体形体和维持各脏腑功能活动的物质基础，被历代医家视为人之大宝。书法亦如此，它也蕴含了气是书法艺术生命的本源，是人体精气通过书法而融于笔墨的一种生命体现。中医学重视天人相应，认为"人禀天地之气生，四时之法成"；而书法家们也追求天人合一的境界，认为要在大自然的无穷变化中，感悟书法的真谛；中医学家认为健康的状态是"阴平阳秘，精神乃治"；书法家追求的艺术境界是"气质浑然，中和气象"，写字不可太藏也不可太露，太藏则体不精神，太露则意不持重；中医重视"神"，强调"得神者昌，失神者亡"，神完气足则人健长寿，养生即是养神；而书家重视字的"神"，认为"书之妙道，神采为上，形质次之"。中医大家王庆其云："书法讲求精气神，此与岐黄之学融贯。诊病识得精气神，则立方遣药必能切中肯綮。临池得精气神，则运笔着墨、心摹手追得心应手。一幅上乘的书法作品，可以体现刚柔相济，阴阳相生，虚实得宜，神韵流动，气势不凡的精神。一张好的处方，往往体现知常达变，标本兼顾，动静得宜，章法有度的风范。"

陆芷青还善于"触类旁通"，中医理论与临床研究中的很多创新思维，都从书法中获得。书法"运笔讲究欲左先右、欲上先下、横画直起、欲快先慢、欲扬先抑、无往不收"；而中医开方子，也讲究"上病下取、阴中求阳、提壶揭盖、逆流挽舟、甘温除热、引火归原"。从书法中获得的灵感，陆芷青对"上病下取"有着独到的见解，并以此指导临床。他指出脏腑有疾为病之本，像见于外为病之标，人体表里上下内外，由经络沟通其中，以构成互相联系、协调统一的有机整体，当脏腑有病，将会在相应的部位发生病变。总因疾病错综复杂，故而出现上下内外病气相反的情况，病在下而表现为上部证候，病在上而出现下部征象，治疗时若胶柱病象部位，必然会犯头痛医头，脚痛医脚之戒。因此在治疗阴不敛阳，阳浮于上的病证时，陆芷青常采取上病下取的方法。

病案 李某，女，42岁，工人，1983年5月4日初诊。主诉为眩晕、头痛，患者头晕目眩，后脑前额疼痛，反复不已2年余。且伴牙齿松动而浮，记忆力减退，站立不稳，步履蹒跚，舌红苔薄，脉沉细，左尺尤甚，治拟补肾填精，予以大熟地15g，怀山药12g，山萸肉9g，麦冬12g，玄参9g，菟丝子9g，枸杞子12g，桑寄生12g，鹿角片9g，龟板18g，怀牛膝9g，服15剂后患者感头晕及后脑疼痛减轻，行走较前踏实，记忆力增强。再拟原法出入，诸症均见好转。

五、内外双修炼气功

为保持良好的身体素质，陆芷青在耳濡目染中，形成了养生的习惯。养生之道，前人论者甚多，流派甚广，法术亦众。然知其道者，习之有益，不仅可健身，亦可延年。就医家而论，历代著述，所传法术，亦有异同，自当因时因地因人而用，不可有贪欲之心，强求其功，反易为患。

气功是一种古老而神秘的医疗保健技术。古人所谓：正心养性，行气养生、导引、吐纳、辟谷、食气、道行，以及禅坐、入定、养形等，均是气功的别名。视其作用，无非为了康复健身、防病治病、益智延年。气功养生的功理功法来源武术和民间等六个方面。其中与儒、释、道、医，特别与道家

的关系最为密切。道家的学术思想确实给我国人民留下了极其宝贵的文化遗产，是人类劳动智慧的结晶，这也是历代养生家从道家学术思想中吸取经验的重要原因。道家的代表作《老子》既是一部讲哲理的名著，也是气功养生的经典，对我国哲学、自然科学、医学和气功养生，都有着较大的影响和指导意义，如书中提到的"道可道，非常道；名可名，非常名。无，名天地之始；有，名万物之母。故常无，欲以观其妙；常有，欲以观其徼。" "虚其心，实其腹。弱其志，强其骨"等，只有"知清静才能为天下正"。中医认为长寿的关键是养神，养神的关键是清静，心乱则百病生，心静则百病息。人应该戒掉贪婪之心，选择正确的养生之道。对世间可见之物想要的念头要适可而止，守持中道，否则终将得不偿失。这些经典篇章，陆芷青时常诵读，不断感悟。

年轻时的陆芷青就选择了气功作为养生保健的手段，并加入了气功学会，成为学派传承人。他常告诫世人，现代的人由于生活水平的提高，大多出现高血压、高血脂、高血糖的三高症状，可见食之有度、克制欲望的重要性，饮食的调摄、欲望的克制是养生不可缺少的环节，而"法于自然"又是其根本的原则。

六、国粹生香乐京剧

陆芷青自幼喜爱京剧。俗话说："看戏得会看"，会看戏才会演戏。所谓"会"看戏也就是要懂戏，要懂得京剧有哪些看点。而要做到懂京剧却并不是那么容易的事情。陆芷青在长期观看京剧演出的过程中，不断思考体会，他从不懂戏到精通、喜爱京剧。

在浙江中医学院任教期间，若逢假日或纪念活动组织演出时，陆芷青常被邀请参加表演京剧。京剧的基本表演形式"唱、念、坐、打"，陆芷青最擅长唱，生旦净末丑每个行当都能较好地把握，正所谓字正腔圆。陆芷青常在闲谈时强调"圆"的含义，作为中国古典美学和戏曲美学的一个重要范畴，其含义主要是"圆，全也"。陆芷青把京剧的唱腔与西洋歌剧咏叹调的不同、京剧的身段动作与芭蕾舞剧舞姿的各异其趣、京剧的念白与话剧中的道白区别，都讲述得清清楚楚。即使是业余爱好，陆芷青也常以专业的态度来对待。他尤其喜欢《贵妃醉酒》，其故事情节虽然简单，但这部梅派的精品剧目，演员的唱、念、做、舞和复杂的音乐伴奏，形成了独有的舞台审美意象。

陆芷青不仅能唱京剧，对京胡也有相当的研究，他自学了乐理知识，认识了当地的京胡名家、名票，京胡爱好者，通过"口传心授，师徒相承"的民间传播方式学习了京胡。陆芷青喜爱京胡，是因为这一根名竹、两根弦，不仅"拉"开了国粹京剧艺术形成的序幕；也"拉"动了贯穿中国古典音乐美学，并"奏"出了二百多年京剧皮黄声腔的衍变发展和声腔、演奏艺术流派纷呈的历史画卷。他常吟诵明末琴家徐上瀛的《溪山琴况》，"兴到而不自纵，气到而不自豪，情到而不自扰，意到而不自浓"。演奏时指上有神气、弦上有生气，进入了"自然神妙"的化境。陆芷青能熟记几十出戏，他的京剧不光是演出来的，更是"唱"出来的，"拉"出来的。后由于工作繁忙，演出机会不多，偶为票友清唱伴奏。直至晚年，兴致不减，自娱自乐，乐在其中。

第五节 贤名广誉暖杏林

陆芷青熟读岐黄、仲景之作，潜心钻研金元四大家、明清八大家，亦饱览体味近代各名家医著。治学之道，宗岐黄、师仲景，融会贯通历代名家之作，为我所用。

一、中医内科技艺精

遣方用药，善从人体气化立论。陆芷青认为，疾病虽然千变万化，其中内伤之病，多病于升降；外感之病，多病于出入。故陆芷青善以药物的四气五味、升降出入来调节人体气化，使疾病得以痊愈。从气化着眼，立法论治，一般而言，气之亢于上者，抑而降之；陷于下者，升而举之；散于外者，敛而固之；结于内者，疏而散之。但对于病证复杂者，应注意寓降于升或寓升于降，寓敛于散或寓散于敛，升降敛散全在医者圆机活法，匠心独运。

陆芷青娴熟地把气化理论应用于临床，从他运用补肾化气治石淋，可见一斑。石淋之形成，多为湿热煎灼，气化不利，日积月累而致，一般多从清热利湿通淋着手。但陆芷青认为肾主水而司气化，水液的新陈代谢除赖肺之宣肃，脾之升清降浊，主要通过肾气调节作用才能完成。故对用利水通淋排石无效者，应注意补肾以助气化，气化水行则清升降浊，水液输布如常，

有利结石排出。陆芷青治一八旬老翁，患膀胱内串珠样结石，叠进通淋排石之剂见效甚微。后思其高年肾亏之躯，当补肾以助气化，原方加金匮肾气丸30g包煎。7日后来诊，家属喜形于色，述已排出米粒大小结石10枚。1个月后复查，膀胱结石明显减少。以补肾化气法治疗石淋，是陆芷青运用气化学说立法的又一特色。

在内科诸症中，陆芷青尤擅长胆病的治疗。在胆病临证中陆芷青有一套自己独特的经验。前面提到的对胆囊炎患者早期诊断，他一按天宗穴，就知道这个人有没有胆囊炎。他让被检查者坐位，两目平视，头稍向前倾，两手自然下垂，然后用大拇指按压天宗穴部位（即肩胛冈下方，肩胛窝内），其余4指搭在被检查者肩上，两手适当用力，观察两侧天宗穴反应情况，一般以右侧反应尤为明显。天宗穴是手太阳小肠经的穴位，陆芷青经过几十年的临证积累，认为按压天宗穴可以早期诊断胆疾。尤其在胆病发作时，该穴压痛较其他穴位压痛敏感（胆经穴位），并可以此区别胃痛。陆芷青用这套方法诊断出的病症，八九不离十。这种检查方法简单，不需要任何器材，尤适用于农村基层及边远地区，在门诊患者和大面积普查中，简便易行，具有一定的优越性。

在胆石症的中医辨证上，陆芷青坚持衷中参西，重视B超检查，以作为微观辨证及判断疗效的客观依据。如肝内胆管结石、胆总管结石及胆囊息肉在临床表现上相似，陆芷青常根据B超显示结果，施以不同的排石或溶石方法。

在胃病治疗方面，陆芷青总结出了"和胃六心法"：第一，顺气机，疏肝和胃；第二，和寒热，温脾清胃；第三，平阴阳，润降兼施；第四，调升降，化饮和胃；第五，理气血，化瘀通络；第六，解郁结，利胆清热。

在心病治疗方面，如心悸，陆芷青根据几十年临证经验总结出了益气活血法、清金解毒法、益气养阴法、平肝降逆法、清火豁痰法、蠲饮化瘀法、利胆舒心法、温阳利水法、益气养血法、交通心肾法等十余种治法。

陆芷青察色按脉，辨证开药，每个疾病的特点，了然于胸。医术高超，涉及面广，他的医技越来越炉火纯青了。

二、疑难杂症颇应手

面对疑难杂症，陆芷青有时也会陷入"山重水复疑无路"的境地，苦思冥想后又总能从古代医籍中，寻找到准确的治疗方法。关于诊断和治疗疑难杂症的经验，陆芷青将其精辟地概括为"灵活"二字。曾有两例水肿病例，两例患者均经西医诊断为慢性肾炎且治疗乏术。一例症见面色㿠白、全身浮肿、尿少、形寒、舌淡苔白，用氢氯噻嗪利尿后，患者身上水肿虽然退至足胫，腹部却绞痛异常，辗转反侧，号叫不绝。注射哌替啶止痛后，全身又再度浮肿，如此反复发作。转为中医治疗后初以五皮饮、五苓散合金匮肾气丸方，依然痛止则肿、肿消则痛。在众人百思不得其解时，陆芷青想到了《金匮要略·腹满寒疝宿食病脉证治》中有一条关于水肿病的记载："心胸中大寒痛，呕不能饮食，腹中寒，上冲皮起，出见有头足，上下痛而不可触近，大建中汤主之。"遂投以大建中汤：蜀椒4.5g，干姜3g，别直参4.5g，饴糖30g，服药后片刻腹痛即得以缓解。第2日出现全身皮肤凹陷性浮肿，于原方加五苓散，3日后浮肿渐退。去饴糖，别直参改用潞党参12.5g，1月余，浮肿全部消退。然而尿检蛋白阳性持续3个月未愈，用右归丸方，鹿角胶改用鹿茸3g，并加补骨脂，1周后尿检蛋白转阴。

另一例水肿患者症见全身浮肿，按之没指，腹胀，喘息，尿少便干，口燥不欲饮，苔白滑，脉沉。初以降肺平喘，通中焦，利水道为治，拟己椒苈黄丸煎剂，未效，又陆续投以疏凿饮子、舟车丸，皆未效。《外台秘要·水肿方一十三首》中有言："水先从小腹满，名曰里水，巴豆主之。"于是陆芷青果断地予以患者巴豆3g吞服，服后水泻十余次，全身浮肿随之消退，又续以胃苓汤健脾，最后以济生肾气丸补肾利水，使疾病得以痊愈。

两例患者，西医诊断相同，而根据中医辨证，两者却分属不同病机，一虚一实，在分别采用补虚和泻下的治法后，皆获得了显著的疗效。故陆芷青认为，中医治病，切不可固守一法。治疗疑难杂症，扎实的理论知识仅仅是基础，其关键在于对经典理论的灵活运用。

三、理论发挥与创见

（一）校点整理《王孟英医案》

"文革"后百废俱兴，整理重版医学古籍提上议事日程，陆芷青受上级委托校点整理《王孟英医案》，他自幼熟读其医案，可谓正得其人。陆芷青选取《潜斋医书五种》道光三十年庚戌纬文堂刻本作为底本，参照其他版本及石念祖《王氏医案绎注》，带领弟子刘时觉一起进行校勘。校勘工作看似

简单，但责任大，要求高，在深思熟虑后定下原则，既要忠于原文，尽量保持古籍原貌，原书序跋、眉批、夹注一律保留，署名不变，编次不变，让读者看到的是古籍而非今人产品，又要使用现代标点以利阅读，注释简洁，可注可不注者尽量不注，不加按语，以免阅读时反为之分心。经过一番精心的梳理，于1989年《王孟英医案》（陆芷青、刘时觉校点）得以出刊。此书对研究王氏学说有重要价值，于现实的临床实践也具参考意义，上海科学技术出版社也颇为赞赏书稿质量。

（二）巧妙结合西医检查

陆芷青一贯坚持在继承的基础上着重发展，在突出特色的基础上着重创新的方针，不断拓展中医学术领域，探索中医发展之路。陆芷青虽热衷中国古典文化，但他在对待中西医学的差异上，却丝毫不抱有门户之见，反而十分重视吸收现代医学之长。陆芷青认为，中医在治疗手段上比西医丰富，而西医在诊断上胜中医一筹。虽然中医在理论根据上是朴素的，如果运用系统论、控制论、信息论来研究中医特色，再借助物理学、生化学、细胞学、免疫学、分子生物学等现代科学研究方法，也会从另外一个角度，阐述中医，得到发展，造福人类。由于中医辨证所采用的整体宏观的观察方法，难以对微观病理变化做出确切的分析与判断，故在中医辨证尤其是在疗效的检测上，参考西医指标是很有必要的。如前文所述第一例水肿患者，全身浮肿消退后，根据中医辨证，患者已基本恢复；而根据西医理化检测，尿中蛋白仍为阳性，若仅中医检查就很难发现隐患。又如病毒性肝炎，常是患者自觉症状消失，已无症可辨，而肝功能检查或乙肝三系指标尚未达到正常，这在治疗上就需要参考理化检查指标，以求达到临床证候和微观病理变化同步改善的目的。而要真正提高中医诊断水平，陆芷青认为，仅仅让理化检查数据为中医辨证提供参考还是不够的，让中医的微观辨证趋向规范化、科学化，也是今后努力的一个方向。

四、课题科研走在先

1985年，本着能使计算机模拟系统客观地反映诊治胆系疾病的原则，陆芷青携团队设计了诊治胆病电脑程序。胆病是指急慢性胆囊炎、胆管炎、胆石症、胆道蛔虫症、胆道息肉等疾病，是消化系统常见的疾病，以"痛""吐""热""黄"四大症为主要临床表现。该系统将胆病常见的8

个证型的主症、次症、病机、治法、方药及加减以陆芷青的辨证思维作了规范化标准。证型包括湿壅气滞证、湿热蕴结证、肝郁气滞证、火郁气滞证、血瘀气滞证、气虚邪恋证、阳虚邪恋证、阴虚邪恋证。以湿壅气滞为例，主症：右肋胀闷疼痛、恶心、厌油、口腻、苔白腻或白滑。次症：身热不畅或微热，目黄便溏，脉濡或弦或弦细。病机：湿壅气滞，胆失疏泄，胃不通降。治法：化湿清热，利胆和胃。方药：金钱草、藿香、川朴花、郁金、广木香、枳壳等。加减：①寒热往来加柴胡、黄芩；②口干加鲜芦根或知母，去广木香；③头痛头胀加龙胆草去广木香；④胃脘嘈杂、泛酸，加川连、淡吴萸。

"陆芷青教授诊治胆病计算机医理设计系统"，于1987年通过省级鉴定，获得浙江省中医药科技进步二等奖。

1984年陆芷青带领团队进行了舒心宝临床与实验研究，采用西医辨病、中医辨证，以心电图、超声心动图及血液流变学、微循环的客观检查作为微观辨证与判断疗效的依据，从多方面对舒心宝进行了研究。

舒心宝是陆芷青治疗心病的经验方，由黄芪、党参、丹参、郁金、降香、麦冬、五味子等益气活血药组成。黄芪、党参有补气之功效，丹参功同四物，伍以降香、郁金等活血化瘀，宽胸舒痹之品，行气以增强血的运行，通阳以鼓动血液流畅，全方组合有补而不滞、化瘀而不伤血的功能。临床研究表明：舒心宝有改善心悸、胸闷、失眠等作用，其中治疗组胸痛、失眠、多梦等症状改善明显优于对照组。实验研究表明：舒心宝可明显减少全身性氧耗，增强组织耐缺氧能力，增加冠状动脉血流量及小鼠心肌营养流量，提示其有改善心肌缺血缺氧的作用。临床及实验研究表明：舒心宝可降低血脂，调节心率，对调整心律也有一定作用。方中虽有益气升提之黄芪作为主药，但经临床及实验观察，并无升高血压的反应，故对心气虚伴高血压者同样适用。

在我国科研刚刚起步的1984年，陆芷青就已经带领他的科研团队，迈开了大步，为进一步推广和应用舒心宝，提供了可靠的科学依据。当时相关学术论文获得浙江省科协科技论文二等奖。

陆芷青负责的"心气与心搏血量"及"心气与血液流变学"的实验室和临床研究，并指导研究生在"心气虚动物模型"研究方面，取得了新的突破，初步揭示了心气虚与心搏血量，心气与血液流变学之间的内在联系，进一步证明了心主血脉、心气推动血行理论的正确性；其从事心、胆病临床研

究，也分别以超声心动图、心电图、B型超声图、血液流变学等各项客观化指标作为判断疗效的主要依据。

五、兢兢业业获美名

陆芷青从医从教几十年来，获得各项省卫生厅、省科协荣誉证书、表彰状及本院光荣证书。在院期间先后任中医基础理论教研室主任、浙江中医学院学术委员会委员、浙江中医学院学位委员会委员、中医学会浙江分会理事、中医基础理论研究会副主任。历任浙江省政协第四～六届委员。

1984年，陆芷青被评为浙江省首批省级名老中医。

1991年，卫生部、国家中医药管理局首次评定国家级名老中医，从全国二三十万从业中医里评选出500位名老中医，陆芷青先生名列其中。1992年起，陆芷青先生享受国务院颁发的有突出贡献政府特殊津贴。

陆芷青耕耘杏坛60余载，谨遵家训"慎几恐有错，微辨自无非"，胸怀济世活人之志，行积德行善之业，时时以患者为先，谨慎自律。陆芷青长期从事医疗、教学、科研及行政管理工作，并兼任数家学术组织的名誉职务，可谓日理万机。他虽业务繁忙，但从未出现过忙乱或是烦躁，表现出一位中医大家的优秀修养和风度。他心地善良，淡泊名利，治学严谨，对待患者如亲人。退休之后，他坚持带教学生，探究各种疑难杂病，使许多求治无门、痛苦无望的疑难病患者战胜了病魔，重新获得了生活的勇气。

陆芷青深深热爱着伴随他一起成长、走向成功的浙江中医学院，深深热爱着养育他、给予他无穷智慧和创造力的江南大地，深深热爱着终生为之奋斗而无怨无悔的中医药事业。在他古稀之时，每当看到国家对中医药事业发展采取的每一个重要举措，看到中医药事业向前迈进的每一个脚步，看到浙江中医学院改革发展取得的每一个成绩，特别是近年来学校面貌发生的根本变化，他总是难以掩饰自己由衷的喜悦之情。2008年，在陆芷青耄耋之年，仍孜孜不倦，整日以羲农为伴。

附陆芷青亲作诗一首，以享后人：

家居吟（1993年）

奇雨楼头一老翁，北窗高卧侣羲农。

传家绝学神机立，临沁论方态度融。

百岁晚钟今又响，千年绿萼郁而葱。

人情练达文章在，檀板高歌醉眼朦。

陆芷青成了为他想做的人，一个把自己的一生奉献给了祖国医学事业的人，一个医术高明、医德高尚的人。

第四章

高超医术

第一节　通达则和论升降

"气化"是中医基础理论中所论生命科学知识体系中的重要命题，作为词语，在《黄帝内经》之中被首次运用。自此以后，气化就成为中医药学的重要理论而广受关注和研究。气化、气机是人体生命活动存在的基本方式和状态，脏腑经络是其发生的场所，脏腑经络的机能是其具体体现，脏腑阳气为其动力源泉。整体的气化、气的活动是各脏腑综合作用的结果，同时又是维持脏腑间平衡的重要因素。

陆芷青在治疗疾病中，查病机、定治疗，紧紧把握气化、气机。

一、气与气化

《老子·四十二章》曰："道生一，一生二，二生三，三生万物。万物负阴而抱阳，冲气以为和。"在中医理论中的"气"源于"道"，也来自天地。在中医上，"气"是构成世界万物最原始的物质，总体上包括阴阳两个方面。阴阳未判之时，"气"是处于混沌的状态；阴阳同时具有运动属性，它运动起来，"气"就可以产生各种各样的状态；阴阳之气相合，便构成了化生万物的本源。《类经·摄生类》曰："夫生化之道，以气为本，天地万物莫不由之。故气在天地之外，则包罗天地，气在天地之内，则营运天地，日月星辰得以明，雷雨风云得以施，四时万物得以生长收藏，何非气之所为？人之有生，全赖此气。""气"的运动过程及产生的结果，我们称为"气化"。气化不仅造就了天地，也造就了天地之间的人。从宇宙的角度来说，气化指的是自然中所有的现象变化；从人体的角度来说，气化指人体精

浙江中医临床名家·陆芷青

微物质的化生及转化。《淮南子·天文训》曰："气有崖垠，清阳者薄靡为天，重浊者凝滞为地"，"气"有阴阳之别，阴阳有浊清之分。阴阳本于天地，遵循自然之性，清灵之气上升为天，重浊之气下降为地，使得两仪分象，在天如此，在人亦是如此，上升为心，下降为肾。《素问·经脉别论》曰："饮入于胃，游溢精气，上输于脾，脾气散精，上归于肺，通调水道，下输膀胱，水精四布，五经并行。"这里详细描述了津液代谢的气化过程，它依靠脾胃之气的升清降浊及膀胱的气化功能来协调完成，这只是人体"气化"的一小部分，事实上，在人体中，五脏六腑气血津液都是"气"的存在形式，而脏腑气血的功能状态则是气机升降出入的体现。

二、气与五脏

《素问·六微旨大论》曰："出入废则神机化灭，升降息则气立孤危。故非出入，则无以生长壮老已；非升降，则无以生长化收藏。是以升降出入，无器不有。故器者生化之宇，器散则分之，生化息矣。故无不出入，无不升降"。这里就指出：升降出入，是生命活动的根源，是气化活动的运动方式，也是化生五脏的基础。

人体脏腑气血处于不断升降出入气化运动中，气化过程贯穿于人的生命始终，气始则化生，气止则化绝。生理情况下，脾乃后天气化之源，位于中焦，脾气左升，升而化阳，阳极为心，阳中有阴，故阳极转阴，心火宜降。阳升之半，温而未热，称为肝，故肝主升发。戊土右降，降而化阴，阴极为肾，阴中有阳，故阴极转阳，肾水宜升。阴降之半，凉而未寒，称为肺，故肺主肃降，而六腑亦以通降为顺，但脏腑之间又有升中寓降与降中寓升之自身调节平衡的特性。如肺主肃降，但是肺又行宣发之功，包含下降中有宣散的一面；肝主升发，但是亦有肝主疏泄之称，升阳之中又包含了疏通气机不使开发太过的作用。事实上，肺和肝也只是气化过程的状态之一，肝中有肺，肺中有肝，故升中有降，降中有升，但是两者的偏重有所不同。

病理情况下，则表现为脏腑经络阴阳气血升降失调，出入无序。如"清气在下，则生飧泄；浊气在上，则生䐜胀"等，均是升降出入失常所致的病变。

三、外感病以出入审之

《素问·宝命全形论》曰："人以天地之气生，四时之法成""天食

浙江中医临床名家·陆芷青

人以五气，地食人以五味"。人和天地自然之间，始终进行着物质能量和信息的交换，无论是人吸入的空气还是人排泄的二便，均为气机出入的表现。脏腑有表里之分，腑在外为阳，脏在内为阴，营卫运行便是阴阳的出入，同时伴随着血、津液的出入运动。气血如果只有升降运动，卫阳就不能到达体表，就不能肥腠理、司开阖、温分肉、抗外邪。《读医随笔·升降出入论》曰："正气出入，由厥阴而少阴、太阴、而少阳、阳明、太阳，循环往复"。阴阳表里之间必有出有入，方能"阴平阳秘，精神乃治"。

外感病证多为六淫侵袭所致，其邪从口鼻或肌肤侵入，初在表，在太阳，或在卫分；表邪不解，内传入里，可传入阳明、太阴、少阴、厥阴，或入气、入营、入血，此为表里出入异常之病变。张仲景论伤寒以六经分表里，叶天士议温病以卫气营血辨出入，审察外感病病机变化的趋势。外感病，病邪入里一层，病深一层；出表一层，病轻一层。医者须慎思明辨，细心体察。

如卢某，女，12岁，三伏天于放生池洗涤衣服，不慎失足落水，已经没顶。幸经邻人救起，是夜即高热恶寒，无汗身痛，烦躁不宁，苔薄白，脉浮紧。次晨，邀陆芷青诊视，曰此大青龙汤证也，即处方与之。药店中配方者视之。大惊曰："三伏夏令竟用如此辛温之剂，得毋误矣！"以病家深信师技，煎药服之，二时许遍身汗出，寒热解，身痛瘥，烦止。翌日复诊，以甘淡之剂，调理数日而康。此案险在，三伏夏令使用辛温发汗之剂，恐有大汗亡阳之虑。然从表里出入审之，患者因溺水致风寒外束，玄府闭塞，卫阳被遏，故见恶寒无汗，热气怫郁，不得发越，故而高热烦躁，此乃出入失常之病变，属表寒里热之证。大青龙汤具有发汗解表、清热除烦之功，倍用麻黄在于宣泄发汗，加石膏清内热、除烦躁，两者合用，一宣一泄，一温一寒，以解肌达表，祛邪外透，故一服即令病势顿挫，化险为夷。此案说明外感病若从出入求之，则其证易明，其法易立。

四、内伤病以升降求之

（一）肝主生发

肝体阴而用阳，称为刚脏、将军之官，其性刚烈。肝主生发，故其用为阳，肝藏血，故其体属阴。肝生发使不郁结，疏泄使得升阳，最终达到冲和条达的状态。肝为春生之气，春季万物生长，为一年之始，在人则鼓舞一身之气。肝为风木之脏，在志为怒，内伤病皆由七情而起，肝首当其冲，肝病为害，不外乎导致肝气不升或是肝失疏泄，即肝气郁逆，故肝病为百病之源，肝病则诸病因生，表现为脏腑气机失调，气血运行不畅，即"肝为五脏之贼"。

《灵枢·本神》曰："故生之来谓之精，两精相搏谓之神。随神往来谓之魂，并精而出入者谓之魄"。《灵枢·本神》中提到"肝藏血，血舍魂"即阳气方生，还未化神，先化其魂，而全升则为神，半升化肝，肝藏魂的物质基础是血，血不足则魂无所依，依据程度可表现为不同的病理状态，常伴有失眠，起床时头痛等症状。如《灵枢·本神》言："肝悲哀动中则伤魂，魂伤则狂妄不精"，肝气虚亦表现为心中恐惧不安，而肝气实则肝气郁结，郁而化火，多怒心烦，甚至更加严重的症状。

陆芷青在治理肝胆疾病的时候，根据"六腑以通为用"的原则，认为"通畅气机，疏泄腑气"是清除肝胆湿热、瘀滞结石及炎性等病理产物的一个重要原则。疏泄、通降是陆芷青治理肝胆疾患的大法，欲通降，则先升之，用柴胡、枳壳等升提气机、疏理肝胆，成为陆芷青治疗肝胆病的常用药物选择。在此基础上，可配合茵陈、栀子行清利湿热之功；亦可配合五灵脂、丹参、赤芍等增强活血行瘀之力；配伍制大黄通利大便，舒畅腑气，使湿热瘀滞从下而泄。

在长期临床诊疗中，陆芷青发现肝气下陷，气不行血，容易引起经气闭塞，耳窍失常，会出现耳闭、耳鸣、头晕等症状。针对这种情况，陆芷青常采用升陷汤加味来治疗，用黄芪、当归益气养血，柴胡、升麻、桔梗升提肝气，石菖蒲、细辛通窍开闭，用知母、甘菊凉润平衡整方药性。陆芷青认为耳为清阳之气上通之处，有赖气血充养而发挥其正常的生理功能。气化运动升中有降、降中有升，对于少阳不疏、阳明失降，提升肝气可通窍益聪，配合降心火亦有助提升肝阳，即是"寓降于升"的灵活运用。

同时，凡对胆囊炎、胆石症有气机壅滞于上，见脘胁作痛，呕恶口苦等征象的患者，陆芷青也会用"上壅者疏其下"的方法，疏通阳明之腑，舒展少阳枢机而显效。

（二）脾升胃降

人体气化核心为脾胃升降之气化，饮食入口，脾运化胃腐熟，精微之清转输于脾。脾主升清，精微物质上输心肺，化生气血，由肺供养全身。浊

者重沉，赖胃气右降，经小肠、大肠排出体外。《素问·灵兰秘典论》曰："脾胃者，仓廪之官，五味出焉。"《灵枢·刺节真邪》曰："真气者，所受于天，与谷气并而充身也。"《素问·六节藏象论》曰："五味入口，藏于肠胃，味有所藏，以养五气，气和而生，津液相成，神乃自生。"《灵枢·本脏》曰："人之血气精神者，所以奉生而周于性命者也。"脾胃同居中焦，通连上下，是升降运动的枢纽，起着主导作用，且肝之升发，肺之肃降，心火下降，肾水上升，肺主呼气，肾主纳气等，均源于脾升胃降。

　　脾胃之气气化还体现在燥湿二气的运动。脾胃升降失常，则清阳下陷，浊阴上逆。陆芷青治脾胃主张以和为贵，所谓和者，顺也、平也、谐也。和之义虽一，而和之法变化无穷，其中刚柔相济燥湿互用、升降相因是一个重要法则。和胃者，当和其寒热、调其升降、谐其润燥、顺其气机、平其阴阳。胃主受纳腐熟，性宜通降。若情志不遂，气郁化火，横逆犯胃，以致胃脘胀痛、吸气、吞酸、嘈杂、口苦、便干或不畅、舌红、苔薄黄、脉弦。陆芷青常用疏肝理气以和胃，以经验方二金芍草汤随症化裁（川楝子、制延胡索、五灵脂各9g，炒白芍12g，生甘草6g，黄连3g，吴茱萸1g，薤白、佛手各5g），方中金铃子散疏肝理气止痛，左金丸疏肝泄热止酸，芍草汤缓急止痛，佛手、薤白理气和胃，五灵脂祛瘀止痛。疏肝理气过程中，陆芷青不主张用柴胡，认为胃性宜降，柴胡虽有疏肝达郁之功，总属升散之品，对肝郁化火犯胃者尤不相宜，柴胡若用于胃病，主要适用于胆气犯胃，取其疏少阳、利胆汁以和胃气。后随症加减，如泛酸去甘草，加海螵蛸、瓦楞子；呕吐加制半夏、生姜；口苦加焦山栀、郁金；便秘加制军、枳壳；喜热饮，脘痛喜暖者加甘松、高良姜、制香附；脘胀甚加广木香、枳壳；舌红少津或口干加麦冬。若胃痛伴呕血，大便干结，舌红苔黄，脉弦，肝火犯胃，胃热壅滞无疑，舌下瘀，脉涩，已有瘀阻之征，可以二金芍草汤加丹皮、山栀疏肝清热，取丹皮凉血散瘀之功，可谓一箭双雕。

　　陆芷青治痢疾，崇尚张景岳的"泄泻之本，无不由脾胃"的理论，采用"升清降浊"的办法来止泻除痢。陆芷青认为泄泻后重，泻而不畅，多为湿热内蕴所致，治宜清利湿热为主。故临证常选用葛根芩连汤、白头翁汤为主方，重用葛根为主药，配以荷叶，取其升浮之性，升提脾胃之清阳；辅以木香、大腹皮行气导滞，以复脾运；后用白头翁、黄芩、黄连苦寒沉降之品，以清肠胃之湿热。如此清升浊降，气机通畅，湿热可清，泄泻下痢可除。

　　对于便秘一证，陆芷青认为其治疗基本原则是"欲降之，必先升之"。

治当通降与轻宣升提相结合，调整大肠之传导功能，不论辨证是寒热虚实，皆应重视轻宣升提，常辅枳壳、升麻二药，皆因二药均为阳药，质轻性主升浮，具有利气导滞、升提阳气的功效。如治实秘仿承气汤之意，枳壳辅大黄；治虚闭仿济川煎之意，常以升麻辅益气、养阴、温阳之药。此二药既能助大黄荡涤积滞，也能助苁蓉、首乌、麻仁、当归诸药润肠通滞，现代药理证实此二药均能提高胃肠张力，增强胃肠运动，有改善肠功能之效。

陆芷青治脾胃，喜用生麦芽、山药升脾气、健脾运；用川连、旋覆花清胃气、降胃逆；用补中益气汤加枳实治中气下陷；用半夏白术天麻汤加葛根治"清阳不升、浊阴不降"之眩晕；用旋覆代赭汤加葛根治呕吐等。如此种种，不胜赘述，均是升降相因理论的运用。

陆芷青治脾虚湿滞诸证，常以参苓白术散为主方，渗其湿、益其气，重视桔梗一味，载药上行，宣导肺气，借肺气布精而养周身，升降合用，使脾虚湿滞、纳呆吐泻、面浮肢肿、痰湿咳嗽诸症自除。

（三）肺主肃降

肺为秋生之气，秋生叶落，天气转凉，阴气方降，降而化精，先结其魄，在五行属金，金落成水，故主肃降。肺虽主降，然宣发与肃降密不可分，一升一降，共同完成肺的功能。没有很好的肃降也就没有很好的宣发，同样没有正常的宣发，就没有很好的肃降。肺气失宣与肺失肃降出现的症状相似，包括咳嗽、气急、胸闷等症。肺部的炎症往往也会导致肺宣发和肃降功能的失常。

陆芷青认为肺炎大都由外感而起，有风寒与风热之异，也有热毒内壅，清肃无权，如麻疹之并发肺炎者，属于此种类型。总之不外寒与热两种病性。遇此症，初起恶寒高热，咳嗽痰稠，气急，舌红苔薄黄，脉滑数，常以麻杏甘石汤合千金苇茎汤加味治疗［炙麻黄3～5g，生石膏（先煎）18～30g，杏仁9～12g，生甘草5g，鲜芦根（先煎代水）30g，冬瓜子12g，桃仁9g，生苡仁12～18g，鱼腥草30g］，若出现痰黄稠如脓且臭者，加败酱草15g；若痰中带血或呈铁锈色者，加侧柏炭12g，白茅根15g；若胸痛加广郁金9～12g；若麻疹并发肺炎，加金银花12g，连翘9g；若见鼻煽，加羚羊角片2～5g（另炖，冲入）；若麻疹不透或一出即隐，以西河柳60g煎汤，用纱布渍热药汁擦患者全身皮肤，疹透即止；肺炎而见神昏，此温邪逆传心包最为险候，速以安宫牛黄丸1～2粒（另研冲服），以神识转清为度；若化风抽

搐而又神昏者，改用紫雪丹2g调服，每6小时1次，24小时给药，当能化险为夷。因风寒外受而致肺炎，苔必薄白，舌质不红，脉见紧象。陆芷青以大青龙汤投之，见效甚速，方中炙麻黄份量可用至9g，生石膏30g，炙桂枝6g，小儿酌减。肺炎极期，如见汗多肢厥，面色苍白，脉微细欲绝，此亡阳也，急煎人参3～6g，熟附片5～10g，干姜3g，炙甘草5g，以救欲脱之阳，厥回脉复，立即止剂。肺炎后期，热退喘平嗽止，舌质红而干，脉细无力者，此为气阴两伤之证，以生脉散投之。若余热未清，口干唇燥、咳嗽胸闷、心烦、舌红少津、脉象虚数者，用竹叶石膏汤以清余邪而复阴液。

（四）心火宜降

心为阳之极，肾为阴之极。阳极化火，阳中有阴，故心火可降也应降，使阴得阳化，以生无穷。心肾两脏水火相交，坎离互济，肾水上济心火，使心火不亢；心火下温肾水，使肾水不寒。若心火亢盛，可见心悸、心烦、失眠，可滋养肾水上济心火，以使心君得以安宁。肾为水火之宅，内藏元阴元阳，心阳虚衰血脉不运而致心悸胸闷、胸痛、唇紫、面浮、肢肿者，可温煦肾阳以资助心火，犹如离照当空，阴霾四散。心阴虚者，滋养肾阴以资生化；心血虚者，补肾填精以资生化源。因此临证心病治心而不应者，应考虑从肾论治，此为气化理论的治病求本法。

心绞痛者，一般多因气滞、血瘀、痰浊、寒凝等痹阻心脉，而致"不通则痛"；然久病及肾，肾脏阴阳虚衰，或年高肾气衰退以致心失温养濡润，出现"不荣则痛"的情况，其治当标本兼顾，温补肾阳或滋养肾阴，以温心阳或济心火，使心脉得荣，气血流通，常能收到意想不到的效果。如治张氏，男，冠心病，阵发性室上性心动过速，胸闷痛不时举发近1年，痛甚则心悸汗出。初诊之时正遇发作，胸痛汗出，心悸不能自已，舌红绛，苔黄，脉细促。观前方种种，一派祛瘀通络之品。陆芷青认为，肾水亏少不能上济心火，以致心阴亏虚，心脉失养，而见胸闷心悸而慌；心火独亢逼津外泄，故见汗出连绵，并非单纯气滞血瘀导致，故拟滋肾清心火法，数剂而诸症缓解。

热淋以湿热下注者居多，若病程缠绵，湿热留恋气阴已亏，心营不足，虚火内燔，可见心烦、失眠、口渴；心火移热于小肠，湿热蕴结于膀胱，出现频数而痛。其治当使心火清宁，湿热下行，气阴恢复则诸症自痊。陆芷青对慢性肾盂肾炎反复不愈者，常用清心莲子饮为主方加减，旨在"下病上取"，以升助降，通关利尿，疗效堪称满意。如小便不利，甚则癃闭，多因自利湿热、气化不利所致，常用八正散治之，湿热得清，小便自利诸证亦除。如若病程迁延，日久不愈者，则合通关丸治之，于大队苦寒清利之中配用甘温之肉桂助阳化气，以升助降，可提高疗效。

（五）肾水宜升

肾为阴之极，阴极化水，阴中有阳，故肾水可升也应升，使阳得阴化，以生无穷。肾为真阳，为先天之本，人的行为无时无刻在消耗真阳，补肾常为难事，临床中见沉细脉象，常为肾阳不足，虚寒体质，用药上除了以熟地滋补外，另外需要附子、鹿角片等药使阳气有所补充、有所上达，使得生命之动力重新运转。

在方药的配伍上，陆芷青也以药物的四气五味、升降浮沉来调整人体的气化。治阳亢型眩晕、中风、偏头痛、高血压等病时，认为要"平肝潜阳"，就需要"镇降寓散"，除用石决明、珍珠母、茺蔚子、钩藤等滋阴潜阳药物外，必用川芎、牛膝二味。细究其因，陆芷青认为阳亢型病证多为肝肾不足，脏腑阴阳失调，法当滋阴潜降；然滋阴潜降药多为阴药，呆腻重着，有碍于气机之疏通；川芎疏肝气、升清阳，为血中之气药，能发散行滞、调畅气血、协调阴阳，与滋阴潜降药相伍，寓降中有升之意，以防降之太过，有碍肝之升发，且促进瘀滞消散之力，能更好地发挥药效；牛膝则能导药下行，增加疗效。若兼有痰瘀阻滞者，川芎配以涤痰活血之品，亦有促进瘀滞消散之力。以上种种无不体现了"镇降寓散，平肝潜阳"的灵活运用。

对于眩晕、头痛证，《灵枢·海论》曰："脑为髓之海"，髓海不足，则脑转耳鸣、冒眩。陆芷青认为这和小脑萎缩出现的诸症状非常相似，考虑为肾精亏损所致，遵"上病下取"之旨，用左归饮加减补肾填精以治之。此外，足少阴之脉循喉咙挟舌本，若肾阴不足，龙火上腾，灼伤肺络，常出现声哑咽干，痰凝带有鲜血。陆芷青认为此乃肾水亏虚，相火上炎，肺阴不足，浊痰内壅之证，常用生地、玄参、黄柏、知母滋阴降火，佐肉桂引火归原，滋肾理下，而上自安矣。

陆芷青认为，对外感内伤的病机审察虽有出入与升降之区分，人体气机出入与升降互为其用，不可割裂。正如《读医随笔·升降出入论》所说："升降直而出入横，气不能有升降而无出入，出入废则升降亦必息矣。止论卉降，不论出入，是已得一而遣一"，如外感风寒，肌表被束，以致肺气失宣，肺气上逆而为咳为喘，此乃气机出入而影响到升降；久病咳喘，耗伤肺气，卫外不固，易致外邪入侵，此升降累及出入之病变，临证应细心体察，不可拘泥不化。

第二节　去宛陈莝治权衡

陆芷青在临证时认为瘀所致病症多端，常为疾病发生、发展过程中某一阶段的重要病机，具有重要的临床指导意义。

"瘀"最早见于《楚辞·九辨》："形销铄而瘀伤。"《说文解字》中的"瘀，积血也"表示停滞。《辞海》对"瘀"的解释有两个方面：①积血，即瘀血；②郁积。2000年版《中医大辞典》记载："瘀，瘀积。通常指血液停滞。"可见历代对于"瘀"都有着广义与狭义之间的不同见解。广义的"瘀"为"郁积、瘀积"之意，不局限于血液停滞，也包括其他物质的积滞；也指人体气、血、津液、精等物质运行不畅、瘀滞不通的一种病理状态。《灵枢·本脏》曰："人之血气精神者，所以奉生而周于性命者也。"若气、血、津液、精等物质瘀而不动，则脏腑功能失调，经络瘀阻不通，形体官窍失养，百病丛生。瘀，包括血瘀和瘀血，血瘀是血液运行不畅，甚至停滞不行，壅遏于经脉之内，或血行脉外，不能及时消散和排出体外，而瘀积于脏腑、膜原、筋脉、肌腠之中导致的病理状态，属于病机学概念；瘀血是指体内血液停积而形成的病理产物，同时也是致病因素，所以属于病因学概念。

一、从瘀论治心病

心悸的病因复杂多样，陆芷青认为气虚血瘀型在心悸中最为常见，益气活血为心悸治疗的基本原则。其证候特点是心悸而有胸闷气短，有时胸痛，舌淡，舌下瘀紫，脉细涩或结代。法当益心气以助血运，活血通脉以利心气运行，心君得养，则心悸自平。

陆芷青研制的舒心宝口服液，具有益心气、活血通脉的功效，临床证明确实有显著改善心悸的作用。心气虚甚者，用别直参3～5g，另炖送服；血瘀明显者加三七粉6g分吞，地鳖虫、五灵脂祛瘀通络；兼痰浊者加生蒲黄、

72

葛根、桑寄生、决明子祛瘀涤痰降脂，常收奇功。

此外，如前所言，陆芷青还擅用单方米醋缓解心悸。如冠心病心房颤动时出现的心悸症状，每在服用汤药中加入10ml米醋冲饮，有明显的增效作用。无独有偶，《金匮要略·胸痹心痛短气病脉证治》治疗胸痹时用的瓜蒌薤白白酒汤，白酒实指米醋。可见，米醋味酸，能收敛心气，性温有活血化瘀通脉之功效，陆芷青治疗心悸加用米醋，屡获奇效，颇具心得。

二、从瘀论治胆病

胆胀病名始见于《灵枢·胀论》："胆胀者，胁下痛胀，口中苦，善太息。"一般认为胆囊炎、胆石症等属于本病范畴。胆为清净之腑，藏精汁，泌胆汁下入小肠，以助脾胃之运化。因其既藏又泄，似脏类腑，其性似腑善通降而恶壅塞，似脏喜洁净而恶浊热。若饮食不调，寒温失节，情志不遂，以及虫积等导致肝胆失疏，湿热壅阻，胆失通降，胆汁郁结，胆体受损即可发病。

陆芷青归纳总结常见证型有三。

首先，是肝失疏泄，胆气不利导致胁下痛胀，口苦，善太息，大便不畅，治当疏肝，解郁利胆。本法在慢性胆囊炎、胆石症中比较常用。以经验方柴胡开郁散治之。柴胡疏肝利胆，开其郁结，配以金钱草、茵陈清热利湿以增利胆开郁之功，枳壳、香附、郁金行气，山栀清热泻火，川芎行气活血。若苔白腻、纳呆者，加苍术燥湿运脾以治湿郁，神曲消食和胃以治食郁，口中黏腻、喉间痰阻者，加浙贝化痰消结。

其次，胆胀病经久不愈，可致胆气不利，血液瘀滞，症见胁下胀痛如针刺，面色晦滞，舌边瘀紫或舌下静脉青紫，多见于肝内胆管结石或胆囊术后结石再生者，治当化瘀通络行其血滞。常用经验方三甲散化裁，药由鳖甲、地鳖虫、炮山甲、桃仁、赤芍、莪术、茵陈、五灵脂、制延胡索等组成。方取鳖甲咸寒软坚散结，破瘀通络，地鳖虫味咸性寒化瘀散结，炮山甲性走窜，主通经络，消肿排毒，三味虫类灵动之品，其化通络之力非草本药石所能及。配以桃仁、赤芍、五灵脂、制延胡索以增活血化瘀，通络止痛之功。金钱草、茵陈为利胆排石要药，柴胡引药直达病所。

最后，胆胀兼胸闷心悸者，陆芷青主舒心利胆法。心属火，胆属木，木火相生，心与胆通，胆之脉行于胁，而心之脉循胸出胁。心主血脉推动血

液运行，胆主疏泄，参与气血调节。若木旺生火，火亢烁液，易致血行瘀滞或痰火互结，使心络受阻，心神被扰。临床除见胆病证候外，常伴有胸闷、心悸、不寐，甚至胸痛等心病证候。若木不生火，心气虚寒也可见心惊、胸闷、胸痛、舌淡嫩、苔白、脉细不匀。此时单纯治胆或心，已嫌势薄而收效甚微，陆芷青认为应当心胆同治。心胆火旺血液瘀滞者，常用金钱草、茵陈、郁金、焦山栀、枳壳、制大黄清热利胆，理气通腑；丹参、降香、赤芍活血化瘀；瓜蒌、薤白宽胸豁痰以通阳散结。伴血脂高者又常以生蒲黄、桑寄生、决明子、生山楂4味药相伍，祛瘀、涤痰、降脂，效果显著。若心胆气虚者，用金钱草、郁金、乌梅、茵陈利胆，吴茱萸温胆，潞党参、黄芪、麦冬、五味子补心气养阴液，丹参、降香活血化瘀。

三、从瘀论治肝病

病毒性肝炎为我国常见病、多发病之一，陆芷青对本病的诊治也颇具心得。陆芷青认为本病的发生主要因湿热疫毒蕴结于肝，以致肝失疏泄，气机不利，症见胁痛；湿邪困遏，脾气阻滞，升降失司，常见乏力、纳呆恶心、腹胀便溏，舌红苔黄腻、脉濡数或弦数。在急性期治疗当首先疏肝解毒、清热利湿，邪去则正安，以自拟五味解毒饮为基本方，随症化裁。

不同的肝炎治疗方法是不一样的，如甲型肝炎以湿热壅滞，气机失调为主，症见胁痛、腹胀、纳呆、便溏、黄疸等，考虑湿热蕴结气分，邪伏部位较浅，经适当调治，易获痊愈。乙型肝炎常以湿热裹结，瘀滞血分为特点，邪气入侵部位较深，易于转为慢性。因其邪毒炽盛，即使在慢性活动期，疏肝解毒、清热化湿仍为治疗大法。与治疗甲型肝炎最大的不同是，乙型肝炎需重用凉血化瘀药，疗效才能突显。在乙型肝炎慢性期，陆芷青认为病至慢性乙型肝炎，邪气尚未净，但正气已伤，因此，除了要扶助正气，更应重视祛邪。肝病之虚，是因病致虚，非因虚致病，泄其热毒，正为救其阴液；祛其湿邪，是为助其脾运；活血化瘀以利新血化生，所谓"必伏其所主，而先其所因"。故在扶正基础上重视疏肝解毒化瘀，往往能收到较好疗效。

肝炎后肝硬化多为乙型肝炎或丙型肝炎发展的结果，根据肝硬化各期的临床表现不同，分别属于中医"癥结""臌胀""黄疸"等范畴。陆芷青认为肝硬化早期，多为湿热疫毒久羁于肝，以肝脾俱虚而湿热留恋，瘀阻肝络的病变为多见。既有气滞血瘀，也有湿邪困脾，运化失职，转输无权，清浊不分的状态，常见湿浊胶固，凝聚成痰，痰瘀交阻于肝区；加上湿热疫毒难祛，日久伤及血分，伤阴耗血，阴虚血瘀等以致肝络瘀阻，而成胁下癥结。临床上常出现如食少纳呆、腹胀、便溏、少气乏力等脾虚征象；舌质瘀紫、朱砂掌、面部丝状红缕、胁痛等血瘀肝络征象；头晕目涩、口干舌红绛等阴虚内热征象；黄疸、口苦、尿黄、苔黄腻、脉弦数等湿热内蕴征象等。病情至此，虚实错杂，而"瘀"阻肝络为病变的关键所在。陆芷青认为"瘀"乃由湿热羁留，肝气郁滞而致，治疗当着眼化瘀消癥，疏肝解毒，兼顾健脾养肝。因瘀阻不除肝络不通，单用峻补，反助邪气，兼顾气阴，则脾运得健，肝体得养，有利于祛邪。

病至臌胀，已属肝硬化晚期，其证虚实错杂，遵"急则治标，缓则治本"的原则。患者腹胀急、尿少、足肿、腹臌大、舌红苔黄腻、脉弦滑等，为邪气偏实，常以气滞血瘀、水停聚毒等为主要兼症，可以先行急攻；偏虚者，以脾虚、肝肾阴虚或脾肾两虚等证为多，宜培补缓调，虚实并重，则需攻补兼治，数法并投。在臌胀早期，务必先逐水祛邪，兼予扶正，才能收效显著。逐水法有四：一是行气逐水。臌胀早期，形气尚实，多有气滞湿阻征象，行气逐水乃治臌胀基本法则。二是化瘀利水。《医学入门·臌胀》曰："凡胀初起是气，气不走则阻塞血行，血不行久则成水。"水停则气阻，气阻则血凝，故宜化瘀利水。三是清热利湿，解毒消胀。臌胀因肝炎病毒引起者，湿热疫毒留连不去，土壅木郁，气滞血瘀，故必以本法施之。四是软坚消癥。多用鳖甲、炮山甲、地鳖虫、生牡蛎等，意在化瘀消癥，恢复肝功能。

第三节　津血同源治痰结

陆芷青对痰证的研究亦颇具匠心，认为："痰生百病，食生灾。"痰之为病，无处不到，或阻于肺，或停于胃，或郁于肝，或动于肾，或蒙蔽心脑清窍，或流窜经络，变生诸证，故前人有"怪病多痰""百病皆因痰作祟"之说。陆芷青治痰，不仅辨证准确，立法恰当，而且选药组方，曲尽其妙，其中最能体现陆芷青临证治疗特色的是"痰瘀同治"。

痰瘀相关，即痰瘀同病，亦称痰瘀同源。最早见于朱丹溪《局方发挥》"自气成积，自积成痰。痰夹瘀血，遂成窠囊"。痰，是由于脏腑气血失和，水湿津液凝结而成，是脏腑功能失调后导致水液代谢障碍出现的病理产物。中医学所论的"痰证"，不单指咳出之痰，它广泛的包括一切体液凝结

所发生的疾病。如痰分有形之痰和无形之痰。痰与瘀的关系，其根本是津与血的关系，津与血同出一源，皆由中焦脾胃对饮食物进行消化吸收而产生，津血通过五脏的输布而循行于人体的全身上下，两者共同营养和滋润着全身各脏腑组织器官。血行脉内，津行脉外，两者具有相互为用、互为补充的关系。运行于脉中的血液，渗透到脉外便可化为有濡润作用的津液，当人体脉中的血液不足时，人体脉外的津液能渗入脉内以补偿血容量的缺乏。且津液不断地渗入孙络，成为血液的组成成分。痰滞则血瘀，瘀滞亦可加重痰阻，最后形成痰瘀同病。

内外妇儿各科均可见该病证，如痰瘀阻遏胸阳则痹心痛，结于肝则臌胀腹大，流于肾则腰痛骨痿，凝于乳则乳癖，结于胃则格拒等，其致病之广，堪为杂病之首，坚结之牢，泂如铁石。

为何痰瘀同病能在各脏腑均有体现？这和五脏运化水液、血液有密切关系。生理情况下，脾气散精，脾主运化精微，通过其转输作用，将津液输布至全身。若脾的散精功能失常，则水湿停蓄，聚而为痰。脾又主统血，脾气亏虚不固，血不能正常循行于脉管内，逸出脉外凝而为瘀。肺主行水，通调水道。通过肺的宣发和肃降运动对体内津液的输布、运行和排泄有疏通和调节作用。若肺宣发肃降功能失常，不能输布津液，津液停聚而成为痰。又因肺朝百脉，肺主一身之气而司呼吸，既调节全身的气机，也推动和调节血液的运行。如影响了肺朝百脉的生理功能，影响了推动血液运行的功能，血液滞而为瘀。肝主疏泄，调节着全身气机，气行则津行，促进津液的输布环流，也可促进血液的正常运行。若肝失疏泄，气机郁滞，津液郁而为痰，血行不畅为瘀。同时肝主藏血，具有贮藏血液和调节血量的功能，并能防止出血。如肝不藏血，血溢脉外，引起出血，凝而生瘀。心主血脉，心为血液循行的动力，血在心气的推动下循行于脉管中；全身血液，依赖心气的推动，内灌脏腑，外达经络，发挥其濡养作用。如心不主血，则血无以行，停聚而为血瘀。肾主津液，《素问·逆调论》曰："肾者水脏，主津液。"肾具有主持和调节着人体津液代谢的作用。若肾主津液功能失施，则津聚而为痰。陆芷青在一系列内科疑难病的治疗中，都体现了对痰瘀同治的重视。

一、痰瘀同治论中风

中风是以猝然昏仆、不省人事、口眼㖞斜、半身不遂为主症的一类疾病。其起病急骤，病情变化迅速凶险，多留有后遗症状，给人类身心健康带来重大威胁。《素问·生气通天论》中说："阳气者，大怒则形气绝，而血菀于上，使人薄厥"；《素问·调经论》则云："血之与气并走于上，则为大厥"。关于中风发病的原因，历代医书论述不同，大多概括为肝阳化风、热极生风、阴虚生风、血虚生风等，陆芷青认为其病机核心大多与痰瘀有关，其致病因素主要为血瘀、痰凝，无论是邪中经络，还是邪中脏腑，是闭证还是脱证，都是痰瘀阻滞在不同部位的表现，痰浊与瘀血，既可单独致病，又常相兼为患，痰瘀交结使中风病的临床表现复杂多样，活血化痰法是治疗中风病的根本大法。

关于中风病机的认识，陆芷青认为中风虚实夹杂，十分复杂，临床多分虚实，分阶段辨证。首先，中风实证病机多为风火上壅，痰瘀交阻。如因肝阳亢逆化风者，其病机为血随气逆、气血逆乱，同时又耗损阴液，水不涵木而引起的眩晕震颤，其中气血逆乱的过程就是产生瘀血的过程，形成瘀血，从而使筋脉失养，燔灼受损，以致出现手足拘挛、屈伸不利等风气内动之象，若出现神志昏迷，多见于中风重症，该证来势迅猛，多以风阳失潜、痰火上壅、清窍失灵为主。

若为阴液亏虚者，其病机为阴虚则血少，脉络空虚，血流缓慢而易于停滞，加之阴虚生热，煎熬血液，更易形成瘀血而不能濡养筋脉，从而引起动风，或肝阳多上逆，血随阳亢而上涌脑部，以致络脉破裂，出现中风。先天禀赋不足、后天失养、过度劳累、脏腑功能失调、年老体弱可导致气虚，气虚则无力推动血液，血液瘀滞不行，故为血瘀。《读医随笔·承制生化论》中云："气虚不足以推血，则血必有瘀。"此外肥人多气虚痰湿，气虚则血之运行欠利，更兼痰浊内壅，每易形成血瘀，瘀阻脑部络脉，一旦痰瘀凝阻，血供不足，往往导致本证的发生。若平素嗜酒之人，酒性燥烈，酿痰生火，火升痰蕴，多为本证之因。如房事过度之辈，阴精亏丧，阳亢失控，亦易诱发本病。

陆芷青紧紧抓住痰浊瘀血这一病理关键，根据不同阶段来痰瘀同治。如中风急性期，多见神志昏迷、高热等痰热、腑实、血瘀的症状，治疗当以凉肝息风、豁痰开窍为先，常用安宫牛黄丸清心开窍，羚角钩藤汤凉肝息风，同时佐以通腑、活血等积极治疗。除了在初期应施凉肝息风、消痰消火，稍佐活血通络之品之外，应特别注意，此时不可过量活血，需俟肝风逐渐平息，再转拟益气养血、豁痰活血通络之品。如此时起用甚至重用黄芪甘温助

热之辈，则肝风更为鸱张，痰火越加上壅，反使病情加重。

中风经治险症解除，但往往遗留半身不遂，或口眼㖞斜，或语言不利、正气虚弱等后遗症。陆芷青认为气虚血瘀、痰浊阻络为多见，应紧紧围绕化痰祛瘀之法，根据患者体质、正邪力量对比情况，扶正祛邪并重。其治以补气化瘀、豁痰通络、滋阴息风、活血化瘀为主，佐以扶正治疗，多用补阳还五汤加减治疗。如言语艰涩者，陆芷青认为大多系痰阻舌本所致，常用天竺黄、淡竹沥、制僵蚕、胆星、竹茹等豁痰之品，确能收到一定疗效；如神志清楚、偏瘫的患者，陆芷青认为治疗颇费时日，用王清任的补阳还五汤为主加减治疗，虽然对中风后遗症之偏瘫的治疗确有疗效，但如用之不当或过早，反有贻误病情之弊。如患者六脉细弱，头不昏重，面色苍白，可以黄芪扶正法，若脉弦滑有力，头痛眩晕，面色微红，则为气火上冲，应虑黄芪之升补，决不可用，若骤用之，恐有痰病复燃之虑。对痰火炽盛，腑气不通之症，一般清火化痰法多难收速效，唯釜底抽薪，泻下通腑，收效迅速，陆芷青常用制大黄12g，枳壳10g，泻下通便，不伤正气，每每见效。

痰浊和瘀血的形成与脏腑功能活动密切相关，在中风病发病及整个疾病进展中占有十分重要的地位，陆芷青及时恰当地应用化痰祛瘀大法治疗，对防治中风及其后遗症有着深远的意义。

二、痰瘀同治益心脉

心悸、怔忡等心病，病位在心，除与心气（阳）不足，无力行血有关外，还与肺气虚损，治节不利，不能助心气以行血脉；与肝气虚损，疏泄不利，气血运行不畅，心脉瘀阻；与脾气虚损，健运失司，水湿不运，聚湿生痰，痰浊壅滞；与肾气虚损，温煦无权，诸脏气化失常，痰浊瘀血诸邪自生等均有关。"脏气虚于内，痰瘀痹于中"，痰浊、瘀血两者往往同时存在，共同痹阻于心络之中。痰源于津，瘀源于血，津血同源，相兼为病。痰浊壅滞脉道，气血不能畅行，可致脉络瘀阻；瘀血久积，营卫不清，气血浊败，熏蒸津液可致痰生。痰浊、瘀血常同时存在，贯穿疾病的发生发展过程，故在治疗上采用益气通阳、化痰逐瘀之法（即益气化痰通瘀法），往往是获效的关键所在。

陆芷青认为治心悸怔忡属痰瘀心脉者，常用清心生脉饮（自拟方）合温胆汤加减，融益气养阴、清心解毒、化瘀涤痰为一体。强调益气通阳，

浙江中医临床名家·陆芷青

可以促进五脏之气化功能恢复；化痰逐瘀，可以通络脉之瘀滞，使邪去而正安。标本兼顾，寓通于补，寓补于通，通补兼施，临床随症加减运用，屡获效验。

陆芷青痰瘀同治法治疗病毒性心肌炎。他认为该病可分初期、慢性期，初期因外感温毒而起，慢性期多因邪热稽留易于耗伤心阴，累及心气，使胸闷、心悸、气急迁延不愈。慢性期常见证型分为阴虚火旺，火炼津液为痰，可见咽喉痰阻、舌苔黄腻；心气不足，运血无力；或阴虚血瘀，可见心血瘀阻、唇紫、舌下静脉瘀紫。本病属于本虚标实，虚在心之气阴（以心阴虚为主），实在热毒痰瘀，治当标本兼顾，宜益气阴、化痰瘀、清心复脉为主，自拟经验方清心生脉饮加减以化痰通络。方取潞党参、麦冬、五味子益气养阴生津，川连苦寒泻心火，解热毒；苦参专治心经之火，与川连同用，清心解毒作用相得益彰；北沙参、玄参养阴清肺、解毒利咽，与生脉饮同用，养阴之力增强，又制黄连之燥；丹参凉血活血，安神宁心，与降香、郁金同用行气活血散瘀，又清心解血分之热；瓜蒌、薤白通阳散结，豁痰下气。全方组合滋而不腻，寒而不峻，养阴清热而不恋邪，补益中气无刚燥之弊，且融化瘀涤痰、清心复脉于一体。

心悸虽以虚证为主，但很多实邪导致的心悸，逐年增多。如痰火扰心的心悸，常见于冠心病伴高血脂、甲状腺功能亢进的患者，可见心烦不寐、苔黄腻、脉滑数等症状，陆芷青常用清火豁痰法，以黄连温胆汤为主方加减进行治疗。方中黄连清心火，枳实、陈皮下气消痰，胆星、竹茹清热化瘀，加山栀清心除烦，以增平悸之力。更因津血同源，"痰为血类，停痰与瘀血同治"（《读医随笔•证治类》），用丹参、降香凉心活血定悸。若血脂高者加生蒲黄、决明子、桑寄生、生山楂；若因甲状腺功能亢进而引起的痰火扰心，常加用消瘰汤化裁［黄药子15g，夏枯草15g，生牡蛎30g（先煎），象贝15g，元参12g，丹参30g，海藻15g等］加强清火豁痰之功。方中黄药子苦平凉血降火、消瘿解毒，为治甲状腺功能亢进的主药；夏枯草苦泄辛开，清肝火、散结聚；象贝、生牡蛎、元参为消瘰丸，有清热化痰、软坚散结之功；佐以海藻、昆布，消瘿散结作用增强；使以丹参凉心活血定悸。

风心病、肺心病而见心悸者，常与咳喘并见，陆芷青认为病因与风湿入络，内传于心，也与痰瘀交阻密切相关。心主血脉，肺朝百脉，心脉痹阻影响肺津布散，以致瘀血积饮，停于心肺，故常见心悸咳喘、唇紫、两颊绯红。法宜蠲饮化瘀法，利心脉运行，促肺津布散，则心悸自平。予以木防己

浙江中医临床名家•陆芷青

汤化裁（《金匮要略·痰饮咳嗽病脉证并治》），以木防己、桂枝辛开苦降，行水饮而散结气；石膏辛寒清郁热而降饮邪，以杜饮邪化热；加生黄芪配党参，甘补心气，助运化以利瘀水消散；加丹参、降香宽胸活血以通心脉；合瓜蒌、薤白通阳散结，以助化饮祛瘀之功。本方对风心病肺瘀血所致的心悸、胸闷、气急、咳喘，用之得当，可获奇效。

三、痰瘀同治疗顽痹

痹证虽多因风、寒、湿三气杂感而成，但某些久治不愈之痹证，常与"痰"相关。《类证治裁·痰饮》云："痰在经络则肿，在四肢则痹。"由于本病病程较长，日久气滞血凝，往往外邪未去，内邪痰瘀又生，从而形成风湿入络、痰瘀痹阻的病理变化。疼痛是痰瘀致病的常见症状，痰瘀阻滞脉络，不通则痛，此疼痛多部位固定，或刺痛或疼痛持续时间较长久，疼痛较顽固，痰瘀聚于经络则关节疼痛拘急，偏于瘀痛则多呈刺痛，偏于痰阻致痛则多重着缠绵，经久不愈。故治疗必须以祛邪通络为原则，邪气一去，络脉畅通，痹痛自可缓解。陆芷青治痰瘀顽痹常在祛痰活血基础上，佐以透骨搜风之虫药，如乌梢蛇、蕲蛇、全蝎、蜈蚣、地龙之类。经临床验证，取效甚捷。

四、痰瘀同治化痰核

气、痰、血三者郁结壅滞于皮里膜外，则病名痰核。痰瘀同病，凝聚成块，日以积大，形成各种肿块，在外表现为外伤痈肿疮疡，在内多见癥瘕积聚，瘿瘤瘰疬。由于发生部位不同，病名亦异，或瘿瘤，或瘰疬，或乳癖，或梅核气，而治则大致相同。痰瘀同病需痰瘀同治，临床上若单祛瘀，则痰浊不除，若单化痰，则瘀血难化。故陆芷青常以行气解郁、活血散结、化痰软坚解毒消肿诸法并施，并以选药精良，功专力宏，而获效验。

纵观陆芷青治痰心法，痰瘀同病治疗中应注意分清主次缓急，痰浊停滞而致血瘀，形成痰瘀同病，当化痰为主，祛瘀为次；因瘀血日久滋生痰浊，形成痰瘀同病以活血化瘀为主，化痰次之。体会陆芷青治痰之心法除上述详述的"痰瘀同治"外，当遵"治痰先健脾""老年体衰，以振阳为先"之旨，另还须特别注意以下几点。

其一，治痰先调气。痰湿内生，乃气虚或气滞。虚则气不能行，滞则津凝，故治痰必先治气，虚者补之，滞者疏之，逆者降之，散者敛之。陆芷青用药，常选瓜蒌皮、薤白、枳壳、陈皮、木香、乌药通三焦气机；以绿萼梅、佛手、香附行气解郁；以苏子、旋覆花、代赭石降气；以青皮、枳实破气散之；以参、芪、白术补之；以五味子、山萸肉敛之。

其二，治痰必求本。陆芷青指出，痰为病之标，善治者治其生痰之源。认为痰乃津液所化，有因外感六淫之邪影响肺脾胃升降功能而生，有因多食甘腻肥腥茶酒而生，有因素体脾胃阳虚，有因肾虚水泛，有因气郁、痰火蒸熬而变生，有因虚火上烁肺液而生者等，故分别治之以祛邪、消导、健运、益肾、理气、解郁、滋阴、清火诸法，不治痰而痰自消。

其三，痰瘀同病多属顽固不化。祛病非一日之功，不可基于追求速效，需要的是水到渠成，临证时当持之以恒，谨于守方。然而祛瘀化痰实属消法，容易耗伤人体之正气，也应遵循中病即止，不可长久应用。

第四节　推陈出新论舌诊

陆芷青认为中医治疗疾病，重在辨证，其先父"慎几恐有错，微辨自无非"的教诲时刻铭记于心，尤其就舌诊而论，注意从微细处求真谛。

舌诊中有一种舌象称为"鸡心舌"，一般情况下病情较镜面舌轻，仅舌中心状如鸡心的地方无苔，四周仍有苔，历代医家多认为是胃阴不足，不能滋生舌苔造成的异常舌象，通常治疗以养胃阴为主。结合自身多年临床经验，陆芷青对临床"鸡心舌"的诊治提出了独特的见解。

陆芷青特意指出，"鸡心舌"出现时，不能单纯统归为"胃阴亏虚"，需重点观察整体舌象的状态，尤其是舌苔润燥、苔色情况。同为"鸡心舌"，可以因舌象不同、苔质润燥不同、苔色不同，产生不同的诊断结论，其判断所谓"差之毫厘，谬以千里"。陆芷青认为一旦出现"鸡心舌"，且舌质偏淡而润泽，周围舌苔薄白湿润，或见白滑、白腻，乃中寒停饮为患，是因为舌中心属于胃，无苔乃津不上承之证、痰饮内停之象，浊阴不降，故舌四周苔见薄白湿润，舌质偏淡而不燥，法当温药和之。而出现"鸡心舌"兼见舌质偏红而欠润，或舌质多红点，或舌苔较干燥的舌象，通常为胃阴亏虚，不能濡养所致，法当滋养胃阴。

因此，"鸡心舌"的临床意义并非单一，须仔细观察舌质、舌苔的颜色、燥润、质地，才能为准确辨别疾病的病因病机提供诊断依据。陆芷青辨证之精细，可见一斑。

第五节　经典医案显身手

一、肝系疾病

（一）肝炎

中医学本没有"肝炎"这一病名，但根据其临床表现和发病特点，可隶属于中医"黄疸""胁痛""郁证""积聚""虚劳"等范畴。由于病毒性肝炎的病原体不同，虽然分为甲、乙、丙、丁、戊型等多类肝炎，然亦有诸多相似之处，如乏力、纳呆、恶心、胁痛、腹胀、便溏、舌红苔黄腻等湿热疫毒侵肝犯脾的症状。本病的发生主要因湿热疫毒蕴结于肝，以致肝失疏泄，气机不利，而病胁痛；湿邪困遏，脾气阻滞，升降失司，而见乏力、纳呆恶心、腹胀便溏；舌红苔黄腻、脉濡数或弦数亦为湿热蕴结之证。故治疗当先自疏肝解毒、清热利湿处着手，邪去则正安。陆芷青常以田基黄、黄毛耳草、白花蛇舌草、郁金、连翘5味药物组成的自拟五味解毒饮为基本方，随症加减化裁。本方清热性凉但不伤胃，味苦淡渗化湿但不伤阴，解毒更兼化瘀，具行气散瘀之效，既有清热化湿之功，又可防气滞留瘀之弊，久服亦无碍脾胃，对湿热疫毒内侵肝脾者尤宜，为陆芷青治疗急慢性肝炎的基本方。

1. 甲肝

陆芷青认为甲肝以湿热壅滞，气机失调为主，症见胁痛、腹胀、纳呆、便溏、黄疸等，由于湿热蕴结气分，邪伏部位较浅，经适当调治，易获痊愈。甲肝具体化裁：基本方加茵陈、焦山栀、柴胡。若见血清转氨酶高者加垂盆草、川柏；热偏重者加蒲公英、虎杖；湿偏重者加藿香、川朴、苍术、陈皮，或加服甘露消毒丹；黄疸加过路黄、荷包草。对甲肝的诊治，陆芷青采用疏肝解毒、清热化湿之法，在治疗时须时刻谨记"利湿、化湿、燥湿"的灵活运用；在用药时须谨防药物过于寒凉，以免凉遏太过，脾机困阻，慎用收敛固涩或甘味壅滞之品，以防湿邪留连，而使病情缠绵。

例1　朱某，男，33岁。

1992年5月4日初诊，甲肝，谷丙转氨酶（GPT）为126U/L，脘胁隐痛，

浙江中医临床名家·陆芷青

舌红苔黄腻，脉弦数。

辨证：邪毒内盛。

治则：疏肝解毒，清热化湿。

药用：金银花15g，野菊花9g，蒲公英15g，紫花地丁9g，紫背天葵9g，垂盆草30g，茵陈30g，山栀12g，柴胡10g，延胡索12g，服14剂。

二诊：GPT降至60U/L，胁痛消失，黄腻苔退。原方去延胡索，再进14剂。

三诊：GPT反跳至90U/L，脘胁作痛，苔黄微腻。方药变动不大，然药效较殊，经仔细询问，患者告知自本月来，每日自食红枣汤1碗，从不间断。红枣味甘，虽有健脾之功效，但性壅滞而恋湿邪，于病不利。嘱其停服红枣，少甜食，慎油腻。再拟原方加味大青叶、茯苓、米仁、白术、佛手、白豆蔻、延胡索，共7剂。

四诊：患者告知脘胁隐痛消失。前方再进7剂，6月10日复查，GPT降至正常。

例2 余某，34岁，工人，市火电公司。

1994年3月12日初诊。主诉：黄疸、胁痛2个月。2个月前因黄疸、胁痛，肝功能检查示GPT为256U/L（正常值为3～45U/L），黄疸指数为56单位，病原学检查甲肝抗体阳性，诊断为甲型黄疸性肝炎，住某医院传染科治疗1个月后肝功能复查，黄疸指数正常，自觉症状消失，但GPT仍高达113U/L，要求出院转中医治疗。刻诊，除纳少外，无其他自觉症状，舌红，苔薄微黄，脉细弦。GPT为113U/L，谷草转氨酶（GDT）为6U/L（正常值为3～40U/L）。

辨证：邪毒较盛。

治则：疏肝解毒。

药用：田基黄30g，白花蛇舌草30g，过路黄15g，黄毛耳草15g，垂盆草30g，连翘10g，茵陈30g，川柏15g，郁金12g。

20日后肝功能复查，各项指标恢复正常。

2. 乙肝

陆芷青认为对于乙肝急性期、活动期的诊治除强调疏肝解毒、清热利湿外，还因本病湿热疫毒滞留血分，故用凉血化瘀之品，陆芷青喜用辛苦微寒的丹皮，其善清血分伏火，具有明显的抑制和消除免疫复合物积聚的作用，从而消除因免疫复合物积聚造成的损害，集活血、凉血、养血之功于一身，对血热瘀滞又兼血虚者，非常适宜。赤芍，酸苦性凉味涩，能行血之滞，

常与柴胡同用，湿偏盛苔白腻者不用。生山楂健胃消食，散滞化积，善入血分，为化瘀血要药，其味酸而不敛，故无碍邪之弊。而陆芷青认为慢性肝炎，可出现肝、脾、肾亏虚的症状。湿热久羁肝脾，日久累及于肾，可见乏力、纳少、腹胀、便溏等脾虚湿蕴之症，又可见由肝阴不足、湿热滞留、肝气失疏所致的胁痛。若阴虚阳亢则头晕目眩；肝体失养，魂不内舍则少寐多梦；肝肾亏损则腰膝酸软。病情至此，虚实错杂，治当正邪并治。常用太子参、白术、茯苓、米仁、生黄芪健脾益气助运，以利清除湿邪；北沙参、杞子、白芍、女贞子等滋而不腻之品，养肝阴柔肝体而无恋邪之弊；腰膝酸软者则选加桑寄生、川断、牛膝、仙灵脾、菟丝子等补肝肾、强筋骨。现代药理证明健脾益气的黄芪、党参、白术、茯苓，以及补益肝肾的女贞子、桑寄生、仙灵脾、紫河车等有提高细胞免疫功能作用，说明在慢性肝炎治疗中扶助正气是治疗乙肝的重要措施之一。病至慢肝，邪气未净，正气受伤，在处理邪正虚实关系上，除了要扶助正气，更应重视祛邪。因肝病之虚，是因病致虚，非因虚致病，泄其热毒，正为救其阴液；祛其湿邪，是为助其脾运；活血化瘀以利新血化生，所谓"必伏其所主，而先其所因"。故应在扶正同时予以疏肝解毒化瘀，常能收到较好疗效。

例1 何某，女，43岁，工人。

1993年5月5日初诊。乙肝反复不愈14年，伴转氨酶反复增高。患者1979年起发现乙肝三系阳性，期间两度并发黄疸，经住院治疗而愈。现乙肝三系阳性，转求陆芷青诊治。右胁隐痛，脚酸纳呆，舌红边有齿痕，苔薄黄，脉细。同年4月17日乙肝三系检查，示HBsAg阳性，HBeAb阳性，HBcAb阳性。

辨证：邪毒较盛。

治则：疏肝解毒，佐以健脾益肾。

药用：田基黄30g，白花蛇舌草30g，黄毛耳草15g，茵陈30g，焦山栀12g，连翘10g，制延胡索12g，赤芍、白芍各10g，郁金12g，米仁30g，红枣4枚，桑寄生15g，女贞子15g，炒二芽12g。

上方出入调治半年，11月2日复查，除HBsAg阳性外，其余各项均转为阴性，至今一切正常。

例2 汤某，男，28岁，农民。

1993年9月10日初诊。主诉：肝炎，GPT反复升高，在50～90U/L波动已5年，乙肝三系阳性。病原抗体检查，曾检甲肝抗体阳性，其余为阴性。

曾间断服用中西药，效果不显，转来陆芷青处诊治。刻诊面容消瘦，神疲乏力，不耐劳累，饮食正常，舌苔深黄薄腻，脉濡，GPT为90U/L。

辨证：湿热久蕴，肝郁脾虚，正邪相持。

治则：疏肝解毒，清热化湿，佐以健脾助运。

处方：田基黄30g，黄毛耳草15g，白花蛇舌草30g，连翘10g，桑寄生15g，川连3g，柴胡9g，黄芩9g，生米仁15g，茯苓9g。

另甘露消毒丹每次6g，每日2次，吞服。上方化裁服用1个半月后复查，GPT降至正常。如法化裁，调治3个月，3次肝功能复查均正常。

例3 郑某，男，22岁，未婚，工人。

1993年8月25日初诊。主诉：乙肝三系阳性发现2个月，无自觉症状，舌红，苔黄脉弦。1993年8月5日乙肝五项及乙肝核心抗体检查，示HBsAb（＋）、HBcAb（＋）、HBeAb（＋）、HBcAb-IgM（－）。

辨证：邪毒较盛。

治则：疏肝解毒，凉血化瘀。

处方：田基黄39g，白花蛇舌草30g，黄毛耳草15g，连翘12g，桑寄生15g，郁金12g，丹参30g，赤芍10g，蒲公英15g，虎杖15g，茵陈24g，女贞子15g，生麦芽12g，枳壳10g。

9月22日二诊：舌红，脉弦，无自觉症状。原方去生麦芽、蒲公英、虎杖，加水牛角30g，生地18g。如法调治至同年10月23日，乙肝系各项指标复查全部转阴。继拟原法以资巩固，至今正常。

（二）臌胀

臌胀，是指肝病日久，致肝脾肾功能失调，气滞、瘀血、水饮互结停于腹中所导致的腹部胀大如鼓的一类病证，临床以腹大胀满，绷急如鼓，皮色苍黄，脉络显露为特征，属肝硬化晚期并发症之一。臌胀病因较复杂，包括酒食不节、情志刺激、虫毒感染、病后蓄发等。其证虚实错杂，应遵循"急则治标，缓则治本"的治疗原则。邪气偏实者，常以患者腹胀急、尿少、足肿、腹臌大、舌红苔黄腻、脉弦滑等症多见，多以气滞血瘀，水停夹湿热疫毒等为主要见症，可以先行急攻；偏虚者，以脾虚、肝肾阴虚或脾肾两虚等证为多，宜培补缓调，虚实并重，则需攻补兼治，数法并投。

陆芷青认为在臌胀早期，务必先逐水祛邪，兼予扶正，才能收效显著。逐水法有四：一是行气逐水。臌胀早期，形气尚实，多有气滞湿阻征象，行

浙江中医临床名家·陆芷青

气逐水乃治臌胀基本法则，疗效较为明显。常用黑丑、白丑或商陆泻下逐水、利尿消肿，其逐水力峻而副作用小，其使用较甘遂、芫花安全。更添大腹皮、槟榔、枳壳、川朴等行气消胀之品，则逐水之力倍增，正所谓"盖善治水者，不治水而治气"。二是化瘀利水。陆芷青认为水停则气阻，气阻则血凝，因此化瘀利水乃臌胀主要治法之一，故陆芷青多用地鳖虫、桃仁、丹参、莪术、赤芍、丹皮、马鞭草等化瘀通络，以利气血运行，水肿消退。三是清热利湿，解毒消胀。臌胀因肝炎引起者，其湿热疫毒留连不去，土壅木郁，气滞血瘀，故必当以本法施之，常选用半枝莲、半边莲、白花蛇舌草、平地木、田基黄等。四是软坚消癥。多用鳖甲、炮山甲、地鳖虫、生牡蛎等，意在化瘀消癥，恢复肝功能。在具体使用时，可数法并投，以增强疗效。其中行气逐水法泻下峻猛，伤阴耗气，应注意以下三点：①伴有上消化道出血或肝昏迷者禁用。②中病即止。腹水消退大半后，应予扶正，以巩固疗效。③注意饮食调养，慎滑腻，少食盐，进食易于消化的营养食物。同时因为臌胀多病程长久，多虚实夹杂，故陆芷青认为其治应攻实而防虚，补虚勿使恋邪，攻时宜胆大，补时宜心细，先后层次，治法在人。

例1 张某，男，56岁。

1993年3月3日初诊。主诉：尿少脚肿，单腹胀大，伴面色黧黑，唇黑半年。患者1987年患乙型肝炎，经中医治疗"痊愈"。自1992年8月起腹部胀大，尿少脚肿，已服中西药半年，见效不著，遂来我处诊治。刻诊：面部虚浮，色黧黑，腹部臌胀，四肢瘦削，尿少色黄，腹胀便烂，下肢水肿，舌红苔黄，舌下静脉瘀紫，脉弦，B超示肝硬化。血检：乙肝三系阳性，HBsAg（＋），HBeAg（＋），HBcAb（＋）。

辨证：湿热久蕴，肝胆失疏，日久气滞血瘀水停之证。

治则：疏肝解毒，化瘀软坚利水。

处方：鳖甲（先煎）30g，柴胡10g，赤芍10g，莪术5g，丹参30g，丹皮10g，半枝莲30g，半边莲30g，大腹皮15g，猪茯苓15g，泽泻10g，黑丑、白丑各10g，8剂。

二诊：药后腹胀减轻，小便增多，面色黧黑渐退。效不更方，原法再进14剂，腹水消退大半，原法出入，加太子参、女贞子。同年6月，复查B超示腹水全消，HBcAb-IgM转阴，诸症悉减，故停药。

服药5个月后复诊，腹水未起，已能从事日常工作，有时齿衄。原方去黑丑、白丑，加生地15g，水牛角（先煎）30g，仙鹤草30g，7剂。至今病情稳定。

例2 钟某，女，61岁。

1973年7月26日初诊。肝脾两虚，水血互结，腹大如鼓，口干不欲饮，溲少而热，舌略红，苔白，脉细重按弦滑。

辨证：正虚邪实。

治则：体虚证实，先拟利水。

处方：炙鳖甲18g，马鞭草12g，对坐草12g，潞党参9g，陈皮g，车前子12g，京葫芦30g，生白术9g，柴胡9g，大腹皮12g，丹参12g，广郁金9g，白茯苓9g，1剂。

7月27日二诊：今诊脉细数带弦，苔黄而干，舌略红，昨药后解大便2次，胸闷脘胀减轻，腹较柔软，知饥食粥半碗，口不干。气阴两亏肝脾气机失调，水血瘀结。再以疏肝养阴、健脾利水：炙鳖甲24g，潞党参12g，柴胡9g，马鞭草12g，丹参15g，郁金9g，对坐草12g，麦冬6g，陈皮6g，京葫芦30g，大腹皮12g，茯苓9g，车前草15g，生白术9g，10剂。

8月12日三诊：据函述，腹水有所增加，胀闷食减。悬拟方为：马鞭草18g，厚朴6g，丹参15g，对坐草15g，广木香9g，虫笋15g，京葫芦30g，椒目4.5g，大腹皮12g，车前子15g，六曲12g，黑丑、白丑各6g，砂仁（冲服）2.4g，商陆6g，当归9g，5剂。

9月7日四诊：据函述，服前方后，得泻稀水不多，腹围比初诊时大2cm，与8月12日比较未见增大，而胀闷未减，精神甚差，沉睡不欲言。马鞭草15g，厚朴6g，丹参15g，对坐草15g，砂仁（冲服）2.4g，虫笋15g，京葫芦30g，椒目4.5g，大腹皮12g，车前子15g，黑丑、白丑各4.5g，生白术9g，商陆6g，六曲12g，广木香9g，白茯苓9g，7剂。

9月19日五诊：据函述，服前方每日水泻三四次，腹胀已去，食欲增加。西医检查，腹水已消。实验室检查：硫酸锌浊度为14单位，总蛋白为73g/L，白蛋白为38g/L，球蛋白为35g/L，舌苔白腻。悬拟方为：潞党参9g，当归9g，大腹皮18g，生白术9g，生白芍9g，炙鳖甲24g，茯苓12g，厚朴4.5g，茜草9g，木香6g，砂仁（冲服）2.4g，车前子12g，对坐草15g，川芎3g，10剂。

11月18日六诊：9月19日方连服2个月，精神大见好转，能食饭1碗半，已能下床自理个人生活，唯有时右胁尚有隐痛，脉沉细弱，苔白转润。仍拟养阴疏肝、理气化瘀之方：生地18g，川楝子4.5g，延胡索4.5g，生白芍9g，炙鳖甲30g，白蒺藜9g，郁金9g，生首乌12g，当归6g，丹参12g，麦冬9g，炒谷芽9g，枸杞子9g，潞党参15g，炮山甲4.5g，10剂。

浙江中医临床名家·陆芷青

1973年12月9日七诊：食欲已增，能从事家务，口干，再与前法：生地18g，炙鳖甲30g，白蒺藜9g，丹参15g，三棱4.5g，枸杞子12g，麦冬9g，青皮4.5g，潞党参15g，生白芍9g，炮山甲9g，当归9g，延胡索6g，炙黄芪12g，焦谷芽9g，15剂。后随访6年，身体强健。

按 陆芷青认为肝硬化早期，多为湿热疫毒久羁于肝，伤及脏腑气血有关，如肝郁气滞，久病入络，以致气滞血瘀；湿邪困脾，运化失职，转输无权，则脾气衰虚，升降失常，清浊不分，湿浊胶固，凝聚成痰，痰瘀交阻；热淫血分，伤阴耗血，阴虚血瘀等以致肝络瘀阻，而成胁下癥结。其中病机以肝脾俱虚而湿热留恋、瘀阻肝络为多见。肝硬化早期临床上常出现脾虚征象如食少纳呆、腹胀、便溏、少气乏力等，血瘀肝络征象如舌质瘀紫、朱砂掌、面部丝状红缕、胁痛等，肝阴虚征象如头晕目涩、口干舌红绛等，以及湿热内蕴征象如黄疸、口苦、尿黄、苔黄腻、脉弦数等，其病变的关键为"瘀"阻肝络，病性虚实错杂，治疗当着眼化瘀消癥，疏肝解毒，兼顾健脾养肝。因瘀阻不除肝络不通，单用峻补，反助邪气，兼顾气阴，则脾运得健，肝体得养，有利于祛邪疏肝理气，选用柴胡、广郁金、枳壳、八月札、白蒺藜、佛手、绿萼梅，使用时注意疏肝不伐肝，理气不伤阴。化瘀软坚选用炙鳖甲、生牡蛎、地鳖虫、炮山甲、桃仁、红花、五灵脂、赤芍、丹皮、三棱、莪术等。务求化瘀而不伤络，软坚而不伤正。清热利湿解毒选用田基黄、白花蛇舌草、半枝莲、半边莲、黄毛耳草、平地木等；清热解毒选用山栀、连翘、蒲公英、虎杖、垂盆草；燥湿化湿用苍术、厚朴、藿香、佩兰；利湿退黄用过路黄、荷包草、茵陈、栀子、大黄。力求清不碍胃，祛湿不伤阴。健脾益气选用党参、黄芪、白术、茯苓、薏苡仁等。注意补气勿壅滞，健脾勿助热。养肝阴选用生地、玄参、麦冬、女贞子、北沙参、鳖甲等。务求滋阴不恋邪，养肝勿敛肝。总之，根据早期肝硬化患者病情虚实不同，年龄体质差异，随症灵活化裁，不拘泥一方一药。

例3 朱某，男，39岁。

1992年4月4日初诊。患乙肝病史10年。3月18日行血检，示：GPT为68U/L，HBsAg（＋），HBcAb（＋）（1∶1000），HBcAb（－），HBcAb-IgM（＋）（1∶1000），总蛋白为77g/L，血浆白蛋白（A）为37g/L，血浆球蛋白（G）为40g/L，B超提示早期肝硬化。右胁疼痛，腹胀，舌红苔黄腻，脉弦。

辨证：湿热久蕴，肝气郁滞，血瘀阻络。

治则：疏肝活血，清热利湿。

浙江中医临床名家·陆芷青

处方：柴胡10g，赤芍10g，制延胡索10g，五灵脂10g，茵陈24g，焦山栀12g，郁金12g，白花蛇舌草15g，黄毛耳草15g，丹参30g，田基黄30g，板蓝根15g，7剂。

二诊：胁疼脘胀减轻，舌红苔黄腻，脉弦。原方加连翘2g，桑寄生15g。

三至五诊：胁痛消，苔转薄黄，脉弦，原方再进。

六诊：右胁隐痛，下肢浮肿，舌红苔黄，脉弦。治拟化瘀软坚、清热解毒，兼顾健脾养肝。炙鳖甲（先煎）30g，生地20g，赤白芍各10g，制延胡索12g，制香附10g，茵陈30g，焦山栀15g，连翘10g，木通5g，贯众10g，茯苓15g，生黄芪20g，田基黄30g，黄毛耳草30g，白花蛇舌草30g，绞股蓝30g，桑寄生15g，7剂。

七诊：胁痛消失，苔黄白，脉弦，原方去制延胡索加藿香，7剂。至5月26日复查GPT示降至正常，总蛋白为78g/L，A/G=4.3/3.4，HBcAb（-），HBcAb-IgM（+）（1：100）。继拟原法以资巩固，服药2个月，蛋白比例明显好转，GPT降至正常，HBcAb（-），HBcAb-IgM滴度下降。

（三）高血压

高血压病是以体循环动脉压升高为主要特征的一类心血管疾病。高血压可使机体发生诸多病理生理的改变，包括头痛、胸闷、心悸等，也可使得心、脑、肾等重要靶器官发生结构、功能的改变，甚至衰竭。

西医的高血压病隶属于中医学"头痛""眩晕""心悸""真心痛"等的范畴。其病机为人体阴阳失调，属本虚标实之证，虚者见于阴阳气血的亏虚，实证多由风、火、痰、瘀等因素致病。其病位在肝、肾两脏，亦涉及心与脾。其病因为：情志不畅，受到外界刺激或思虑、悲伤过度，五志情绪过极导致气血逆乱，阴阳失调，辄发此病；饮食失节，嗜食辛辣炙煿之品、肥甘脂膏，过饱或过饥，偏嗜五味，影响脾胃升降功能，伤脾化湿，水湿停聚成痰，痰浊上蒙清窍，即作眩晕，发为此病；先天之精不足，先天精气秉于父母，若其匮乏，即为先天脏腑阴阳失调的体质，尤其是素体偏阴虚、阳盛、痰湿之人，易患高血压病；劳逸失调，劳倦过度，耗气伤血，阴精不足，髓无化生之源，则头晕目眩，抑或久立久行可导致筋骨的损伤，或房事不节、老年人肾精亏虚、病后体虚者，脏腑气血运行不畅，正气不足，均可导致阴虚阳亢而发病。高血压的病因无外乎虚、实两种类型。虚者多因气亏血虚、肝肾阴虚，水不涵木，而阴虚不能制阳而发病；实者多见于肝阳上

六、肝胆火盛、痰瘀互结等证。

对高血压的辨证分型，向来颇具争议。近年来颁布实施的《国家中药新药临床研究指导原则试行》的分型标准，把高血压证型分为肝火亢盛型、阴虚阳亢型、痰湿壅盛型、阴阳两虚型。根据《亚健康中医临床指南》把高血压证候类型概括为肝气郁结、肝郁化火、脾虚湿阻、肺脾气虚、肝郁脾虚和痰热内扰。而陆芷青认为其临证50年，所见高血压患者，肝阳上亢证最多，常以眩晕肢麻、舌红苔黄、脉弦为主症，故陆芷青治疗时多运用平肝降逆法。平肝降逆法适于肝阳上亢，气火上逆，心君被扰而见心悸者，多伴心烦易怒、头晕头胀、舌红苔黄、脉弦劲等症，以高血压性心脏病为多见，治当平肝降逆，陆芷青常用其经验方平肝降逆汤图治，见效颇佳，药用石决明（先煎）30g，滁菊12g，川芎5g，珍珠母（先煎）30g，钩藤（后下）12g，黄芩9g，夏枯草15g，桑寄生15g，牛膝9g，丹参30g，降香（后下）5g，茺蔚子9g等，若血压过高者可加羚羊角（另熬，冲服）3～5g。本方配伍寓有深意，取石决明、珍珠母重镇平肝定悸，滁菊、钩藤清热平肝为君；黄芩、夏枯草清肝降气，茺蔚子、牛膝引血下行平逆为臣；佐以桑寄生养肾以制肝阳，丹参、降香清心凉血、除烦定悸；更以川芎疏肝气、升清阳为使，以遂肝条达之性，舒以平之，以防肝气愈郁愈逆，气火攻冲而致心悸。数投辄效，且其药性平和、作用持久，故老年体弱者尤宜。若见舌红绛少津者，去黄芩、夏枯草，加生地、赤芍、地龙。若为肾阳不足、肾阳亏虚，症见眩晕腰酸、下肢无力、舌淡红、脉沉细，方用杞菊地黄丸汤剂，加川牛膝9g，川芎5g，淡附片5～10g，降压效果颇佳。此方主要作用在于附子，若去之则无降压效能。若为痰火内壅，症见头晕且胀、食欲不振、伴有咳痰、色白而稠、口苦或舌质红、苔白厚腻、舌心黄苔或黑燥苔、脉弦滑，方用白茯苓12g，淡竹沥9g，半夏9g，橘红9g，竹茹12g，黄芩9g，胆星9g，石菖蒲3g，滁菊花9g，川牛膝9g，桑寄生15g。上方服7剂多可见效，血压明显下降。

例1 黄某，女，60岁。

1992年10月6日初诊，高血压病史10年。近1年来，胸闷心悸，头晕重痛，行走飘浮，肢麻，经常腹痛便泻，夹有黏液。服西药复方降压灵，血压虽降，症状未见好转，遂转中医诊治。舌红苔薄，脉沉弦。

辨证：肝阳上亢，风阳上扰，横逆犯脾。

治则：平肝降逆。

处方：以经验方去黄芩、夏枯草，加赤芍10g，地龙10g，川连3g。

二诊：血压降至正常，心悸、胸闷、头晕等症悉减，效不更方，再进7剂。

三诊：诸症基本消失，再进14剂以资巩固。随访至今，病情稳定。

例2 郑某，男，28岁。

1991年11月18日初诊。头痛病起大学读书时代，经检查发现血压升高。近几个月因工作辛劳，头痛又作，经中西医治疗少效。刻下头胀痛，昏重而晕，血压为160/104mmHg（21.3/19.6kPa），唇干，舌红苔黄，脉弦。有高血压中风家族史。

辨证：用脑过度，肝阴暗耗，肝体不足，肝用有余，阳亢上扰。

治则：益阴潜阳。

处方：天麻（另煎）10g，钩藤（后下）12g，珍珠母（先煎）30g，夏枯草12g，滁菊、赤芍、白芍、地龙、制僵蚕、茺蔚子、牛膝各10g，川芎6g，生地18g，连服28剂。

二诊：头痛、眩晕、口苦均见消失，血压稳定在130/85mmHg（17.3/11.3kPa），嘱改用杞菊地黄丸，以图固本。

（四）中风

中风是以突然昏仆，不省人事或口眼㖞斜，舌强语謇，半身不遂，发病急骤，变化迅速等类似"风"的特性而得名。

中风有中经中络、入腑入脏之辨，但总不离阴阳偏胜，气血逆乱，风火交扇，痰气壅塞。中络证者，肝风挟痰火上旋，血瘀气滞。立方取导痰汤意，掺入平肝息风、通络去瘀之品。中经证者，肝阳上逆，血随气涌，急以平肝息风、活血通络之物救之，可取羚羊角、钩藤、菊花合补阳还五汤加入通络之品。陆芷青认为临床中风常见以下证型：①阳亢风动，痰迷心窍，瘀血入络者，多症见神志昏迷、喉间痰鸣、舌謇语涩、口眼㖞斜、偏瘫、大小便失禁、舌红肿胀、苔白腻或黄腻、脉弦滑，故当凉肝息风、豁痰开窍、通络化瘀。陆芷青常以羚角钩藤汤合安宫牛黄丸化裁，其中羚羊角、钩藤、滁菊花可凉肝息风，滑石能去瘀血，寒水石镇肃内风，生地、赤芍、川芎清肝凉血，竹沥、竹茹、天竺黄涤痰通络，安宫牛黄丸清心开窍。全方配伍，有平息肝阳、清心开窍、豁痰通络、活血祛瘀之功；肝肾阴虚，风邪内动，痰瘀络脉者，除见口眼㖞斜、言语謇涩、半身不遂等中风征象外，可兼见心悸、胸闷等症，其中尤以舌质红绛、脉细为辨证要点，治需养阴息风、豁痰

浙江中医临床名家·陆芷青

通络、活血化瘀。陆芷青以三甲复脉汤加减，重在补益肝肾之阴，以镇内风，豁痰活血，以通脉络，对于各种类型心脏病引起的脑栓塞颇为适宜。方以三甲、生地、白芍益肝肾之阴；桃仁、赤芍、郁金活血通络；天竺黄、淡竹沥、僵蚕豁痰；全蝎息风搜络，《开宝本草》用治"中风半身不遂、口眼㖞斜，语涩"；炙甘草、麦冬滋养心液，补心气之不足，治心悸、怔忡者尤宜。全方组合，标本兼顾，有养阴息风、豁痰通络、活血化瘀之效；气虚血瘀，痰浊不化，络脉阻滞，此型多见于中风后遗症，症见口眼㖞斜、语言不利、半身不遂、肌肤不仁、舌胖边瘀、苔白、脉大或涩。治应补气化瘀、豁痰通络。陆芷青常以补阳还五汤加味，重用黄芪补气，归尾、赤芍、川芎、桃仁、红花、牛膝、地鳖虫活血化瘀，竹沥、竹茹、胆星、僵蚕豁痰通络，气旺瘀去络通，风象消除，其病自愈。

例1 李某，男，79岁。

1980年9月18日初诊。素有高血压病史，昨起突然晕倒，神识不清，喉间痰鸣，右侧偏废，二便失禁，苔白而燥，脉弦。

辨证：肝肾已亏，亢阳易逆，风阳上僭，痰火阻窍，瘀阻络脉。

治则：平肝息风，豁痰开窍，通络化瘀。

处方：胆星9g，僵蚕9g，寒水石12g，竹沥（冲服）1支，地龙9g，滑石18g，钩藤18g，川芎3g，桂枝2g，羚羊角粉（调服）2g，红花5g，安宫牛黄丸1粒，2剂。

9月20日二诊：服药后神识已清，语言尚艰，右侧肢体偏废，二便失禁，再进原方3剂。

9月23日三诊：昨下午突见神昏胸闷，移时即醒，苔白而燥，舌边瘀。仍以平肝息风、豁痰通络为法：胆星9g，僵蚕9g，丹参30g，竹沥（冲服）1支，地龙9g，石菖蒲5g，钩藤（后下）18g，桂枝2g，红花6g，石决明（先煎）30g，橘红、橘络各5g，另天麻丸1瓶，分服，4剂。

9月27日四诊：语言尚艰，全身疼痛，二便略可控制，苔黄白厚腻，脉弦，仍化痰瘀、息肝风。石决明（先煎）30g，胆星9g，石菖蒲5g，橘红、橘络各5g，淡竹沥（冲服）1支，红花9g，桑寄生15g，天竺黄9g，僵蚕9g，当归6g，赤芍9g，桑枝30g，川芎5g，生地12g，5剂。

10月1日五诊：语言已流利，以上方减石菖蒲、橘红、橘络、生地、僵蚕，加生首乌12g，2剂。

10月3日六诊：二便已能控制，右上下肢瘫痪，舌红苔黄，脉弦紧略减，拟补阳还五出入：炙黄芪15g，红花9g，桃仁9g，赤芍9g，当归6g，地龙9g，桑枝30g，橘红、橘络各5g，淡竹沥（冲服）1支，胆星9g，7剂。

10月10日七诊：右脚在扶持下已能开步，大便7日1次，量少，口干而腻，苔白，脉弦。拟前方加胆星5g，15剂。

10月25日八诊：右肘关节屈伸不利，下肢已能步履，舌边紫苔灰白，脉弦。仍拟补阳还五加豁痰通络之品：炙黄芪30g，桃仁9g，桑枝30g，当归9g，地龙9g，橘红、橘络各6g，红花9g，牛膝9g，僵蚕9g，胆星9g，甜苁蓉18g，赤芍9g，7剂。

11月2日九诊：右肘关节活动有进步，舌红苔黄，脉弦。仍拟原方减胆星、甜苁蓉，7剂。后以原方出入，调理半年余，右侧肢体活动完全恢复正常，已能从事木工生活。虽年逾八旬，行动自如。

例2 翁某，女，53岁，工人。

1983年10月4日初诊，宿病风心病二尖瓣狭窄、闭锁不全，8月18日中风，右上下肢瘫痪，言謇，舌红绛，脉沉细，尺部独弱，左关略弦。

辨证：肝肾阴虚，风邪内动，络脉瘀阻。

治则：养阴息风，通络化瘀豁痰。

处方：生地18g，生白芍15g，龟板30g，鳖甲30g，牡蛎（先煎）30g，郁金12g，麦冬15g，地鳖虫9g，竹沥（冲服）1支，天竺黄9g，僵蚕9g，地龙9g，赤芍9g，全蝎3只，桃仁（研）9g，7剂。

10月11日二诊：药后右上肢稍感有力，右下肢在搀扶下也能开步，舌转淡红光剥，脉沉细尺部独弱。拟益气养阴、息风通络化瘀之方：生黄芪24g，生地18g，生白芍15g，竹沥（冲服）1支，天竺黄9g，僵蚕9g，桃仁9g，生牡蛎（先煎）30g，珍珠母（先煎）30g，地龙9g，地鳖虫9g，郁金12g，赤芍9g，全蝎3只，10剂。

10月22日三诊：右上肢略能抬举，右下肢活动较前大为便利，已能出声，舌淡红光剥，脉沉细结代尺部独弱。以原方加法半夏9g，7剂。

10月29日四诊：药后右下肢活动基本恢复正常，已能说双音节词句，右上肢抬举较前提高，舌淡红苔薄，脉细结代。继服原方7剂。

11月5日五诊：已能开步行走，右上肢能举过头，可以讲简短语言，舌淡红苔薄，脉细结代。原方加丝瓜络12g，7剂。

11月12日六诊：下肢瘫痪进药后已见恢复，唯右手指活动尚差，舌謇转能言语，舌红稍退，脉细结代。再拟益气养阴、通络化瘀之方：生黄芪

浙江中医临床名家·陆芷青

40g，生地18g，赤芍、白芍各9g，淡竹沥（冲服）1支，天竺黄9g，僵蚕9g，桃仁9g，地龙12g，地鳖虫9g，竹茹12g，郁金12g，全蝎3只，法半夏9g，丝瓜络12g，7剂。

11月19日七诊：再拟益气养阴、活血通络豁痰之方，即上方减地龙、郁金、丝瓜络，加醋炒鳖甲30g，醋炒炮山甲5g，7剂。

11月26日八诊：右手抬举较前有力，语言比较通利，舌红脉促，自感心悸。再拟养阴通络、活血豁痰之方：炙甘草、生地各18g，麦冬9g，桂枝3g，阿胶（烊冲）9g，茯苓10g，桃仁、赤白芍各9g，党参24g，地鳖虫9g，僵蚕9g，淡菜12g，淡竹沥（冲服）1支，红花5g，生黄芪18g，7剂。药后诸症悉减，唯手指小关节活动未能恢复，究其因，多为治疗失却时机，致气阴两亏、瘀凝脉络使然。

例3 蒋某，女，50岁。

1975年3月25日初诊。面舌右半麻木抽搐，甚则手足亦麻，寐差，腹胀满，得暖或矢气则舒，恶心头晕，血压为140/110mmHg，苔微黄边白，舌有齿痕，脉沉数。

辨证：痰火入络，肝风内旋，心胃之气不降，血行乃滞。

治则：平肝息风，清火化痰，通络活血法。

处方：陈胆星6g，姜竹茹12g，姜夏9g，制大黄4.5g，炒枳壳9g，地龙12g，赤芍9g，川芎4.5g，珍珠母（先煎）30g，5剂。

4月11日二诊：诸症均已减轻，舌歪脉沉，血压为132/100mmHg，拟原方加减：紫石英15g，寒水石12g，桑寄生30g，制大黄4.5g，姜夏9g，胆星9g，地龙9g，赤芍9g，防风6g，菊花9g，川芎4.5g，钩藤（后下）12g，竹茹9g，僵蚕6g，7剂。

4月26日三诊：诸症均减轻，仍以原方加减：磁石30g，龙骨30g，牡蛎30g，紫石英15g（上药先煎），菊花12g，防风6g，全蝎2只，地龙9g，赤芍12g，钩藤（后下）12g，川芎4.5g，白附子4.5g，胆星9g，7剂。

二、胆系病

（一）胆石症

胆石症一般是由胆汁成分异常、胆道运动功能失调，共同作用所致而表现为腹痛、恶心、呕吐、右上腹疼痛等一系列症状的常见病、多发病。中医学认为胆石症属于"胁痛""黄疸""胆胀""胃脘痛"等范畴。其基本病机是肝郁气滞、胆失通降，故陆芷青认为气滞是其发病的内在因素，火郁与湿热是发病的主要原因，而外感六淫、饮食不节或情志失调则是本病发生的条件，亦可称为诱因，因此本病的主要矛盾在于气滞，气滞日久，必结瘀血。本病急性患者以火郁或湿热蕴结为多见，而慢性则出现气滞症状多见。

陆芷青认为本病可分为湿热型、火郁型、气滞型、血瘀型、正虚邪恋型，而临床上这5个证型往往交错互见，故陆芷青自拟利胆汤为基础方，药用金钱草、郁金、广木香、枳壳、乌梅、制大黄，并随症加减，每每见效显著。

例1 包某，男，47岁，干部。

1973年11月22日初诊。十二指肠溃疡、胆囊结石行手术切除，术后"T"形管引流，发现有泥沙样结石。要求会诊：脉弦，舌苔黄厚，口苦而腻，右肩背疼痛，溲黄。

辨证：湿热内蕴，肝胆气滞（湿热型）。

治则：清利湿热，理气排石。

处方：柴胡9g，枳实9g，赤芍9g，延胡索9g，丹参15g，郁金15g，茵陈15g，鸡内金12g，制大黄4.5g，金钱草30g。

前方服5剂后，自觉背胀痛减轻，引流排出泥沙样结石增多，大便稀，色淡黄，舌苔根焦黄边腻。

二诊：原方去枳壳、延胡索，加藿香、黄芩、香附各9g，青皮6g，广木香4.5g。续服5剂，舌质红，苔黄腻转薄。

三诊：原方去大黄、黄芩、丹参、赤芍、柴胡，加太子参25g，麦冬、当归各9g，川芎4.5g，炒山栀15g。又服5剂，X线复查示胆管已通畅，发现结石1颗。

四诊：告知昨下午发热，今晨汗出热解，原方续服5剂。

五诊：据述前日曾排出米粒大结石1粒。仍用前方去太子参、麦冬，加生大黄、炒山栀各9g。服7剂。于1974年2月5日X线复查，显示右肝管基本畅通，左肝管尚有少量结石。1974年2月14日，诊脉弦，左关略涩，舌苔黄腻，拟疏肝化瘀、理气消石之方：金钱草60g，王不留行、柴胡、鸡内金、滑石各12g，郁金、茵陈、丹参各15g，威灵仙30g，木香24g，青皮、制大黄各9g，龙胆草3g。随访1年，未复发。

例2　陈某，女，37岁，机床厂技术员。

1972年8月31日初诊。胆石绞痛反复发作，胃脘攻痛彻背，恶心，大便溏而不爽，尿少色黄，口淡舌苔白，脉弦细。胆囊造影显示胆囊结石大小为2.6cm×1.0cm。

辨证：肝失条达，气机郁滞（气滞型）。

治则：疏肝理气，利胆排石。

处方：金钱草60g，茵陈30g，郁金、延胡索各15g，制大黄、鸡内金、枳实、当归、虎杖、法半夏各9g，炙甘草6g，生姜3g，4剂。

二诊：绞痛减轻，腹鸣便烂，恶心，口苦，头晕，脉沉。原方去厚朴、甘草、当归、虎杖，加柴胡、黄芩、川芎各9g，木香6g。连服15剂。

三诊：患者述绞痛未发，能食油腻。近2日来大便秘结，曾胃脘隐痛约2小时，舌苔白，有时口苦。前方去柴胡、黄芩，加鸡内金9g，青皮、厚朴各6g，虎杖15g，当归4.5g。连续服用1个月。

四诊：患者告知每日泻下软便稀水，体甚疲乏。胆囊造影复查，X线检查显示结石已消失。但右腹尚感隐痛，西医诊为胆总管炎症。治拟扶正理气化瘀之方：金钱草30g，茵陈15g，延胡索12g，炒白芍、党参、郁金、鸡内金、枳实、制大黄、莪术各9g，当归6g，五灵脂、薤白各4.5g，5剂。

五诊：患者告知疼痛消失，食欲增加，大便溏软，舌苔薄白，脉沉细。前方去金钱草、茵陈、莪术、五灵脂、制大黄，加白术g，茯苓9g，炙甘草4.5g。7剂。随访2年，未复发。

例3　李某，男，24岁。

1975年3月30日初诊。右胁痛已持续3个月，口苦恶心，厌食油腻，舌红，苔薄黄，脉弦。

辨证：胆气不舒，胃失和降（火郁型）。

治则：利胆和胃，清利湿热。

处方：金钱草30g，冬葵子、茵陈、延胡索、郁金各15g，木香24g，鸡内金12g，赤芍、柴胡、川芎、炒山栀、枳壳各9g。5剂。

二诊：患者告知大便排出少量泥沙样结石，原方去川芎，加虎杖15g。5剂。

三诊：右胁胀痛攻脘，大便干结，口干，舌红，苔黄，脉弦数。原方去冬葵子、虎杖、赤芍，加元明粉（冲服）12g，五灵脂9g，蒲公英15g。5剂。

四诊：患者述排石不多，胁肋刺痛，舌质红，苔薄黄，脉弦数。拟利胆排石、清热化瘀之方：金钱草30g，制大黄、桃仁、赤芍、柴胡、莪术、地鳖虫、青皮、龙胆草各9g，元明索、茵陈、广木香各15g，失笑散（包煎）、元明粉（冲服）各12g。再服5剂。

五诊：告知右胁尚感胀痛，大便排出绿豆大结石多颗，舌脉如前，原方加冬葵子15g。续服5剂。

六诊：患者告知结石不断排出，胁痛减轻，舌红，脉弦数，原方再服5剂。后随诊多次，未复发。

（二）胆囊炎

胆囊炎属现代医学病名，临床常表现为右上腹疼痛，常发作于饱餐后，疼痛剧烈并呈间歇性加重，可向右肩部放射，常伴发热，恶心呕吐，腹胀食少，严重者可见黄疸。根据胆囊炎的症状，可将胆囊炎归属为中医学的"黄疸""胁痛"范畴。胆汁源于肝之余气，依靠肝的疏泄功能，胆汁能正常地排泄，所以饮食不节、寒温失调、情志不畅及虫积等均可致肝失疏泄，湿热壅阻，胆失通降，胆汁郁结，胆体受损即可发为本病。其基本病机是肝络失和，实证的病理因素包括气滞、血瘀、湿热，为"不通则痛"，而虚证多因阴血不足，肝络失养，为"不荣则痛"。陆芷青认为其致病因素虽复杂，然其治法仍须"泻火通腑利其胆，清热化湿祛其邪，疏肝解郁调其气，化瘀通络行其血，养阴清热柔其体，升清降浊祛其壅，宽胸宁心舒其胆，和胃温肠安其蛔"。陆芷青认为肝郁气滞是胆囊炎发病的一个重要因素，且本病的各证型都有肝郁表现，在无论各种证型的治疗过程中，陆芷青都将疏肝理气之法贯穿始终，常以经验方"柴胡开郁散"（柴胡、金钱草、茵陈、枳壳、香附、郁金、山栀、川芎）治之，并随症加减。

例1 朱某，女，50岁。

1991年9月18日初诊。胆胀病5年，西医诊断为慢性胆囊炎。近半年胆痛时有发作，急诊输液后好转。因拒绝手术，转陆芷青处治疗。症见右胁疼痛，胸脘痞闷，性情抑郁，苔白腻，脉沉细。

辨证：肝郁气滞，湿浊内蕴。

治则：疏肝理气，燥湿运脾。

处方：拟柴胡开郁散加苍术、藿香、槟榔。7剂后腻苔退，诸症悉瘥。2个月后B超复查，胆痛至今未发。

例2 李某，男，49岁。

浙江中医临床名家·陆芷青

1987年7月1日初诊。B超提示胆囊息肉伴炎症，右胁隐痛并厌食油腻，舌红脉弦。

辨证：肝胆气滞，郁而化火，煎灼津液，瘀血内结。

治则：疏肝利胆，清热化瘀。

处方：柴胡9g，香附9g，炒山栀12g，赤芍9g，当归6g，五灵脂9g，桃仁9g，茵陈24g，延胡索9g，银花12g。7剂。

二诊：患者诉药后胁痛减轻，舌红苔薄白，脉弦，将原方调整为：柴胡9g，香附9g，炒山栀12g，郁金12g，赤芍9g，当归6g，五灵脂9g，桃仁9g，茵陈24g，延胡索9g。7剂。

三诊：患者告知右胁有时隐痛，舌红苔薄黄，脉弦，将前方作调整：柴胡9g，地鳖虫5g，茵陈24g，赤芍9g，延胡索12g，炒山栀12g，桃仁9g，五灵脂9g，当归6g，银花12g，郁金12g，香附9g。7剂。

四诊：患者告知胁痛消失，医院检查的肝功能正常，黄疸指数为12，大便略稀，舌红脉弦，将前方调整为：柴胡9g，过路黄12g，地鳖虫3g，茵陈24g，炙大黄5g，五灵脂9g，炒山栀12g，延胡索9g，桃仁9g，赤芍9g，香附9g，郁金9g。7剂。

五诊：患者诉药后胁痛消失，唯大便稀，日解一次，口略干，舌红脉弦。予以柴胡9g，郁金9g，制大黄5g，茵陈24g，桃仁9g，地鳖虫3g，赤芍9g，香附9g，麦冬12g，炒山栀9g，海藻12g。7剂。

六诊：患者诉大便稍稀，口干，舌红，脉弦。予以茵陈24g，桃仁9g，制大黄5g，郁金12g，麦冬12g，地鳖虫3g，赤芍9g，六月雪9g，延胡索12g，海藻12g，枳壳9g，鸡内金12g。7剂。后患者随访1年，胁痛未复发。

（三）胆心综合征

胆心综合征是由胆道疾病引起的酷似冠心病症状为主要表现的一种并发症，归属于中医学的"胁痛""心腹痛""胸痹"的范畴。其主要症状有胸闷心悸，甚则心痛彻背，脘胁胀痛，牵引腰肩，嗳气口苦，脉弦。B超提示有胆囊炎、胆结石等胆系疾病；心电图提示有心律失常或有意义的ST-T改变；经抗感染及利胆治疗后症状明显减轻。中医认为，导致胆心同病的病理机制是：胆为中清之腑，附于肝而输泄胆汁，与肝同主升发、疏泄，助肝调畅气机，推动气血津液运行，能助脾胃腐熟水谷。情志不畅，湿热内蕴或饮食不节，可致胆汁疏泄不畅，造成胆汁郁结，胆道感染，而发为慢性胆囊炎、胆石症。胆经又行人身之侧，故胁前疼痛常牵引肩背；胆失升发疏泄，气机不畅，影响脾胃，故见脘腹痞胀；肝胆失疏，气机郁结，影响脾胃运化、腐熟功能，致饮食停滞，津液不行，水湿痰食阻滞，气机不通，脉道不利，气血运行滞涩，痹阻心脉，胸阳失展而发心悸心痛，郁而化热，还可见口苦脉弦之象。若胆病日久，湿热不化，胆石阻塞，致使胆气不通，阻于胁肋，亦可致胁肋胀痛。

胆心同病，其因为肝胆失疏、气机不利、气滞血瘀（或湿阻痰凝）、湿热不清等。故陆芷青对本病的治疗常以疏肝利胆、理气行滞为主，佐以活血化瘀、祛痰通络、清热化湿、通腑排石等诸法综合治理。常用柴胡疏肝散、冠心Ⅱ号方、失笑散、生脉散等随证化裁。疏理肝胆脾胃之气，常选柴胡、郁金、木香、枳壳、佛手等；活血通络，疏畅血脉多取丹参、降香、赤芍、川芎、五灵脂、生蒲黄等；通阳宽胸、行滞宣痹选用瓜蒌皮、薤白、桂枝、细辛等；化痰浊多选制半夏、胆南星、竹茹等；清利湿热可用茵陈、山栀、蒲公英、虎杖根、黄芩、银花等；结石者加金钱草、鸡内金利胆排石；大便不畅者加制军、枳壳通利清腑，促进排石。诸药合用，意在"通""利"，使气机通调，湿热清利，血脉通畅，腑气通达，炎症消除，胆石排下，而诸症悉除。临证加减出入运用，每每获效。

例1 张某，女，60岁。

1992年2月12日初诊。胁痛、黄疸、低热反复不愈3个月，曾2次住院治疗，诊为左肝内胆管多发性结石、慢性胆囊炎、冠心病。出院后黄疸虽退，胁痛、低热未愈，伴胸闷心悸、咳痰色白、口黏纳呆、舌暗红、舌下瘀紫、苔黄厚黏、脉弦。

辨证：胆郁痰扰，瘀血阻络。

治则：舒心利胆，化瘀通络。

处方：柴胡10g，黄芩10g，茵陈30g，制大黄12g，枳壳10g，王不留行5g，郁金12g，藿香12g，鳖甲30g，炮山甲10g，地鳖虫5g，鸡内金2g，瓜蒌皮10g，薤白5g，紫丹参30g，降香5g。7剂。

二诊：服前方后诸症减，纳食增加，拟原方化裁，3个月后复查心电图转为正常，肝内胆管结石消失。

例2 邰某，男，51岁。

1987年11月4日初诊，B超提示胆囊结石大小为1.1cm×1.0cm，三酰甘油偏高，前列腺轻度增生，胃脘隐痛，头晕，大便日解2次，夜寐不安，偶发心悸，口干，舌红脉沉细。

辨证：痰浊上蒙。

治则：利胆排石，降浊宁心。

处方：广金钱草40g，桑寄生15g，炒山栀12g，制大黄12g，党参15g，郁金12g，决明子15g，茵陈30g，枳壳9g，鸡内金12g，炒枣仁12g，延胡索12g。7剂。

二诊：患者告知胃脘部疼痛消失，偶有心悸，现感头晕，舌红苔薄白，脉沉细。将前方调整为：广金钱草40g，桑寄生15g，郁金12g，制大黄12g，决明子15g，枳壳9g，延胡索12g，鸡内金12g，茵陈24g，炒山栀12g，菊花9g。7剂。

三诊：患者诉胃脘部隐痛消失，药后未发心悸，夜寐安，舌红苔薄白，脉沉细。予以广金钱草30g，桑寄生15g，枳壳9g，制大黄12g，鸡内金12g，佩兰9g，决明子15g，郁金12g，菊花9g，泽泻20g，赤芍9g。7剂。药后诸证好转，拟原方化裁，2个月后心悸未复发，结石消失。

（四）胆胃综合征

胆胃综合征是胆病及胃，胆胃同病的一种病症，临床多表现为上腹正中或右胁部胀痛，可放射至右肩部引起酸胀疼痛不适，或伴脘腹饱胀、恶心呕吐、嘈杂灼热、嗳气反酸、口干口苦、大便干结或不爽等症。

胆胃生理相关。中医认为胆胃均属六腑，同居中焦。胆附于肝，内藏精汁，为"中精之府"，受肝之余气而化胆汁，即《脉经》所谓"肝之余气泄于胆，聚而成精"。并借肝之疏泄，胃之通降，下输肠中，助胃腐熟水谷，生化气血，滋养全身。故胆在生理状态时"其气本降"，病则上逆。胃为戊土，主纳食，为传化之腑。腑以通为用，胃以降为顺。胃属阳明，胆属少阳，二经脉循于耳前在少腹交会。由于经气的相互贯通，所以在生理上少阳、阳明相互维系。阳明胃气之敷布离不开少阳胆气的转枢，少阳胆气的转枢亦离不开阳明胃气的资助，若胆气不足则生机不旺，胃不旺则化源不足，即所谓"木生于水长于土，土气冲和，则肝随脾升，胆随胃降"。就胆胃关系而言，即"胃随胆升""胆随胃降"。陆芷青认为胆胃在生理上相互关联，起着共同调畅气机，协同消化的作用。

胆胃在病理上互相传变。古谓"胆宜沉降"，即指胆火、胆汁宜降。若肝胆不疏，郁而化火，不得宣泄，则反逆犯胃，临证常见口苦、嘈杂、泛酸、嗳气等；若兼有湿热，则兼见胁痛伴呕恶，甚则发热、黄疸等。此即胆失通降，胆病及胃；而胃病及胆者，多因胃阳不振、寒湿凝聚，或湿郁生热、壅阻滞留、气机不利，而影响胆之疏泄，抑或因胃热移胆而致胃胆同病。临床可见脘胁胀痛、痞满、纳少、大便失常，或口苦咽干、目眩、头胀等。

在胆之邪，可由多种病理因素致使胆气瘀滞、胆火内燔、湿热蕴胆。而胆气瘀滞，多因情志不畅，肝胆疏泄失常，木邪犯胃，胃失和降，胆汁随胃气上逆；气郁日久，或肝火内盛，移行于胆，胆火内燔，"中精之府"受扰，精汁因火迫而不得内守，横逆乘犯于胃；恣食肥甘厚味，酿成湿热，或湿热外侵，聚于胆腑，湿热熏蒸，胆汁不循常道，上逆犯胃等，引起胆汁逆流入胃，胃膜损伤，胆胃同病。胆胃同病的临床表现有共性，但也有差异。辨证要点为胃脘不同程度的胀满，多数脘痛连胁引背，痞胀多于脘痛，口苦或呕吐苦水，嗳气嘈杂。辨证以胆郁气滞、肝胆湿热、肝胃不和为多见。亦有胃阴不足、气阴两虚、肝郁脾虚等证。

陆芷青认为对于本病的治疗应掌握"治胆莫忘和胃，和胃每兼利胆"的原则，则多获胆利胃亦和、胃和胆自利之效。因此疏肝利胆、和胃降逆为治疗本病之大法。只有疏通肝胆，通降胃气，才能使胆汁排泄通畅，脾胃肝胆气机升降复常，运行畅达。临床证见湿热内蕴、腑实偏盛者，当伍用清热利湿、通里攻下之品。陆芷青认为胆胃同病可分为肝胆湿热、肝胃不和、肝郁脾虚3种，临床前两种较为常见，认为本病以实证、热证为主，用药重在祛邪，调理气机。若病程迁延日久，亦应佐以扶正、益气健脾、养阴清热之品，随证化裁。对虚证的治疗不可一味补虚，须谨防补之过峻、药味滋腻，以免愈补愈滞，滞碍气机升降，或过补反助胆火上逆，加重病情之弊，治应补中兼通，或疏通与调补间歇应用。

气阻日久，病必及血，脉络痹阻。可见患者舌质暗红、紫色，舌下静脉瘀滞，脘胁疼痛固定不移或为刺痛。应于理气药中加入活血行滞之品以提高疗效。延胡、郁金既理气又活血；赤芍、莪术、五灵脂、蒲黄、地鳖虫之类，活血祛瘀又不伤胃气；红藤、虎杖、平地木等活血行滞兼能清热化湿，均可随症加减。疏通气机，助其升降，寓升于降，寓降于升。对于胃气上逆，治疗不可偏执于降胃，当配柴胡、生麦芽、荷叶等，使降中有升，以顺气化；益气升脾之中亦需佐以和中降胃之品，防止升发太过，内动胆火，加重病情。疏理脾胃之气药多选用柔润和缓之品，如佛手柑、绿萼梅、枳壳、大腹皮等，尤其是阴虚、气虚或兼火热者，使用理气药更要注意"忌刚用柔"。注意保持阳明腑气通畅，若便秘或便不畅，往往脘腹痞满、嗳气口

苦、呕逆明显，症状加重。据"六腑以通为用"之原则，加之湿热兼证，需清里通下，故每用制大黄、枳壳通便，若疗效不明显，则制军易用生品，或加用玄明粉。随着大便通畅，则气机渐顺，利于肝胆疏泄，胃气和降，从而促使胆汁下流，减少反流。对胀痛明显的患者，往往便泄一分而痛减一分，大便通畅而疼痛、胀满消失。

根据本病的病理机制，陆芷青临证常用四逆散合茵陈蒿汤化裁治之。药用柴胡、枳壳、白芍、生甘草、茵陈、焦山栀、制大黄、郁金、绿萼梅、佛手片等。兼证用药：疼痛明显加金铃子散；兼瘀加用失笑散，白芍改用赤芍；嘈杂泛酸水，加用左金丸、海螵蛸、瓦楞子，去生甘草；恶心加制半夏、生姜；湿热明显，选加蒲公英、银花、黄芩、红藤、虎杖根；偏于寒湿，选加厚朴、苍术、藿香；气虚脾弱，选加黄芪、党参、太子参；肝阴虚，选加沙参、麦冬、女贞子；胃阴虚，选加芦根、石斛、乌梅、麦冬；胆囊结石，加用金钱草、鸡内金；胆囊内息肉，加用乌梅、皂角刺；肝内胆管结石，加用地鳖虫、穿山甲、鳖甲。方中茵陈蒿汤及柴胡、郁金为疏肝利胆方主药；佛手片、绿萼梅疏肝理气和胃；芍药、甘草缓急止痛；枳壳、大腹皮行气消滞除胀，合制大黄通腑降浊；加用蒲公英、银花、黄芩清湿热；加用红藤、虎杖根旨在清湿热之中兼化瘀滞。用药重在疏肝利胆、行气活血、和胃降逆，体现胆胃同治的原则。

例1　周某，女，55岁。

1988年11月10日初诊。B超提示胆内多发结石，最大的一颗直径达2cm，现胃脘胀痛，右胁隐痛，大便秘结，两日一解，纳呆，舌红苔薄白，脉弦。

辨证：胆胃不和。

治则：理气和胃，排石利胆。

处方：金钱草30g，茵陈24g，郁金12g，制大黄12g，炒山栀12g，虎杖15g，元明粉（冲服）12g，枳壳9g，麦芽12g，鸡内金12g，延胡索12g。7剂。

1988年11月17日二诊：患者诉药后大便稀，日解六七次，右胁隐痛已舒，胃脘部隐痛，纳呆，口干，舌红苔薄白，脉细。治拟原方去元明粉，加陈皮5g。7剂。

1988年11月24日三诊：患者告知胃脘部疼痛较前减轻，食量增加，大便日解一次，舌红苔薄白，脉细。治拟上方去陈皮，加藿香9g。7剂。

1988年12月1日四诊：患者诉胃脘部疼痛消失，纳增，大便日解一两

浙江中医临床名家·陆芷青

次，舌红苔薄白，脉弦细，治拟前方再进7剂。

例2 王某，女，68岁。

1991年6月22日初诊。胆热气滞，形成结石，现胃脘疼痛，腹胀，大便不多，吸气口干，舌红苔黄，脉弦数。

辨证：胆热气滞。

治则：清热理气，利胆和胃。

处方：金钱草30g，五灵脂、枳壳各9g，茵陈24g，焦山栀、郁金、制大黄、制延胡索、鸡内金各12g，玫瑰花5g，知母6g，银花15g。

二诊：患者自述药后胃脘疼痛消失，腹胀消，大便增多，口苦减轻，头晕，苔薄黄，脉弦。再拟原方去大腹皮，再进7剂善后。

三、心系病

（一）心悸

心悸包括惊悸、怔忡，是指患者自觉心中悸动，惊惕不安，甚则不能自主的一种症状。临床多呈发作性，每因情志波动或劳累过度而发作，且常伴胸闷、气短、失眠、健忘、眩晕、耳鸣等症。西医学各种原因引起的心律失常，如心动过速、心动过缓、期前收缩、心房颤动或扑动、房室传导阻滞、病态窦房结综合征、预激综合征及心功能不全、神经官能症等，多伴有心悸的临床表现。

陆芷青读《伤寒论》有关心悸的条文，究其病因，为"太阳病，发汗，汗出不解""汗家复发汗""发汗过多，以致伤阳""寸口脉动而弱，动即为惊，弱即为悸"，说明此乃气血逆乱所致，故脉动。悸由气血不足，心脉失养而成。《伤寒明理论》云："心悸之由，不越二种，一者气虚也，二者停饮也。"又云："其气虚者，由阳气内弱，心下空虚，正气内动，而为悸也""其停饮者，由水停心下，心为火而恶水，水既内停，心不自安，则为悸也。也有汗下之后正气内虚，邪气交击，而为悸者，与气虚而悸者，则又甚焉。"气虚、停饮，俱责之心。仲景施治正是如此，过汗损伤心阳者，以桂枝甘草汤辛甘合化以复阳；心血不足，心阳不振，则以炙甘草汤通阳滋阴、补血益气以复脉；阴阳两虚，气血亏损者，则用小建中汤定其中气而求阴阳之和。若属心下有水者，或用半夏茯苓汤，或用半夏麻黄丸，蠲饮消水以宣发心阳，与气血不足者不同。若论真武汤证治，却是阳虚不制水，水泛

致心悸，治宜温阳以化水，水化则悸平，属成氏所谓"汗下之后，正气内虚，邪气交击而令作者"。

陆芷青同样认为心悸病因可有痰、饮、火的不同，病机有气虚、阳虚、血虚、阴虚的分别，病位由心、肾、肝、胆诸脏论断，辨证则当分虚实。但临床所见，虽有纯虚、纯实者，然更多的属于虚实夹杂之证，见于多个脏腑同病，多种病因交互为患。

例1 郑某，女，38岁。

1991年8月31日初诊。主诉胸闷、心悸、失眠、五心烦热3月余。被诊为"病毒性心肌炎"，于杭州市某医院住院治疗，好转后出院。半个月后，诸症又发，心电图提示Ⅱ、Ⅲ、aVF、V$_5$导联T波低平，诊查：舌尖红，边有齿痕，苔黄腻，舌下瘀紫，脉细。

辨证：心气亏损，痰瘀互结。

治则：益气通阳，活血通络。

处方：川连3g，麦冬15g，紫丹参30g，潞党参30g，五味子5g，瓜蒌皮10g，薤白5g，郁金12g，陈皮5g，竹茹10g，降香5g，炒枣仁15g，生龙骨（先煎）15g，生牡蛎（先煎）30g，白薇10g，7剂。

1991年9月7日二诊：胸闷心悸、五心烦热减轻，失眠，苔黄腻。效不更方，原方再进7剂。

1991年9月14日三诊、1991年9月21日四诊：心悸已平，五心烦热，脘痛而痞，胃不和则卧不安，苔薄黄，舌尖红。治拟养阴清热，舒胸和胃（9月17日复查EKG，示Ⅱ、Ⅲ、aVF导联T波低平，＜1/10R）。上方去生龙骨、生牡蛎，加夜交藤30g。

1991年9月28日五诊：心悸已平，近日咽红作痛，午后脘痞而痛，苔薄黄，舌尖红，脉细数。治拟益气养阴、舒胸活血利咽。上方去夜交藤，加木蝴蝶5g，金果榄10g，桃仁10g。

1991年10月12日六诊、1991年10月19日七诊：脘痞、咽红消失，夜寐已安，拟原法出入。10月2日复查心电图示正常，诸症均瘥，至今未发。

例2 张某，男，47岁，干部。

1993年8月19日初诊。主诉：左胸隐痛反复发作3年，近1个月左胸隐痛，心悸，夜寐不安，大便溏薄，服西药异山梨酯见效不著，转求陆芷青诊治。刻诊：舌红，边有齿痕，舌下络脉瘀紫，苔薄黄，脉细。1993年8月13日查心电图，示快速心房颤动，ST段改变（Ⅱ、Ⅲ、aVF＞0.5mV），提示心肌缺血。

ECT提示左心室壁心肌血流灌注量降低。

辨证：心阴亏损，脾气亏虚，瘀血内结。

治则：益气养阴，活血止痛定悸。

处方：丹参30g，降香（后下）5g，党参30g，麦冬15g，五味子5g，制延胡索12g，郁金12g，瓜蒌皮10g，薤白5g，赤芍10g，川芎5g，红花5g，生黄芪20g。

9月3日二诊：心悸已平，胸闷胸痛未已，舌红，舌下瘀紫，苔薄黄，脉缓。治拟原方去红花，加细辛5g。

9月10日三诊：胸闷胸痛已减，脉舌如前。治拟原法丹参30g，降香（后下）5g，党参30g，五味子5g，麦冬15g，制延胡索12g，郁金12g，细辛3g，川连3g，瓜蒌皮10g，薤白5g，赤芍10g，川芎5g，三七粉（分吞）3g。

9月17日四诊：胸痛减轻，胸闷未舒，舌红边有齿痕，苔黄脉缓。前方去川连，加桃仁10g，生蒲黄5g，五灵脂10g。

10月15日五诊：诸症悉瘥，心电图复查明显好转，继拟原法以资巩固。

（二）风湿性心脏病

陆芷青认为风心病多因风湿入络，内传于心所致，所谓"脉痹不已，复感于邪，内传于心"。肺朝百脉，心脉痹阻，易致肺络瘀阻而见咳血。津血同源，肺津不布，瘀水积饮，停于心肺，以致胸闷气急。木防己汤原为《金匮要略·痰饮咳嗽病脉证并治》主治水停心下，上迫于肺所致支饮喘满、心下痞坚等症而设。陆芷青用此，取其散饮泄水之意，旨在改善肺部瘀血以助心气运行，人参甘温培补心气，助心血运行，以利瘀水消散，故对风心伴肺部瘀血者颇宜。舌红、苔黄、脉数，乃饮邪化热，耗散心阴，故合复脉汤以助益气养血、滋阴助阳。

例 姚某，男，30岁。

1991年11月6日初诊。主诉胸闷、心悸、怔忡10余年，近年来胸闷、气急加重，动则尤甚，颧红，虚里搏动明显。西医诊断为风湿性心脏病伴二尖瓣狭窄闭锁不全，主动脉瓣闭锁不全。平时间断服用地高辛、氢氯噻嗪。舌淡红，苔黄，脉数。

辨证：风湿入络，内舍于心，以致气阴两亏，心君不宁。

治拟：木防己汤加减。

处方：木防己12g，生石膏（先煎）15g，潞党参30g，桂枝5g，生黄芪

浙江中医临床名家·陆芷青

30g、麦冬15g、五味子5g、炙甘草10g、生地15g、赤芍10g、降香5g，7剂，水煎服。

二诊：胸闷、心悸、气急等症均见好转。效不更方，原方再进7剂。本方加减间断服用2月，再诊时诉诸症消失，精神渐振，已能正常上班。

四、脾胃病

（一）胃脘痛

胃脘痛是指上腹部近胃脘处疼痛为主要症状的病证，俗称"胃痛"。《灵枢·邪气脏腑病形》称："胃脘当心而痛"，《寿世保元》称"心胃痛"。历代医家又有称"心腹痛""心痛""心下痛"等。胃脘痛的病位在胃，多由饮食不节、嗜食生冷，或忧思烦恼怒等，致气机不畅，从而导致胃的病变。在陆芷青的诊疗经验中，此证可始于少阳、阳明，热蕴内结，气机不行，若投以疏少阳泻阳明，腑实虽去，而少阳蕴热日久，气机疏泄无权，木郁则土壅，腑气不利，腹痛即作。故当以疏肝胆降阳明为大法图治之，迫肝胆之热自小便而去，木气畅达，其病乃愈。

例 朱某，女，32岁，营业员。

1972年9月8日初诊，患急性胰腺炎，上腹剧痛已4日，疼痛阵作彻背，呕吐黄色苦水，大便秘结，苔黄脉弦滑。

辨证：少阳郁热，阳明腑实。

治则：疏少阳通阳明。

处方：生大黄（后下）12g、延胡索15g、胡黄连1.8g、枳实6g、川楝子9g、郁金9g、乌梅3g、法夏9g、五灵脂9g、陈皮4.5g、白芍9g，1剂。

二诊：9月9日。昨与疏少阳通阳明法，解大便2次，色焦黄，腹痛未止，时有恶心，溲热，苔深黄而燥，口干，脉弦滑。拟清热利胆、攻下宽中之剂：生大黄（后下）9g、元明粉（冲服）9g、绵茵陈18g、柴胡9g、郁金9g、广木香6g、炒白芍9g、川楝子9g、延胡索15g、枳实6g、炒山栀9g、薤白4.5g，1剂。

三诊：9月15日。前与清热利胆攻下宽中法，得水泻2次，腹痛即止，尿检淀粉酶从9月8日的800单位降至8单位，小便由黄赤转清。近2日脘部有隐痛，不欲食，口淡而干，根苔黄腻，脉弦。胃实虽去，余邪未清，气机尚不通利，拟疏少阳和阳明之剂：柴胡9g、茵陈15g、广木香4.5g、郁金9g、炒白芍9g、炒枳实4.5g、川楝子9g、延胡索9g、薤白4.5g、制大黄4.5g、生甘草

3g，焦六曲9g，2剂。

四诊：9月17日。上腹尚有隐痛，大便2次，色焦黄，量不多，口苦，不欲食，苔黄厚，脉细，两关涩。余热未清，再与清热疏肝和胃之剂：柴胡9g、炒山栀9g、茵陈15g、炒白芍9g、炒枳实4.5g、广郁金9g、广木香4.5g、龙胆草3g、鸡内金9g、延胡索9g、生甘草3g，2剂。

五诊：9月20日。腹痛消失，大便不多，食欲略增，苔黄白相兼略腻，脉左弦右滑。再以疏泄之剂治之：柴胡9g、黄芩9g、炒山栀9g、广木香4.5g、炒枳壳4.5g、郁金9g、龙胆草2.4g、炒白芍9g、瓜仁9g、茵陈12g、鸡内金9g、生甘草3g，4剂。

（二）泄泻

陆芷青针对脾虚气滞、脾寒胃热者，多采用调和寒热、温脾清胃之法，泄泻一症以十二指肠球部溃疡伴胃窦炎者多见。胃痛喜温喜按、饥饿时明显，脘胀者食后尤甚，大便溏薄或有黑便，舌淡白嫩而苔见黄腻。陆芷青认为脾寒宜温，胃热宜清，脾虚宜补，胃实宜降，故当温清并用以和胃。方用潞党参、炒白术、白茯苓、炒白芍、制延胡索各9g，炙甘草、佛手柑、炮姜、炙升麻各5g，川连3g。方取参、术、苓、草、炮姜温中健脾助运，川连清热湿和胃，芍草酸甘缓急止痛，制延胡索理气止痛。在加减上，大便隐血阳性者加阿胶、赤石脂、地榆炭等；胃热甚者加黄芩；胃热清，苔薄白者去川连。若胃溃疡出血多日，气血两亏，中气虚寒，而胃家湿热不清，拟温脾清胃，加附片温阳助运，又虑辛热，可伍养血滋阴之阿胶、养胃生津之麦冬，使胃气和而疼痛瘥。另可取当归补血汤之意，加炙黄芪益气生血，当归养血。

例 张某，男，50岁，干部。

1975年7月5日初诊。脉沉细而涩，舌胖质淡，苔边灰白滑，中根黄略干，中脘偏左阵痛，大便2日一解，隐血阳性，面色㿠白，头晕目花。

辨证：气血两亏，脾阳亦损，水湿内停，胃腑郁热。

治则：益气温脾，清胃利湿。

处方：潞党参、炒白术、白茯苓、炒白芍、制延胡索各9g，炙甘草、炮姜、炙升麻各5g，川连3g，淡附片、阿胶（化冲）、麦冬各9g，煅瓦楞子12g。

药后胃痛止，大便尚有隐血，舌淡，苔薄略腻，脉沉弦细。脾虚气滞，血失统摄，拟补气益血、理气止血。原方去升麻、淡附片，加炙黄芪18g，当归6g，胃出血止，大便隐血转阴，原方调理1个月而愈。

第五章

学 术 成 就

第一节　经验大成舒心宝

舒心宝是陆芷青的经验方，主要由党参、丹参、檀香等组成，具有补益心气、活血化瘀、宣痹止痛的功效，主治心气虚证或心气虚挟血瘀证。经多年临床验证，疗效显著。现将本方的临床与实验研究结果报道如下。

一、舒心宝改善心气虚证临床实验研究

（一）临床资料

参照中医虚证辨证参考标准及冠心病辨证试行标准诊断心气虚或挟血瘀者50例，随机分两组。治疗组30例，其中男性18例，女性12例，年龄为（59.85±10.50）岁，其中冠心病25例，病毒性心肌炎2例，高血压性心脏病2例，冠心病伴甲状腺功能亢进1例。对照组20例，其中男性16例，女性4例，年龄为（56.85±12.35）岁（与治疗组比较，$P > 0.05$），其中冠心病16例，病毒性心肌炎3例，高血压性心脏病1例。

（二）观察指标

（1）自觉症状：心悸、胸闷、胸痛、短气、失眠、健忘等。

（2）心率、心律、血压。

（3）心电图、心搏血量（超声心动图测定）、血脂。

（三）治疗方法

将舒心宝制成口服液，口服每次20ml（相当于生药30g），每日2次。

对照组口服黄芪生脉饮（由黄芪、党参、麦冬、五味子组成），每次1支（10ml），每日2次。两组均以30日为1个疗程。治疗观察期间停服其他治疗心血管病药物。

（四）疗效评定

参照心痹疗效评定标准。

（五）实验结果

1. 自觉症状的改善

治疗组胸痛、失眠、健忘的改善明显优于对照组（$P<0.05$），其他症状的改善两组比较无显著差异（$P>0.05$）。

2. 心律不齐的改变

治疗组和对照组治疗有效（心律不齐消失或减轻）率分别为85.7%和78.2%，两组比较无显著差异（$P>0.05$）（表5-1）。

表 5-1　各组心律不齐的改变

组别	治疗前例数	心律不齐例数	心律不齐改善率
治疗组	30	14	85.7%
对照组	20	11	78.2%

3. 对心率的影响

心率为96次/分以上者，治疗后心率明显减慢（$P<0.01$）；心率为60～95次/分者，治疗前后心率无显著性差异（$P>0.05$）。

4. 对血压的影响

治疗前后对血压影响不大（表5-2）。

表 5-2　舒心宝对治疗组血压的影响

组别	例数	收缩压（kPa）	舒张压（kPa）
治疗前	30	16.88±2.40	10.79±3.52
治疗后	30	17.01±2.47	9.53±0.48

5. 心电图ST-T的改变

治疗组和对照组出现ST-T改变者分别为11例和8例，治疗后ST-T改善率

浙江中医临床名家·陆芷青

分别为72%（$P<0.01$）和25%（$P>0.05$），两组比较差异显著（$P<0.05$）（表5-3）。

表 5-3　各组心电图 ST-T 的改变

组别	例数	ST-T 改变例数	ST-T 改善率
治疗组	30	11	72%
对照组	20	8	25%[△△]

△△ 表示与治疗组比较，$P<0.01$。

6. 心搏血量的改变

治疗组治疗前后有显著差异（$P<0.05$），与对照组相比较，两组差异显著（$P<0.05$）（表5-4）。

表 5-4　各组治疗前后心搏血量的改变

组别	例数	治疗前（L/min）	治疗后（L/min）
治疗组	30	5.98 ± 1.19	$7.64\pm1.48^{*}$
对照组	20	5.74 ± 1.17	$5.80\pm1.72^{\triangle}$

*表示治疗中与治疗前比较，$P<0.05$，△ 表示与治疗组比较，$P<0.05$。

7.血脂变化

治疗组血清胆固醇、三酰甘油治疗前后有显著差异（$P<0.05$），与对照组相比较，均有差异显著（$P<0.05$）（表5-5）。

表 5-5　各组治疗前后血脂的改变

组别	例数	血清胆固醇（mmol/L）		三酰甘油（mmol/L）	
		治疗前	治疗后	治疗前	治疗后
治疗组	30	3.85 ± 0.81	$3.04\pm0.79^{*}$	2.11 ± 0.31	$1.52\pm0.52^{*}$
对照组	20	3.50 ± 1.28	$3.61\pm1.27^{\triangle}$	1.93 ± 0.68	$2.13\pm0.88^{\triangle}$

*表示各组中与治疗前比较，$P<0.05$，△ 表示两组间治疗后比较，$P<0.05$。

8. 总疗效

治疗组显效8例，有效20例，无效2例，总有效率为93.3%；对照组显效2例，有效10例，无效8例，总有效率为60%，两组比较差异显著（$P<0.05$）。

二、舒心宝改善心气阴两虚兼血瘀及气阴两虚兼痰瘀证的临床实验研究

舒心宝经心病科近几年的临床使用，疗效良好，主要针对心气虚证患者进行治疗，现拟用舒心宝针对心气阴两虚兼血瘀及气阴两虚兼痰瘀证患者进行治疗，观察各项临床指标，了解舒心宝的疗效。经过半年，对16例心气阴两虚兼血瘀及气阴两虚兼痰瘀证患者的系统观察，证明该药疗效较为理想。

（一）治疗方法

每日3次，每次5g，1个月为1个疗程，可连续观察2个疗程，治疗前及疗程结束，分别行实验室检查1次，观察期间，停服其他药物。

（二）实验结果

共观察16例，13例显效，2例有效，疗程最短1个月，最长2个月，其中13例连服2个疗程，8例服1个疗程。1例冠心病心房扑动伴陈旧性心肌梗死，服舒心宝2周自觉症状改善，后因工作劳累，出现面浮肢肿等心力衰竭症状，再服舒心宝1周，水肿未消，改服舒心宝汤剂加通阳利尿剂而收效，该例作无效处理。

（三）疗效分析

1. 治疗前后血液流变学观察情况

16例患者中15例作了治疗前后血液流变学检查，发现治疗前各型患者血液流变学均有不同程度的异常改变，治疗后复查，血液流变学的各项指标大多得到改善，其中全血黏度，高切速，低切速，治疗前后均数差值，有显著性意义（$P < 0.05$），血浆黏度、红细胞电泳的均数差值比较有非常显著性意义（$P < 0.01$）。

2. 微循环的观察情况

本组16例患者治疗前除4例循环动态属正常范围外，12例患者的甲皱微循环均有多数管襻的红细胞聚集，血流速度减慢的情况，标志着微循环的障碍，治疗后10例患者红细胞聚集程度减轻，血流加快，提示病情趋向好转。此外，我们还发现微循环的改善情况与临床症状、血液黏度，红细胞

浙江中医临床名家·陆芷青

电泳的好转情况基本相符，说明舒心宝对改善微循环障碍，有一定的促进作用。

3. 超声心动图

本组16例患者，治疗后12例患者心搏血量增加，15例有效，治疗前后每次、每分心搏血量均数差值比较，有显著意义。

4. 心电图

16例患者治疗前均有不同程度的病理变化，治疗后好转11例，未改变者5例。

三、舒心宝改善动物耐缺氧试验研究

（一）正常小鼠常压耐缺氧试验

（20±2）g健康雄性（以下均同）小鼠40只，均分4组。舒心宝Ⅰ、Ⅱ组分别灌胃舒心宝15g/kg和7.5g/kg，普萘洛尔组灌胃普萘洛尔0.2g/kg，对照组给等量生理盐水。将小鼠分组装入250ml广口瓶，凡士林出到瓶盒（瓶内盛碱石灰20g），每瓶放总体重相近的小鼠5只，观察每组小鼠的存活时间，以呼吸停止为标志。结果舒心宝Ⅰ、Ⅱ组存活时间较对照组均明显延长（$P<0.05$）（表5-6）。

表5-6　正常小鼠存活时间测试结果

组别	例数	存活时间（min）
舒心宝Ⅰ	10	37.6±2.3*
舒心宝Ⅱ	10	26.9±3.1*
普洛萘尔组	10	25.7±2.2
对照组	10	17.8±5.6

＊表示与对照组比较，$P < 0.05$。

（二）循环障碍性缺氧试验

小鼠30只，均分3组。舒心宝Ⅰ、Ⅱ组分别腹腔注射15g/kg和7.5g/kg，对照组给等量生理盐水。各组给药后45分钟，用蛙板固定小鼠四肢，结扎两侧颈总动脉，观察各组生存时间。结果舒心宝Ⅰ、Ⅱ组生存时间较对照组均明显延长（$P<0.001$，$P<0.01$）（表5-7）。

表5-7　小鼠循环障碍性缺氧测试结果

组别	例数	存活时间（min）
舒心宝Ⅰ	10	2.34 ± 0.26**
舒心宝Ⅱ	10	2.16 ± 0.35*
对照组	10	1.12 ± 0.13

＊表示与对照组比较，$P<0.01$，＊＊表示与对照组比较，$P<0.001$。

（三）亚硝酸钠中毒引起组织缺氧试验

小鼠30只，均分3组。舒心宝Ⅰ、Ⅱ组分别灌胃15g/kg和7.5g/kg，对照组给等量生理盐水。给药后1小时，各组分别腹腔注射亚硝酸钠240μg/kg。结果舒心宝Ⅰ、Ⅱ组的生存时间均比对照组明显延长（$P<0.001$、$P<0.01$）（表5-8）。

表5-8　小鼠组织缺氧测试结果

组别	例数	存活时间（min）
舒心宝Ⅰ	10	5.16 ± 0.30**
舒心宝Ⅱ	10	3.71 ± 0.26*
对照组	10	2.13 ± 0.12

＊表示与对照组比较，$P<0.01$，＊＊表示与对照组比较，$P<0.001$。

（四）对血压、心率的调节作用

1. 对血压的影响

取2.5kg健康家兔，用3%戊巴比妥钠耳静脉注射麻醉，在手术台上固定，插入"Y"形气管插管，随后分离颈总动脉并插入插管，充以5%枸橼酸钠溶液。连接平衡记录仪，随即开放动脉夹进行血压描绘。进行血压描记10分钟后给舒心宝0.5ml，无明显影响；然后给0.1～0.6U垂体后叶素耳静脉注射；使血压显著上升后，再予以舒心宝0.5ml注入动脉插管支管中，结果发生明显的降压作用。结扎冠状动脉前支，造成低血压（6.67kPa），再用舒心宝，无升压作用。

2. 对离体兔心心率的影响

取2.5kg健康家兔，用木棒击头致昏，迅速开胸，取出心脏，移至4℃洛氏液中，用蛙心夹夹住心室尖端，与描记杠杆换能器相连，记录正常心脏收缩曲线后，套管内注射异丙肾上腺素2mg（10-4溶液0.2ml），心率明显增

快，即用舒心宝0.2ml，心率开始转慢，并渐恢复正常。再用普萘洛尔10μg（10-1溶液0.1ml），待心率变慢时，再予舒心宝0.2ml，心率又逐渐恢复正常。

（五）对离体兔心冠状动脉流量的影响

家兔20只，均分4组。舒心宝Ⅰ、Ⅱ组分别给药0.2ml和0.4ml，阴性对照Ⅰ、Ⅱ组分别给等量生理盐水。操作步骤基本同离体兔心心率测定试验。套管装好后，立即开始灌注。结果舒心宝Ⅰ、Ⅱ组给药前后冠状动脉流量增减率分别为81%和100%，对照组分别为62.7%和80.5%。

（六）对心肌营养血流量的影响

1. 对生理情况下心肌摄取86Rb的影响

小鼠40只，均分4组，分别腹腔注射舒心宝18.75g/kg，异丙肾上腺素2.5mg/kg，复方丹参液25g/kg及等量生理盐水。30分钟后，自小鼠尾部静脉注射86Rb注射液0.1ml，注射后30秒断头处死，取出心脏，自来水冲洗1分钟，滤纸吸干表面水分，置监测过的安瓿中，用放免测量仪（FT-613自动计算125I）测量各组心肌放射强度摄取量，结果显示舒心宝组、异丙肾上腺组、丹参组均与对照组有明显差异，舒心宝组作用强于丹参组（$P<0.001$），与异丙肾上腺组作用强度相似（$P>0.05$）（表5-9）。

表5-9 生理情况下小鼠心肌摄取 86Rb 测试结果

组别	例数	心肌摄取 86Rb
对照组	10	279.24±22.43
舒心宝组	10	352.33±227.23**
异丙肾上腺组	10	360.77±33.98**
丹参组	10	306.00±27.38*

*、** 分别表示与对照组比较，$P<0.05$、$P<0.01$。

2. 对缺血心肌摄取86Rb的影响

小鼠30只，平均分为3组，分别腹腔注射垂体后叶素20U/kg、垂体后叶素20U/kg加舒心宝18.75g/kg及等量生理盐水。40分钟后垂体后叶素发挥较大效应时（$P<0.001$），进行测量，方法同上。结果显示垂体激素+舒心宝组与对照组、垂体后叶素组均有明显差异，垂体后叶素组与对照组无差异（$P>0.05$）（表5-10）。

表 5-10　对心肌缺血小鼠摄取 86Rb 测试结果

组别	例数	心肌摄取 86Rb
对照组	10	342.44±7.63
舒心宝＋垂体后叶素组	10	309.10±38.27**
垂体后叶素组	10	263.22±19.93△△

** 表示与对照组比较，$P < 0.01$，△△ 表示与舒心宝＋垂体后叶素组比较，$P < 0.01$。

四、舒心宝改善心气虚证家兔实验研究

实验性心气虚证家兔的多因素造型方法，用高脂饮食、免疫定向损伤、多次少量放血能确切地造成心气虚家兔模型。用舒心宝液治疗心气虚证的模型动物，能减少动物活动异常，舌淡或有瘀点等症状，与模型对照组比较，P 均 <0.05。舒心宝还能改善血液流变学，提高心每搏输出量。为进一步研究舒心宝的治疗作用，对舒心宝对心气虚证家兔模型的作用进行了观察。

（一）实验动物

实验动物取健康大耳白兔39只，均为雄性，体重为2～3kg。随机分为两组，第1组6只，为正常对照组；第2组33只，为实验组。第2组造模后又随机分为两组，即造模对照组和造模治疗组。

（二）造模

1. 高脂饮食

进口胆固醇结晶，拌入基础饲料中，清晨喂服，每只1g/d，持续8周。

2. 免疫定向损伤

牛血清白蛋白结晶，以生理盐水溶解成10%溶液，经Seize漏斗过滤，于高脂饮食开始后的第3周的第1日按250mg/kg的剂量，一次性耳静脉注射。

3. 多次少量放血

于高脂饮食开始后第3周起，经耳动脉放血（采用抽血法），每次每只放血10ml，每周2次，持续6周。

（三）观察症状

1. 活动情况

观察动物对音响、惊吓、捕捉等反应及平时动静。动物活泼好动，对音

响、惊吓反应敏感，捕捉时逃窜并强烈挣扎者为活动正常。反之，动物蜷缩懒动，对音响、惊吓反应迟钝，捕捉时不逃窜或挣扎不强烈者为活动异常。

2. 舌象

在自然光下观察动物的舌象，每周1次。

（四）检测指标

1. 血清胆固醇

采用胆固醇酶联试剂，以酶法测定。

2. 心每搏输出量

采用多导生理记录仪中的心输出计算机，以静脉注射法测定。为避免测定时动物挣扎对心每搏输出量的影响，测定前所有动物均予以麻醉，用2.3mol/L乌拉坦（Urethane），按2ml/kg的剂量，经耳静脉注射。

3. 血液流变学指标

测定全血黏度（高切、低切），血浆黏度，红细胞压积及红细胞电泳时间。全血黏度和血浆黏度的测定，采用XN型血黏细胞自动计时玻璃毛细血管式黏度计。全血黏度管长为15cm，内径为1.1cm；血浆黏度测定5个切变速度，并描出相应切速变化曲线。实验在25℃恒温下进行，以生理盐水为参比溶液。全血黏度均在采血后3小时内完成。红细胞压积的测定，采用LXJ-Ⅱ型离心机，以300rpm，离心30分钟。红细胞电泳是指电压为40V，电极间距离为5cm，测量深度为管径的静止深度，计算10个红细胞在血浆中往返通过165μm距离所需时间的平均值。另外需要进行病理形态学检查：动物处死后，取下心脏及共主动脉（心脏至髂动脉分叉处），以福尔马林溶液固定，心脏横切3块（每块冰冻切片制成2片）以苏丹Ⅱ和苏木素染色，显微镜下每片见10个断面，主动脉沿背侧纵行切开，用苏丹Ⅰ染色后，直接肉眼观察。

冠状动脉病变分级法（全国冠心病病理协作组制订）如下所述。

0级：动脉内膜无脂质浸润。

1/2级：动脉内膜有轻度的脂质浸润。

1级：内膜斑块占血管腔面积的1/4。

2级：内膜斑块占血管腔面积的近1/2。

3级：内膜斑块占血管腔面积的1/2以上。

4级：内膜斑块占血管腔面积全部，堵塞整个管腔。

以上检测指标中，血清胆固醇、心每搏输出量及血液流变学指标分别于造模前、造模后及治疗后各测定一次，病理形态学检测于造模后及治疗后随机抽样进行。

（五）实验用药物及方法

将舒心宝各味中药置于砂锅内，加水至没过药顶，煎煮30分钟，煎出液10ml/kg的剂量，经口腔缓慢灌注，每日1次，连续6周。

（六）结果

至造模结束，正常对照组无一例死亡。造模组33只中，死亡6只。余下22只随机分为两组，至治疗结束，治疗组死亡1只，非治疗组死亡3只。两组死亡率差异经统计学处理，无显著意义（$P>0.05$）。

1. 症状观察

（1）活动情况：从活动情况来看，造模前后异常有非常显著的差异（$P<0.01$）。经治疗后，非治疗组与治疗组比较，有显著差异（$P<0.05$）（表5-11）。

表 5-11 家兔活动情况结果

组别	例数	正常	异常
造模前	39	38	1**
造模后	27	2	25
治疗组	10	8	2
非治疗组	8	2	6△

** 表示与造模后比较，$P<0.01$，△ 表示与治疗组比较，$P<0.05$。

（2）舌象：淡舌、瘀血舌数量情况来看，造模前后比较有非常显著差异（$P<0.01$）。经治疗后，非治疗组异常与治疗组比较，有显著差异（$P<0.05$）（表5-12）。

表 5-12 家兔舌象改变情况

组别	例数	淡舌	瘀血舌
造模前	39	4**	0**
造模后	27	23	12
治疗组	10	4	1
非治疗组	8	7△	3△

** 表示与造模后比较，$P<0.01$，△ 表示与治疗组比较，$P<0.05$。

2. 指标检测结果

（1）血清胆固醇：10例动物血清胆固醇造模前后有非常显著差异（P <0.01）。治疗后，治疗组与非治疗组，有非常显著差异（P<0.01）。治疗组血清胆固醇水平明显下降，但仍高于造模前水平（P<0.05）（表5-13）。

表 5-13　各组血清胆固醇测定结果

组别	例数	血清胆固醇
造模前	10	77.6±6.51*
造模后	10	630.0±92.52
治疗组	5	115.4±22.28**
非治疗组	5	670.6±96.12△△

*表示与造模后比较，P < 0.01，**表示与造模后比较，P < 0.05，△△ 表示与治疗组比较，P < 0.01。

（2）心搏血量：20例动物心搏血量造模前后比较，有非常显著差异（P <0.01）。治疗后，治疗组（10例）心搏血量与非治疗组比较，有非常显著的差异（P<0.01）。治疗组经治疗后心搏血量基本恢复至造模前水平（P >0.05）（表5-14）。

表 5-14　各组心搏血量测定结果

组别	例数	心搏血量（L/m）
造模前	20	0.31±0.04
造模后	20	0.25±0.04**
治疗组	10	0.03±0.03
非治疗组	10	0.23±0.05

** 表示与造模前比较，P < 0.01。

（3）血液流变学指标

治疗组经治疗后，低切速全血比黏度、血浆比黏度及血球压积均恢复至造模前水平（表5-15、表5-16）。

表 5-15　造模前后动物血液流变学指标测定

组别	例数	全血比黏度		血浆比黏度	血球压积	红细胞电泳时间
		高切值	低切值			
造模前	20	4.24±0.81	5.76±0.79	1.49±0.07	34.25±5.91	23.78±4.36
造模后	22	4.26±0.78	6.85±0.83*	1.74±0.06*	38.45±4.59*	29.39±4.30**

*表示与造模前比较，P < 0.05，**表示与造模前比较，P < 0.01。

表5-16 治疗组与非治疗组动物血液流变学指标测定

| 组别 | 例数 | 全血比黏度 | | 血浆比黏度 | 血球压积 | 红细胞电泳时间 |
		高切值	低切值			
治疗组	10	4.23±0.84	5.89±0.92*	1.52±0.14*	33.20±8.81**	25.04±2.99*
非治疗组	8	4.28±0.90	6.51±0.89	1.73±0.12	38.52±7.62	28.96±3.42

*表示与造模前比较，$P < 0.05$，**表示与造模前比较，$P < 0.01$。

（4）病理形态学检查：从表5-17可见，对照组均无主动脉粥样硬化病变，造模后的动物均有不同程度的主动脉粥样硬化（$P < 0.01$）。治疗组与非治疗组比较，在病变程度上无统计学差异（$P > 0.05$）。

表5-17 各组动脉粥样硬化情况结果

组别	例数	三级以下动脉粥样硬化例数	三级以上动脉粥样硬化例数
对照组	20	0	0
造模组	5	2**	3**
治疗组	4	1**	3**
非治疗组	7	2**	5**

**表示与对照组比较，$P < 0.05$、$P < 0.01$。

综上所述，心气虚证动物模型的建立是基于以下四个方面的考虑：①符合中医理论；②符合临床表现；③符合客观指标；④药物治疗反证。本着上述原则，参考现代医学，研究制成动物动脉粥样硬化模型。在造成动物心血管慢性损伤的基础上，根据"气血相依""气为血帅""血为气母"的中医理论，结合多次少量放血以耗气，试图制成心气虚的模型。根据心气虚临床患者的一般表现，如心悸、气短、乏力、自汗、舌淡、脉细、时有胸痛等症状，模拟设计，选择动物的活动情况、舌象作为症状观察指标，能在一定程度上反映心气虚证的特征。客观指标方面，选用心搏出量即左心功能的情况和血液流变学的的几项指标来观察，测定心气虚证的血液瘀滞情况。本实验在施加造模因素2个月后，动物普遍表现为活动减退，舌淡或舌边（尖）有瘀点，且每搏输出量明显降低，血黏度增高。

经舒心宝补气活血治疗2周后，上述症状、指标明显好转。作为临床治疗心气虚证的经验方，通过动物造模验证了该方剂治疗心气虚证的作用，可明显减少全身性氧耗、增强组织耐缺氧能力、增加冠状动脉流量及小鼠心肌营养血流量，有改善心肌缺血、缺氧的作用。同时，舒心宝也可降低血脂，

浙江中医临床名家·陆芷青

对调整心律也有一定的作用。虽有益气升提之黄芪作为主药，但经临床及实验观察，并无升高血压的反应，故对心气虚伴高血压者同样适用。这些临床、实验研究为舒心宝广泛应用于临床治疗提供了理论依据。

第二节　胆病系统展新意

胆石症的治疗，以前多采用手术治疗，但术后残余结石发生率较高，最高可达81%～91%，而残余结石往往需经多次手术，且手术难度较大，效果也不满意，死亡率高达5%～20%。因此，提高非手术疗法的有效率和探讨新的治疗方法，是医学界值得研讨的重要课题。

陆芷青家学渊源，临证经验丰富，临床发现胆系疾病的患者较多，且患者发病后生活质量、工作效率往往大受影响，因而潜心胆病的研究，对胆病的诊治有独特的经验和很深的造诣。尽管陆芷青宵衣旰食，潜心于患者的治疗，无奈心力有限，患者极多，陆芷青对于因种种因素不能够接受诊疗的患者深表忧思，并一直致力为更广大的患者群体服务。所幸，时代往往不会辜负他们。此时恰逢计算机技术高速发展，陆芷青大胆革新，带领团队积极学习先进科学技术，从而更好地补充中医不足之处，提高临床疗效。从1985年开始与浙江中医学院电教室共同承担"陆芷青诊治胆病计算机软件"的课题研究，设计研发了"陆芷青教授诊治胆病计算机医理设计系统"。

利用计算机大数据、快速处理等特点，陆芷青及其团队整理大量临床资料，以陆芷青多年临床治疗胆系疾病的经验方作为底方，详细区分了胆系疾病的多种证型及治疗方法，辨析多种中药加减，将中医证型与西医疾病名称相结合，训练计算机模拟陆芷青诊治胆病思路。医理设计系统完成后，经351例927人次的回顾性验证与临床验证，总符合率达98.3%，基本符合陆芷青教授的辨证思路和方法，说明该系统是成功的。在进一步开展的对168例胆病患者进行初步疗效观察和系统临床观察中，该系统识别率及有效率分别为91%与96%，更说明该系统基本符合陆老的辨证思路和方法。因此，"陆芷青教授诊治胆病计算机医理设计系统"于1987年9月通过省级鉴定，使用该系统可以大大提高临床诊疗的效率，颇受患者和学习者的欢迎。

"陆芷青教授诊治胆病计算机医理设计系统"的医理设计，即是指在中医理论指导下，在客观反映陆芷青诊治胆系疾病的辨证思路和方法原则上，训练计算机模拟陆芷青诊治思路的过程。因此，在证型归类及症状的规范化标准上以陆芷青的诊治经验为准，操作者在使用时，需要输入患者的客观表象，为充分体现陆芷青教授的诊疗成果，现将该医理设计的内容做一简介（图5-1）。

一、医理设计的依据和原则

胆病系指急慢性胆囊炎、胆管炎、胆石症、胆道蛔虫症、胆道息肉等疾病，是消化系统常见的疾病，以痛、吐、热、黄四大症为主要临床表现。我国古代医学文献中虽无该病的名称，但类似本病的证治却有着丰富的记载。《灵枢·胀论》曾记录有"胆胀者，胁下痛胀，口中苦，善太息"。《伤寒论·辨太阳病脉证并治》和《金匮要略·黄疸病脉证治》中也有"结胸""黄疸"的记载，与本症有很多相似之处。目前认为，本病的发生多由饮食不节、寒温不适、情志不遂、虫积等原因，导致肝胆气滞，湿热壅滞，胆失通降，胆汁郁滞，最终导致胆体受损。急性期以火郁气滞或湿热蕴结多见，慢性期以气滞症状较为显著。气滞日久则胆汁与痰瘀互结可以形成结聚。如邪

气羁留日久、病情反复，导致正气耗伤，容易形成正虚邪恋的局面。其中正虚又分阳、气、阴、津等不同，邪恋多指湿热留恋难祛。陆芷青认为本病的主要矛盾在于气滞，治疗应以理气为主要方法，针对其他兼杂的病因分别佐以泻火、清热、化湿、祛瘀、扶正来治疗。

在此基础上，陆芷青教授确定了八个基本证型作为该计算机系统的基本证，如湿热、火郁、气滞、血瘀、正虚邪恋等，并拟订了利胆汤作为基本方，药用金钱草、郁金、广木香、枳壳、乌梅、制大黄，随症加减用于胆石症、胆囊炎，取得了一定的疗效。

二、医理设计内容

1. 湿壅气滞

主症：右肋胀闷疼痛、恶心、厌油、口腻、苔白腻或白滑。

次症：身热不畅或微热，目黄便溏，脉濡或弦或弦细。

病机：湿壅气滞，胆失疏泄，胃不通降。

治法：化湿清热，利胆和胃。

方药：金钱草、藿香、川朴花、郁金、广木香、枳壳等。

加减：①寒热往来加柴胡、黄芩；②口干加鲜芦根或知母，去广木香；③头痛头胀加龙胆草去广木香；④胃脘嘈杂、泛酸，加川连、淡茱萸。

2. 湿热蕴结

主症：右肋胀闷疼痛，恶心，厌油，口腻或口甜，苔黄白腻或灰黄腻。

次症：寒热往来或身热不畅，大便溏薄或溏结交替，目黄，脉濡数。

病机：湿热蕴结，胆气失疏，胃降失权。

治法：清热化湿，利胆和胃。

方药：广金钱草，山栀、藿香、制川朴、蒲公英、广木香、枳壳、郁金、制军。

3. 肝郁气滞

主症：右肋胀闷疼痛，性情抑郁或易怒，胸闷善太息，舌淡红或暗红，苔薄白。

次症：大便不畅或溏结交替，脉沉弦，情志不遂，易于感发。

病机：肝气郁结，胆失疏泄，胃降失司。

治法：疏肝解郁，利胆降胃。

浙江中医临床名家·陆芷青

方药：柴胡、枳壳、广木香、郁金、制香附、川芎、赤芍、制军、金钱草等。

加减：①口苦或口干加黄芩、知母；②舌红或红裂伴口干少津加生地、麦冬或赤芍，去广木香、川芎。

4. 火郁气滞

主症：高热寒战，右上腹胃脘部绞痛或胀痛，恶心呕吐，巩膜黄染或面目身黄，舌苔焦黄或焦黑而干。

次症：口苦而干或口渴引饮，大便秘结或小便黄赤，急躁易怒，脉弦数。

病机：胆火内壅，胃降失司，腑气不通。

治法：泻火解毒，利胆降胃通腑。

方药：金钱草、黄芩、黄连、生大黄、郁金、广木香、枳壳、茵陈、山栀、柴胡、知母、银花等。

加减：①神昏谵语加安宫牛黄丸冲服；②恶心呕吐加竹茹。

5. 血瘀气滞

主症：右肋刺痛，舌边瘀紫或舌苔紫暗。

次症：面色晦暗，脉涩或细涩，或弦涩。

病机：胆气不舒，血行瘀阻。

治法：活血祛瘀，理气利胆。

方药：广金钱草、郁金、地鳖虫、桃红、赤芍、制延胡索、广木香、枳壳等。

加减：①面色淡白去桃仁、地鳖虫，加当归、紫丹参；②畏寒加桂枝。

6. 气虚邪恋

主症：右肋隐痛、神疲乏力，舌淡白胖嫩，或舌淡白苔薄白。

次症：面色淡白或萎黄、食后脘腹胀满，大便溏薄，脉细或沉细无力。

病机：中气虚衰，邪气留恋，胆气失疏。

治法：益气扶正，疏利胆腑。

方药：太子参、甘草、柴胡、黄芩、郁金、鸡内金、广木香、枳壳等。

加减：①眼睑淡白、唇白加生黄芪、当归；②大便不畅或干结加制军；③口苦加龙胆草。

7. 阳虚邪恋

主症：右肋隐痛，畏寒肢冷，口淡或呕吐清水，舌淡胖嫩苔薄白，脉

沉细。

次症：面色㿠白，或黄如烟黄，小便清长，大便溏薄。

病机：中阳亡虚，土寒木郁。

治法：温阳祛寒，疏木益土。

方药：茵陈、白术、淡附片、柴胡、金钱草、郁金、广木香、枳壳、制延胡索等。

加减：①恶心或呕吐加干姜、法半夏；②头巅疼痛加吴茱萸、川芎。

8. 阴虚邪恋

主症：右肋隐痛，午后潮热或五心烦热，舌红绛。

次症：口苦，小便黄赤，大便干结或秘结，盗汗，脉细数或细弦。

病机：肝阴亏虚，胆失疏泄，郁热内炽。

治法：养阴清热，利胆理气。

方药：生地、麦冬、赤芍、广金钱草、郁金、枳壳、茵陈、山栀等。

加减：①午后潮热或五心烦热加地骨皮、青蒿；②不思饮食或食后腹胀加麦芽；③大便干结加元参、生首乌、制军、元参；④盗汗加稽豆衣；⑤恶心呕吐加竹茹、陈皮。

以下为使用陆芷青诊治胆病计算机软件诊疗疾病的珍贵资料（图5-2）。

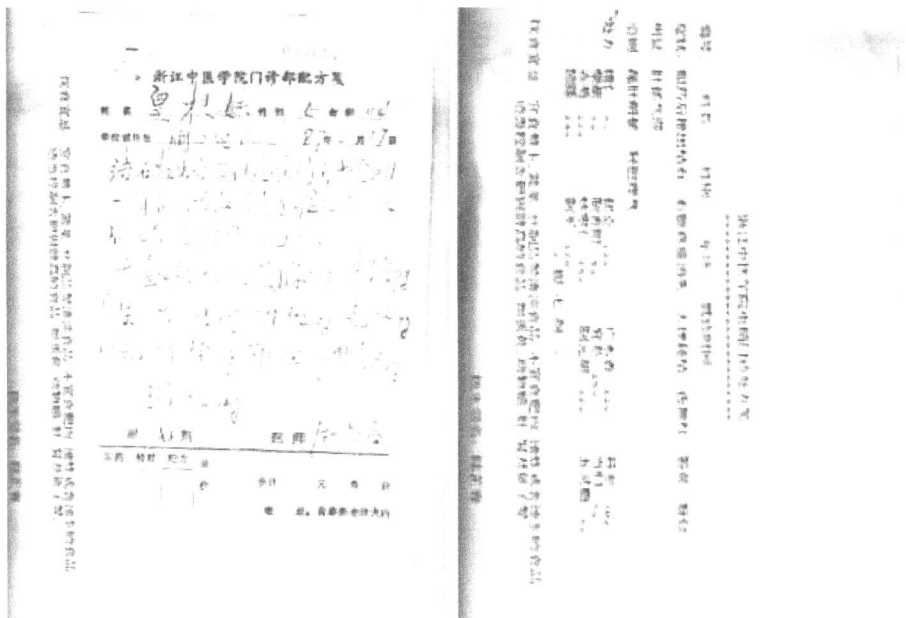

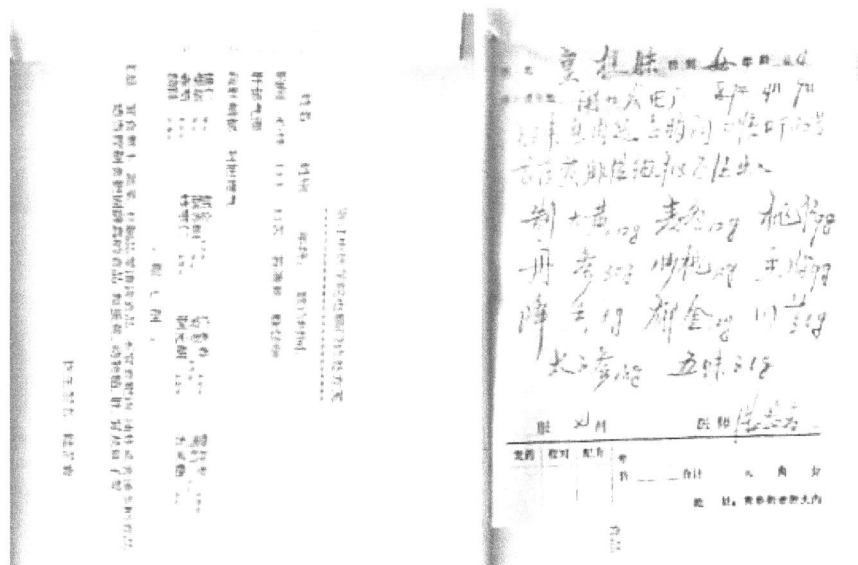

图 5-2　使用陆芷青诊治胆病计算机软件诊疗疾病的资料

"中医药是打开中国传统文化的金钥匙"，浩渺的中医药宝库中仍有数不尽的财宝等待我们去挖掘，数千年的医疗经验有太多的智慧等着我们去学习，但如何利用学习传统中医药知识为现代的人民卫生事业做出贡献，与复杂的现代疾病做斗争，已经成为热点问题。站在时代的制高点，越来越发达的科技无疑为我们发掘和利用中医药提供了绝好的平台和手段。中医界故步自封者大有人在，西医轻视中医的现象也为数不少，而陆芷青教授致力中西医汇通、兼容并蓄的学术思想，无疑为后来的中医学者指明道路。"陆芷青诊治胆病计算机软件"成功运用于临床，不仅让陆芷青个人在中医药事业上崭露头角，作为现代中医药与现代计算机科技结合的先驱性成果，更是中医药事业在新时代崭露头角的标志之一。

第三节　殚精竭虑累验方

1. 胸痹（冠心病）

> 丹参降郁薤蒌皮，赤芍川芎胸痹宁，
> 参芪麦冬五味子，房颤加醋效更明。

组成：丹参、降香、郁金、瓜蒌皮、薤白、赤芍、川芎、党参、黄芪、麦冬、五味子、米醋。

125

本方用于冠心病疗效显著，以丹参、赤芍、川芎、米醋活血去瘀治疗血瘀心痛，瓜蒌皮、薤白利气宽胸、舒胸宣痹，党参、黄芪益气，麦冬、五味子甘酸化阴，郁金、降香理气，治气虚或气阴两虚瘀血内留者。若并见痰浊凝结，加胆星、陈皮、法半夏。

2. 心悸（病毒性心肌炎）

清心饮用生脉方，丹党苦元沙参匡。

蒌薤郁金降香入，更加川连心悸康。

药用党参、麦冬、五味子、丹参、苦参、元参、北沙参、瓜蒌皮、薤白、降香、郁金、川连。

本方用于病毒性心肌炎疗效显著，以丹、党、苦、元、沙五参为君，有养血活血之功，佐瓜蒌皮、薤白理气宽胸，麦冬、五味子养阴生津、益气敛汗，助君药复脉定悸，郁金、降香理气，更加川连清心火而定悸。

3. 咳喘（慢性支气管炎、肺心）

四子平喘丹参行，葶苈菔苏白芥名，

杏贝陈皮制半夏，沉香归地咳悸平。

药用葶苈子、莱菔子、苏子、白芥子、杏仁、浙贝、陈皮、制半夏、沉香、当归、生地。

本方以葶苈子、苏子降肺气之上逆，佐以白芥子、莱菔子、制半夏、陈皮、浙贝化痰，杏仁镇咳，当归活血，生地养阴，沉香纳肾气，全方有降肺气、化痰浊、收摄肾不纳气之效。

4. 咳血（支气管扩张）

支扩咳血用阿胶，诃子蒌皮黛蛤包，

丹皮山栀仙鹤草，更加侧柏炭白茅。

药用阿胶（烊冲）、诃子、瓜蒌皮、黛蛤散、丹皮、炒山栀、仙鹤草、侧柏炭、白茅根。

本方以阿胶、仙鹤草、侧柏炭止血，丹皮、炒山栀、白茅根凉血，黛蛤散平肝清肺化痰，瓜蒌皮化痰，诃子敛肺。全方有凉血止血、化痰敛肺之功效，对咳血（支气管扩张）疗效可靠。

5. 头晕（高血压）

降压方用石决明，滁菊钩藤芎芍并，

桑寄生加地龙膝，肝阳上亢服之平。

药用石决明、滁菊、钩藤、川芎、赤芍、桑寄生、地龙、牛膝。

本方以石决明、滁菊、钩藤平肝息风，赤芍平肝活血，川芎活血升清阳，地龙、牛膝降浊阴而引上亢之肝阳下降，桑寄生入肝，平肝降压，全方降血压作用明显。

6. 胃脘痛（胃炎）

> 金铃子散左金丸，佛手郁薤白芍偕，
>
> 五灵脂并海螵蛸，脘痛泛酸服之佳。

药用川楝子、延胡索、川连、吴茱萸、佛手柑、郁金、薤白、白芍、五灵脂、海螵蛸。

本方以川楝子、白芍平肝，延胡索、五灵脂止痛，佛手、郁金、薤白宣中和胃，川连清胃，吴茱萸温胃，海螵蛸中和胃酸。全方有止痛和胃止酸之功，用于各种胃炎有脘痛泛酸者，疗效显著。

7. 胁痛（胆系结石）

> 胆石净用金钱草，郁金延胡索五灵脂，
>
> 制军茵陈炒栀子，芒硝鸡金枳壳施。

药用广金钱草、郁金、延胡索、五灵脂、制大黄、茵陈、炒山栀、芒硝、枳壳、鸡内金。

本方以广金钱草化结石，郁金、延胡索理气止痛，五灵脂活血止痛，制大黄、芒硝通腑，茵陈利胆，炒山栀清热，枳壳理气，鸡内金消石。若见黄疸者，加荷包草30g，过路黄30g。

8. 肺痨（肺结核）

> 肺家结核方妙夸，百部川贝沙参加，
>
> 桃仁阿胶黛蛤入，病去神旺发容华。

药用百部、川贝、北沙参、桃仁、阿胶（烊冲）、黛蛤散。

本方以百部清肺，川贝化痰，北沙参、阿胶养阴，桃仁活血，黛蛤散清热化痰。本方治疗浸润型结核钙化疗效可靠。

9. 消渴（糖尿病）

> 糖尿宜投六味耶，怀地丹萸苓泽加，
>
> 再入玉米须花粉，三消一扫体无邪。

药用怀山药、生地、丹皮、山萸肉、茯苓、泽泻、玉米须、天花粉。

本方以怀山药、生地补肾，山萸肉补肝，丹皮清退虚热，茯苓、泽泻利

尿，玉米须降糖，天花粉清热生津。全方可多加水煎，时时服之，有止渴生津、降糖之效。

10. 臌胀（肝硬化）

> 臌胀选用黑白丑，柴胡鳖甲莪术青，
>
> 商陆茯猪苓泽泻，胀消水去人安宁。

药用黑白丑、柴胡、鳖甲（先煎）、莪术、青皮、商陆、茯苓、猪苓、泽泻。

本方以黑白丑、商陆泄水，柴胡疏肝，青皮理气，茯苓、猪苓、泽泻利水，莪术、鳖甲，软坚且有养肝阴之效，水去胀消则人安。

11. 胁胀（肝内胆管结石）

> 肝内结石三甲散，鳖甲山甲䗪虫成，
>
> 柴芩莪术金钱草，鸡金留行伴茵陈。

药用鳖甲、炮山甲、地鳖虫、柴胡、黄芩、莪术、金钱草、王不留行、茵陈。

本方以鳖甲入肝软坚，炮山甲搜邪，地鳖虫去瘀，柴胡疏肝，黄芩清热，莪术化瘀，王不留行去瘀，茵陈利胆，金钱草排石。若大便秘结者，加制大黄、枳壳。

12. 泄泻（慢性肠炎）

> 慢性肠炎葛芩连，柴芍枳壳草同煎，
>
> 腹皮更加凤尾草，升清降浊蚕沙添。

药用葛根、黄芩、川连、柴胡、白芍、枳壳、甘草、大腹皮、凤尾草、晚蚕沙（包煎）。

本方以葛根入阳明升清，黄芩、川连清热，柴胡、枳壳理气，白芍合甘草止痛，大腹皮理气，凤尾草清热，蚕砂升清降浊。本方疗效显著可靠。

13. 石淋（尿路结石）

> 尿路结石金钱草，瞿麦萹蓄石韦加，
>
> 滑石木通冬葵子，地龙牛膝海金沙。

药用金钱草、瞿麦、萹蓄、石韦、滑石、木通、冬葵子、地龙、牛膝、海金沙。

本方以金钱草、海金沙、冬葵子排石，瞿麦、萹蓄、滑石、木通、石韦利尿通淋，地龙扩张尿路，牛膝引石下行。若见血尿者加白茅根。

14. 偏头痛（血管性头痛）

> 偏头痛用全蝎方，归芎芍地僵蚕汤，
>
> 白芷菊花珍珠母，铁藤牛膝地龙藏。

药用全蝎、当归、川芎、赤芍、生地、僵蚕、白芷、菊花、钩藤、珍珠母、地龙、牛膝。

本方用归、芎、芍、地四物以和血，全蝎息风，僵蚕化痰，白芷止痛，菊花、钩藤平肝息风，珍珠母潜镇肝阳，牛膝引肝阳下降，地龙通络。全方有平镇肝风、息风通络、和血止痛之功用，于偏头痛疗效可靠。

15. 疟疾

> 柴芩知半贝常山，草果槟榔不可删，
>
> 疟发之前二时服，寒热休作笑开颜。

药用柴胡、黄芩、知母、草果、槟榔、制半夏、常山（醋炒）、川贝。

本方水煎2剂，于疟疾发作前2小时顿服。若当日未见效，次日煎服，疟必截止。常山必须醋炒，否则令人作呕。若系三日，加鳖甲、乌梅。此方疗效甚佳。无痰不作疟，本方以醋炒常山、制半夏、川贝祛痰，草果胜太阴之寒，知母清阳明之热，柴胡疏厥阴，黄芩清少阳，伍以槟榔，以防脾大。

17. 痢疾（菌痢）

> 治痢首推白头翁，芩连秦皮四逆冲，
>
> 柴芍枳草槟榔佐，凤尾草入血冻溶。

药用白头翁、黄芩、川连、秦皮、柴胡、白芍、枳壳、生甘草、槟榔、凤尾草。

痢疾乃湿热壅滞，腑气欠通，症见赤白痢下，里急后重，虚坐努责，苦不堪言。本方以白头翁、芩、连苦寒清热，柴胡疏肝，白芍、甘草缓肠之挛急，枳壳破气、槟榔理气能除后重，秦皮燥湿收涩，凤尾草清血分之热，赤痢尤不可少。

17. 眩晕（美尼尔综合征）

> 苓桂术甘半夏陈，血虚四物献君宁，
>
> 归芎芍地联珠饮，耳鸣更加磁石平。

药用茯苓、桂心（冲服）、白术、甘草、制半夏、陈皮、当归、川芎、白芍、生地、磁石。

本方以茯苓利水，白术、甘草健脾，桂心温中，制半夏、陈皮祛痰止呕，当归、白芍、川芎、生地补血之虚，磁石重镇以平耳鸣。陆芷青教授称其为"联珠饮"，用于血虚饮停中焦者，疗效颇佳。

第六章

桃 李 天 下

第一节　心病名医程志清

一、良师益友

（一）师生情深

陆芷青教授离世已有十年，回顾跟随陆芷青教授学习时的点点滴滴，至今仍历历在目，令我难以忘怀。我与先生的结缘起于1981年3月，那是我从徽州卫校调入浙江中医学院的第二年，刚刚结束在陕西中医学院举办的全国第一期高级《黄帝内经》师资班的进修学习，在那儿进行了一年的《黄帝内经》和《中医基础理论》的深造，也为我今后的中医基础教学打下了扎实的功底。众所周知，博大精深的中医理论来源临床，经过一段时间的教学，我发现脱离临床的理论教学是无本之木、无水之源，是误人子弟的，于是寻求跟师的愿望十分迫切。因当时我进入新单位不久，还没有机会接触到诸多良师益友，后来在教研室王慧英老师的推荐下，终于如愿以偿，获得了跟随陆芷青先生抄方的机会。我在学习的过程中发现，原来陆先生是一位非常和蔼可亲、平易近人的老人，在后来的门诊抄方中我从先生那里领略到了他渊博的中医学识、宽人克己的做人胸怀和严谨的治学态度。直到1984年陆先生被评为浙江省首批省级名老中医，需要为他配备助手时，先生基于前期对我的了解，选择了我，可能这也是我与陆芷青先生的缘分。从此以后，我开始了长达十年的跟师学习。1984～1987年作为第一批省级名中医陆芷青的助手到1991～1994年全国第一期名老中医学术继承人，我经历了两届师承学习与考核，即使不在法定的跟师期（1987～1991年），我依然风雨无阻地跟师临证，从未间断。

"一日为师，终身为父"，先生亦师亦父地关爱着他的每一个学生，在日常生活中也对我关怀备至，每遇到刮风下雨、天气变化时，陆芷青常亲自来电，嘘寒问暖，叮嘱我要注意避风寒、防感冒。平日里也视我如同己出。先生家有七个子女，个个都很优秀，大哥毕业于清华大学，二哥毕业于中国人民大学，最小的陆善真还曾是我国国家女子体操队的总教练，每逢家庭重要聚会，先生都不忘把我带上，让我深深感受到先生慈父般的关怀与大家庭的温馨。先生不仅如此地关照我，对我的家人也非常关切。记得1984年家父病危，中国人素来都是安土重迁，我父亲也不例外，自认为已是病入膏肓，救治无望，只望能"叶落归根"。那日我向先生请假辞行。然而，正当我准备离开的时候，先生一把把我拉住，把手里的一支别直参递到我手上，反复叮嘱我一定要让我回去炖好在路上给父亲服用，当时徽黄高速还未开通，从杭州到黄山老家至少需要6个小时，对患有风湿性心脏病重度心力衰竭的家父来说，路途颠簸无疑是一场生死考验，已经奄奄一息的父亲在服用完这支别直参后元气大振，安然地度过了这一考验。父亲回到老家后见到了他许久未见的老友，吃了他日思夜想的徽菜，6个月后无憾离世。若不是当时先生的关爱与相助，家父怎么能带病延年，了结自己的临终心愿。至今想来，我仍不免热泪盈眶，先生的恩情我没齿难忘。

（二）润物无声

往事如烟，回顾师承往事，先生的谆谆教导，一言一行常常鞭策着我，令我始终不敢懈怠。1984～1994年十年的时光，我都伴先生左右，聆听、记录、学习与整理，先生严谨的治学态度对我的影响颇深。先生读书自有妙法，他将所读之书分为三类，即用功书、浏览书、工具书。用功书分为经典理论类、药物类、各家学说类、医案类。

陆芷青先生读用功书强调3点：一是要熟读精记，读原文到朗朗上口，其义自通；对精要处须做到熟记，临证才能胸有成竹，运用自如。如用苓桂术甘汤治疗眩晕，用木防己汤合炙甘草汤治疗风湿性心脏病，泻心汤治疗心下痞，真武汤与金匮肾气丸治疗阴水，瓜蒌薤白半夏汤治疗胸痹，这些都是他用经方治疗内伤杂病的经验由来。二是要善思明理，学而不思则罔，每读一篇一章都应回味消化，析疑解惑，这就需要一个"思"字，尤其是经典著作，更需要深思熟虑，反复推敲。强调明理，即是对文理医理做到明白晓

畅，对脱简厥文义理难通者，不依文附义，牵强附会。三是要勤记贵恒，在明理基础上，随时将学习心得在书上注以眉批，持之以恒，必有收获。在先生读过的医籍里，随处可见朱笔或墨笔写下的眉批，或赞，或批，曲尽精微，少则一二十字，多则百余字，如一本《伤寒来苏集》，眉批多达一百多处。足见先生对用功书的专注至深。

对于浏览书，先生主张先读序言、凡例，此乃反映作者著书的目的、要求与方法，跋是作者的体会，再摘其精华而读，自可事半功倍。因此，浏览书着眼于"精"取其长而融会贯通。如刘河间以火热论观点阐发"病机十九条"，认为六气皆从火化，并以亢害承制论解释机体平衡与不平衡的生理病理变化，对后世朱丹溪、吴有性及叶天士的学术思想有较大影响；张元素对脏腑病机及本草气味厚薄、寒热升降等理论阐幽发微，并善于运用补脾益气方法，充实了临床医学理论，李东垣、薛生白受其影响较大。刘张两家可谓是医学流派形成和各家学说发展的始祖。

工具书，是在遇到问题时查阅使用的。中医书籍浩如烟海，人之精力有限，不能兼收尽取。如《中国医学大辞典》《中药大辞典》《四库全书总目提要》等可带着问题去翻阅。先生最为推荐《医部全录》，它以脏腑经络、身形来归纳古典文献的生理资料；又以诸疾为纲，归纳历代文献对疾病的病理认识、治疗方法、方剂药物甚至验方医案。其所收集的历代名医的论述颇为丰富，分门别类，又便于查阅检索，还可借此翻阅原著，以睹文献原貌。记得1984年临近春节期间，我在新华书店看见有全套《医部全录》上架，如获至宝，马上回家拿着刚发的工资迫不及待地把全套书籍背回了家，为日后的查阅、学习提供了很多便利。

以上的读书方法体现由精而博和由博返约的治学精神，让学生深受教益。不仅如此，陆芷青每次应邀参加成果鉴定会或出席学术讲座，都会带我一同前往，学术上的熏陶让我不断进步，受益至今。先生为人低调，不喜张扬，而又多才多艺，吾辈无人能及。诊余之际先生会赋诗作词。此外，先生除了爱好书法，写得一手好字，还爱好京剧，兴起时辄边拉边唱，以此叙怀。回忆早年在系部活动时，陆芷青先生常常会唱上一曲京剧助兴，记得在学院领导为他举办80寿庆时，他还当场唱了一折京剧《借东风》。在我被评上博士生导师资格时，他当即赋诗一首："中医博导育新兵，雏凤腾飞杏苑惊，青出于蓝创奇迹，薪传十载喜今生——祝程志清教授博士生导师——陆芷青于杭州奇雨楼时年八十五岁，2002年11月28日岁次壬午南吕之月"并亲自下笔，书赠予我，表达了先生当时的喜悦之情，从此也可以看出我的每一点进步他都看在眼里，喜在心里，激励着我不断进步。在学术上先生都是尽心尽力地指导与帮助。1992年国家中医药管理局继承办公室举办师承论文竞赛，我与马瑞平分别撰写了继承论文参加竞赛，在先生的指导下，分别获得了全国继承论文二、三等奖，当年浙江省唯一的两位获奖者都归于陆芷青名下。后应国家中医药管理局的邀请，我专程去厦门参加二等奖以上获得者的交流与颁奖会议，若不是先生的栽培，哪有我今日的成就。饮水当思源，师恩自当难忘！

（三）踵事增华

先生乃浙江温州人氏，出自名医世家。业医60余载，娴熟岐黄、仲景之学，精于中医内科，善以经方治疗时病及内科疑难杂症，且善于吸收现代医学之长。早在上海中国医学院求学时就在陆渊雷先生门下研读了陆氏《生理学补正》《病理学补正》等西医学知识，这对先生之后的医学生涯影响深远。先生认为他山之石可以攻玉，取其所长为我所用，衷中参西自可相得益彰。先生能摒门户之见，欣然接受现代医学与科学研究，实在是难能可贵，也为吾辈树立了典范，我想这也是先生医术高妙的原因之一。在随师的这十年里，我目睹了他种种起沉寒旧疴之惊人手笔。1982年时我亲眼见证了有一位中风昏迷患者，先生单用安宫牛黄丸加中药图治，服药后3日完全苏醒，3个月后偏瘫恢复正常的案例；也见证了先生把一例例心脑血管、肝胆等疑难病患者从病痛中解救出来，如用经验方舒心宝治疗心气虚血瘀的胸痹，用清心饮治疗病毒性心肌炎，用丹波元简联珠饮治疗眩晕症，用四子平喘治疗咳喘，用养血平肝活血化瘀汤治疗偏头痛，陆芷青选用这些沿用至今的经验方祛疾，临床每每获效。

在辨证方面，先生告诫我要慎思明辨，有是证用是方。同时主张病证结合，衷中参西。中医辨证立足整体与宏观，西医辨病识症着眼于局部与微观。临证若能在整体宏观辨证基础上参考西医诊断及理化检查，可使我们对患者的病证有进一步的深入了解，同时也可使治疗更具针对性，有利于疗效的提高。如西医病毒性肝炎的诊断是建立在细胞学、组织学等现代医学微观研究的基础上，而中医辨证所采用的整体宏观的观察方法尚难以对这些微观病理变化做出确切的分析与判断。在患者自觉症状消失已无证可辨，而肝功能检查或乙肝三系指标尚未达到正常的时候，往往需要参考西医实验室理化

检查指标作为微观辨证依据，以求达到临床证候和微观病理变化同步改善的目的。

1988年的时候，江苏启东因血蛤被水污染而引发华东地区甲型肝炎大流行，政府防疫部门采取了积极的中医药防护措施，以致当时的各大药店的板蓝根经常断货。我在门诊也会遇到一些患者自觉症状缺如，而实验室检查肝功能的几项指标依然偏高的情况，在这种无证可辨的情况下，就需要采用病证结合的辨治方法，参考西医检查指标作为诊断与疗效判定指标。如对肝炎转氨酶升高者，多提示邪毒偏盛，治疗时应注意疏肝解毒慎用鳖甲、生地等滋腻碍湿恋邪之品。虽然病毒性肝炎有甲、乙、丙、丁、戊之不同，但从急性期或慢性活动期的临床表现来看，五者有许多相似之处，如乏力、纳呆、恶心、胁痛、腹胀、便溏、舌红苔黄腻等一派湿热疫毒入侵脾胃的症状。从中医辨证角度来看无明显区别，但综合病原学检查可对辨证有重要参考价值。如甲型肝炎一般以湿热壅滞气机失调为主，邪伏病位较浅，病易痊愈，故多用疏肝解毒清热化湿法；乙型肝炎活动期或迁延期以湿热搏结瘀滞血分为特点，毒邪偏盛，邪气入侵部位较深，易伤正气，故正邪对峙、病程缠绵、易于反复。因此陆芷青在治疗时多在疏肝解毒的基础上合凉血化瘀、健脾益肾培本之法。如治一余姓患者，3个月前因黄疸、胁痛，肝功能检查正常，但黄疸指数高，病原学检查示甲肝抗体阳性，诊断为甲型黄疸性肝炎，于某医院传染科治疗。1个月后行肝功能复查，黄疸指数正常，自觉症状消失但谷丙转氨酶值仍高达100U/L，要求出院转中医治疗。刻诊除纳少外无其他自觉症状，舌红苔薄微黄，脉细弦，提示邪毒较盛，拟疏肝解毒法。药用田基黄、白花蛇舌草、金钱草、黄毛耳草、垂盆草、连翘、茵陈、川柏、郁金等。1个月后肝功能复查，各项指标均恢复正常。再如治一乙肝大三阳患者，反复迁延数年未愈，无明显自觉症状，舌红苔黄脉弦。根据乙型肝炎急性期以湿热疫毒侵肝、蕴结血分为主的特点，陆芷青予以疏肝解毒、凉血化瘀之方，药用田基黄、白花蛇舌草、黄毛耳草、连翘、桑寄生、郁金、丹参、赤芍、蒲公英、虎杖、茵陈、女贞子、生麦芽、枳壳，如法调治半年后，乙肝三系各项指标复查全部转阴，继拟原法以资巩固。此外，先生对其他内伤杂病的诊治均体现了这一精神，譬如对于胆病的辨治，陆芷青非常重视B超的检查，并以之作为微观辨证及判断疗效的客观依据，肝内胆管结石、胆总管结石及胆囊息肉在临床表现上有不少相似之处，陆芷青常根据B超提示结果在辨证基础上分别施以不同的排石或溶石方法：肝内胆管结石因毛细胆管腔细小，利胆排石有一定难度，陆芷青常施以薛氏三甲散；胆囊息肉在辨证基础上加乌梅、皂角刺以化瘀蚀肉；胆管结石则常配以利胆通腑之品以促使结石排出。这样条理清晰的思路令陆芷青在临证治疗上有的放矢。

先生主张衷中参西的微观辨证，早在1982年我就与同仁在先生指导下对心气虚证与心搏血量的关系进了行探讨，采用反映左心功能的超声心动图仪对50例心气虚患者与健康人进行左心血搏量的对照观察。结果表明，心气旺盛者心搏血量正常，心气不足者心搏血量减少。如在心气虚组中有4例患者心脏并未发现有器质性病变，心电图、心向量图等检查均属正常范围，但超声心动图检查发现心搏血量均低于正常。在患者使用补益心气的中药治疗2个月后复查心搏血量均有不同程度的增加，患者心气虚症状明显好转。说明左心的心搏量指标在一定程度上反映了心气盛衰情况，因此可以作为微观辨证与判断疗效的客观依据之一。以上的研究为后期的心气虚证研究奠定了基础。1984年先生及其团队又将100例心脏病患者分为5个证型与60例正常组进行血液流变学的对比观察，结果发现挟瘀型患者的血液流变学各项指标（全血黏度、血浆黏度、红细胞电泳、血沉、红细胞压积等）至少有1项发现异常，与正常组比较有统计学意义。结合临床观察，血瘀程度严重者异常项目增多。先生及其团队将这一研究进展运用于临床。如陆芷青在主持"舒心宝治疗心气虚证的临床与实验研究"的课题时就采用西医辨病、中医辨证，以心电图、超声心动图，以及血液流变学、微循环的客观检查作为微观辨证及判断疗效的依据。在国内科研刚刚起步的1984年，先生能做到这些已经很不容易了，当时的相关学术论文获得浙江省科协科技论文二等奖。

陆芷青胆系疾病的计算机系统研究自1984年开始，与学院计算机室老师共同合作完成，并与裘笑梅等名师的计算机模拟系统一起于1987年通过省级鉴定，获得省中医药科技进步二等奖。先生的胆病系统以急慢性胆囊炎、胆管炎、胆石症、胆道蛔虫症、胆道息肉等疾病为主要研究对象，主要收集了1976~1977年及自1984年以来的临床处方，并以此作为系统设计的理论依据，首先确定证型，拟定诊断标准，对每个证型的主次证分别进行纵横联系对照，定出相应的分数值，经反复核对，并在回顾性验证中逐步修改，不断完善。因此，目前拟定的证型及诊断标准，比较接近于先生的辨证思维，因此处方符合率较高。

先生认为胆系病以火郁气滞或湿热蕴结证为多见，慢性者的气滞症状较为显著，气滞日久，则血亦瘀结，而形成气血瘀结。若邪气羁留日久、病

情反复、屡受攻伐，以致正气耗伤，形成正虚邪恋的局面，而正虚又有阳、气、阴、津亏虚的不同。因此，胆病系统一共将其分为湿壅气滞、火郁气滞、湿热蕴结、肝郁气滞、血瘀气滞、气虚邪恋、阳虚邪恋、阴虚邪恋八型。先生认为，本病的主要矛盾在于气滞，因而治疗应以理气为主要方法，并逐级针对次要病证分别予以泻火、清热、化湿、祛瘀、扶正等治法。这一指导法则传承至今，指导我的临床应用，同时也使得不少初发的患者消除病痛，免受手术之苦，即使已经手术的患者也可以降低再次手术的风险。

二、人生经历

（一）个人简介

程志清，浙江中医药大学教授，主任中医师，博士生导师。曾任中医诊断学教研室主任、中医基础理论研究室副主任，从事中医治疗心血管、疑难杂症50余年，尤其擅长对冠心病、胃病等的调治。

1965年考入安徽中医学院医疗系，1970年毕业于中医专业本科，1975～1976年在浙江省中医院进修，1979年在杨继荪先生引荐下调入浙江中医学院，1980～1981年赴陕西中医学院参加全国中医院校《黄帝内经》中基高师班进修，1984年担任浙江中医学院中医诊断教研室主任、中医基础理论研究室副主任，1984～1987年兼任陆芷青教授助手，1991～1994年作为陆芷青教授学术传承人，跟师学习，1994年经国家中医药管理局专家评审，被授予"全国名老中医陆芷青学术传承人"称号。1998年主编《陆芷青内科精华评述》，2002年主编《中医药防治高脂血症》，针对高血压病的2项科研成果，都获得了浙江省政府科技进步二等奖。

（二）成长经历

我生于1947年，安徽黄山屯溪人氏。故乡古称徽州，地处黄山与天目山脉交界之处，东临吴越故都杭州，与浙西的金、衢、严三州唇齿相依，白墙、黑瓦、马头墙的徽派建筑流传至今，彰显了徽州鲁班匠人的智慧。徽州自古人杰地灵，山清水秀的自然环境和贾而好儒的人文积淀，养育出历史上众多著名人物，有活字版印刷术的发明者毕昇、理学宗师朱熹、抗倭名将胡宗宪、文学家汪道昆、新安医学奠基人汪机、新安画派的现代代表黄宾虹等，更有以胡雪岩为代表的无数徽商，在异域他乡的工商界叱咤风云，将徽文化传播到各地，同时也回馈桑梓，为后人留下民居、牌坊、雕刻等精美的物质遗产。

在如此灵山秀水中长大，深受中国传统文化的熏陶，我自小就痴迷中国传统文化，而对其中的中医文化更是情有独钟。怀着对中医文化的满腔热爱，我于1965年考入安徽中医学院中医临床本科，系统学习了中医基本理论，初步打下中医学基础。1966年"文革"之后，尽管学校正常的教学秩序受到影响，但我对医学知识的渴求，以及受白求恩大夫救死扶伤精神的感召，始终丝毫不敢懈怠，埋头苦学，四处求教，期待日后在学业上有所长进。在1969～1970年的实习期间，我有幸跟随王乐匋教授学习。王老是"新安王氏医学"第五代传人，承新安医学遗风，精研岐黄，融古汇今，德医双馨，医文兼通，享誉国内外，是当时新安医学和温病学学科带头人之一，同学们受当时政治潮流影响，大多对王老避之不及，而我与王老是同乡的缘故，彼此间多了一份乡亲情，我抓住这个千载难逢的机会，紧随王老抄方学习，虚心求教。在此期间得到王老的器重与青睐，他把自己治疗外感热病的经验悉数传授于我，让我受益至今。

1970年毕业后，先在安徽东流医院支援血防，一年后又被分配到徽州地区卫生学校担任教师，同时从事临床工作。在徽州地区卫生学校8年任教期间，我有幸结识了另外一位老师，他就是新安名医、当时徽州地区卫生学校的中医教研室主任许芝泉先生。许老先生是休宁当代名医，少年师从程苓圃，1947年开始于海阳镇行医，后任职于徽州地区卫生学校，可谓学验俱丰，对丹溪心法独为推崇，善补肝肾之阴，在理气药的选择上亦有自己的真知灼见。我受到许老的赏识与指导，在学业上又有了长足进步。

为求深造，1975年我赴浙江省中医院临床进修一年，期间先后拜师杨继荪、魏长春、裘笑梅等中医大家，得到大师们的悉心指导，在学业上受益颇丰。1979年调入浙江中医学院，在中医基础与中医诊断学教研室从事教学与临床科研工作。1981年赴陕西咸阳参加国家教育部、国家中医药管理局组织的第一届全国《黄帝内经》高等院校师资班，进行为期一年的理论与教学系统培训。这段经历为我日后的教学、临床打下了扎实的功底，使我在教学上能游刃有余。

1984年，我始任浙江中医学院中医诊断教研室主任，并作为浙江省名中医陆芷青教授的助手随师临证，经陆老悉心传授技艺，在临证思辨与遣方用药方面大有长进。1991年我再次以"第一批全国名中医陆芷青教授学术继承

人"的身份，继续随师临证，继承和整理陆芷青的学术经验。前后10年的随师临证学习，尽得陆芷青的学术精髓与真传，在专业上得到了很大提高。期间我发表的继承学术论文《胆胀证治八法》获国家中医药管理局组织的全国首届名中医继承学术论文二等奖，成为当时浙江省唯一一个二等奖获得者。1994年经国家中医药管理局专家评定，授予我陆芷青学术传承人合格证书。随师10年，先生的言传身教使我受益至今。

　　1994年我被组织调到科研处主持工作，因学院科研与学科发展需要，在院领导亲自带领下遍访了全国各大中医院校的知名专家、教授与科研处同行，学习取经，进行相关的学术交流与探讨，经过坚持不懈的努力，学院在众多硕士院校中脱颖而出，与此同时我从1994年开始担任硕士生导师，2001年开始担任博士生导师，主攻心血管研究方向，担任省部级以上的多项课题、研究生的中医内科心血管教学与临床带教及讲授研究生科研设计方法课程。期间应邀出国赴印度尼西亚、荷兰、美国等国讲学，专业与行政的交替轮换，从国内走向国际，开阔了眼界与胸襟，这一阶段的"游学"让我在学术上有了较大提升，应该算是事业的黄金时期。在1998年的时候，由我主编的《陆芷青内科精华评述》得到了我国著名的中医学家王永炎院士与程可冀院士的高度评价。

　　2002年我创建了浙江省中西医结合学会保健与康复专业委员会，作为创始主委，我在这个业余岗位上一干就是十年，连续十年举办了共十期国家级的继续教育项目，为浙江省在老年病、心血管病、骨伤科、疑难病、亚健康等的保健与康复人才培养提供了学术平台与技术支持，受到学会与同行的认可。我觉得教导是最好的学习，教学相长，一方面连续十年的国家继续教育项目不仅帮助很多同行提高了学术，另一方面我也从每位演讲老师的学术交流中获得了滋养，学到了专业以外的内容，天外有天，学无止境，作为医者应该学到老，用到老，生命不息，医学真知的追求不能停止。

　　正如孙思邈《备急千金要方·大医精诚》所说："读方三年，便谓天下无病可治；及治病三年，乃知天下无方可用。故学者必须博极医源，精勤不倦，不得道听途说，而言医道已了，深自误哉！"感念先祖的教诲及先生的言传身教时时在鞭策着我，令我至今不敢懈怠。2015年初，当我在美国探亲时遇上了CPTG级精油，无意中踏进芳香疗法的世界，被芳香甜美的植物精油瞬间吸引了，令我欣喜不已。植物精油集天地之灵气，日月之精华，是植物的生命与灵魂，它的芳香成分，不仅呵护植物本身的健康，而且一旦被提取出来，就可修复人体被损伤的细胞，使人体恢复健康，它所发挥的作用已经是原植物的50～70倍。2015年12月我参加了国家人力资源和社会保障部现代精油专业委员会主办的高级康复理疗师培训班，并顺利通过考核，获得了相应的能力测试证书。2016年受聘全国现代精油专业委员高级讲师，2017年4月受聘世界中医药学会联合会植物精油专业委员会精英讲师与德国莱茵TUV精油理疗认证项目培训顾问。在植物精油的临床研究与培训人才方面做出了应有的贡献。

三、春华秋实

时间如白驹过隙，不知不觉我在中医事业耕耘已将近50载，虽已年逾七旬，但怀着对中医事业的热爱，仍坚持在临床第一线，勤耕笔作，不敢懈怠。一路走来，回顾心路历程，我的学术成果主要有以下几个方面。

自1991年以来，曾任浙江省高校中医诊断学重点学科带头人、全国中西医结合学会第三～五届活血化瘀专业委员会委员、全国中西医结合学会第一、二届循证医学专业委员会委员、浙江省中西医结合学会常务理事、浙江省中医药学会理事、浙江省中西医结合学会第一、二届保健与康复专业委员会主任委员、浙江省中西医结合第二、三届心血管专业委员会副主任委员，现任世界中医药学会联合会植物精油疗法副会长。

先后主持举办过十届浙江省中西医结合保健与康复专业委员会学术年会暨国家级继续教育班，并在心血管专业学术年会上做过高血压、冠心病、病毒性心肌炎的专题讲座，还应邀在中医内科学会、中医老年病学会、宁波市中医学会年会上做过学术讲座。至今已发表相关学术论文近百篇，先后主编《中医十大名方》《陆芷青内科精华评述》《中医药防治高脂血症》等学术专著6部，《程志清医案》也编入了《中国现代名中医医案精粹》第6集。

1991年以来我先后主持国家科技部、国家中医药管理局、国家教育部、浙江省自然基金、浙江省科技厅等省部级以上课题10项，其中5项成果获省部级以上科技进步奖，2项临床研究课题获省政府科技进步奖二等奖，有关心肌炎的研究成果还获得了国家发明专利。多年来一直担任国家自然基金委员会中医药学科评审专家。

至今已培养博士、硕士50余名。2008年被浙江省政府评为省级名中医，2012年被国家人事部、卫生部及国家中医药管理局确定为第五批全国名老中

医药专家学术经验继承工作指导老师。2017年浙江省政府资助成立程志清名中医工作室，2018年得到国家中医药管理局的资助，成立程志清全国名中医传承工作室。

在临床上，主攻中医药防治心血管病方向，在学术上不仅继承了陆芷青教授治疗心血管、肝胆、脾胃及内伤疑难杂病的经验，且经过长期临床探讨与实验研究，逐步总结、建立了较系统的急慢性病毒性心肌炎、高血压肥胖、冠心病的诊治方案与方法。

1. 在心肌炎研究方面

针对心肌炎各期的不同病机特点，提出相应的辨病辨证思路，拟定清心饮系列经验方药，长期临床观察疗效明确。通过10余年来的实验研究，初步揭示了清心饮治疗病毒性心肌炎的作用机制。一系列研究多次获奖："清心饮治疗病毒性心肌炎作用机理的研究"获1999年浙江省政府科技进步奖三等奖、省教育厅科技进步奖一等奖；"清心饮拆方对病毒性心肌炎的作用机理研究"获2001年度浙江省高校科研成果奖二等奖，中药组成与制剂工艺获得国家发明专利，专利号为ZL01103287；"人参皂甙对急性病毒性心肌炎小鼠穿孔素表达的干预作用研究"获2003年度浙江省政府科技进步奖三等奖；清心饮抗心肌纤维化的作用机制研究已于2011年底通过省级鉴定，2014年获得省政府科技进步奖三等奖。有关病毒性心肌炎的后续研究，2018年由程志清教授的传承人刘强博士获得了国家自然基金的资助。

2. 在高血压临床研究方面

我认为本病肝肾阴虚为本，阳亢痰瘀为标，而瘀血内停贯穿疾病全过程，治疗应标本同治，以调肝、补肾、健脾、化瘀、涤痰为证治大法。针对高血压中医证型的分布状态目前国内尚无大样本资料的现状，开展了"浙江省高血压影响因素与中医证型相关性流行病学调查研究"，分别在浙江杭州、绍兴、衢州、温州作了5000多例流行病学调查，取得了较为珍贵的第一手调查资料，该项研究获得2005年浙江省政府科技进步奖二等奖，浙江省中医药科技创新奖一等奖（均排名第一）。研究团队在此基础上对高血压肥胖患者进行为期3年的临床与相关实验研究，研究结果证明在患者改善生活方式基础上，通过中医药综合疗法减肥降压，疗效明显优于目前单一的西医疗法或中医疗法。该结论发表在《中西医结合治疗高血压肥胖的思路与方法新探》一文中，研究成果"Ⅰ+Ⅱ中医综合疗法治疗高血压肥胖的研究"获得

2007年度浙江省政府科技进步奖二等奖。此外，对疑难性高血压传统治法也提出了自己的见解。

3. 在诊治冠心病方面

考虑到西医注重介入治疗及对症常规治疗，中医对其治疗尚缺少循证依据，通过长期临床研究，提出"从气化立论，审查病机；从痰瘀论治，辨证求本；从虚实着眼，标本同治；从心理疏导，调达气机；动态辨证，贯穿始终"的治疗原则。充分发挥中医诊治冠心病的特点与优势，经过中医的调理，不仅能提高生活质量，还可以减少支架术后再狭窄的风险，免除了部分患者再次手术的风险，在临床上受到了广大患者的欢迎。

回顾当下，我自觉今日能取得成绩全得益于当年先生的谆谆教诲，受之先生授业解惑之恩，大于山岳！先生纳百川而不择细流，因材施教，付出而不求回报，此乃真爱，此爱深于大海！师恩如山，师爱如海，我辈无以回报，只有不忘，谨遵教诲，诚实做人，踏实做事，传承并发扬光大中医事业，才是对先生最好的报答！

附　程志清名中医的生平速览

1947年10月，生于安徽黄山屯溪。

1965年，休宁中学毕业，考入安徽中医学院医疗系中医本科。

1969年3月至1970年3月，毕业实习。

1970年4月至1971年11月，支援血防。

1971年11月，分配到徽州地区卫生学校担任教师，并从事临床工作。

1975年，赴浙江省中医院临床进修一年，期间先后拜师杨继荪、魏长春、裘笑梅等中医大家。

1979年，调入浙江中医学院，在中医基础与中医诊断学教研室从事教学与临床科研。

1981年，赴陕西咸阳参加国家教育部、国家中医药管理局组织的第一届全国《黄帝内经》高等院校师资班培训。

1984年起，担任浙江中医学院中医诊断教研室主任，并作为浙江省名中医陆芷青教授的助手随师临证。

1991年，浙江省教师职务评委会评为副教授；确定为第一批全国名中医陆芷青教授学术继承人，继续随师临证，继承和整理陆芷青的学术经验。期间发表的继承学术论文《胆胀证治八法》获得国家中医药管理局组织的全国首届名中医继承学术论文

二等奖，成为浙江省唯一的二等奖获得者。

1992年，浙江省中医药高级职务评委会评为副主任中医师。

1994年，被国家中医药管理局确认为国家级名老中医陆芷青教授学术继承人。

1994年至2004年，主持浙江中医药大学科研处、研究生处工作，期间应邀赴印度尼西亚、荷兰、美国等国讲学。

1998年，浙江省教师职务评委会评为教授；主编《陆芷青内科精华评述》由中医古籍出版社出版；主编《中医十大名方妙用·六味地黄丸》由中国中医药出版社出版。

1999年，主持"清心饮治疗病毒性心肌炎作用机理的研究"项目，获1999年浙江省教育厅科技进步奖一等奖。

2000年，浙江省中医药高级职务评委会评为主任中医师。

2002年，任中国中西医结合学会第五届活血化瘀专业委员会委员；主编《中医药防治高脂血症》由人民卫生出版社出版。

2002年至2012年，任浙江省中西医结合学会第一、二届保健与康复专业委员会主任委员。

2003年，主持"人参皂甙对急性病毒性心肌炎小鼠穿孔素表达的干预作用研究"项目，获浙江省科学技术奖三等奖；"一种治疗病毒性心肌炎的中药及其制作工艺"发明专利，专利号：ZL01103287.1。

2004年，主持"用比较医学的方法建立心气虚证动物模型"获浙江省中医药科学技术创新奖二等奖。

2005年，主持"浙江省高血压影响因素与中医证型相关性流行病学调查研究"获浙江省中医药科技创新奖一等奖，并荣获浙江省政府科技进步奖二等奖。

2005～2015年，任浙江省中医药学会第四、五届理事会理事。

2006～2010年，聘为浙江省医学会医疗事故技术鉴定专家库成员。

2006～2011年，任中国中西医结合学会第六届活血化瘀专业委员会委员；任中国中西医结合委员会第一届循证医学专业委员会委员。

2006～2016年，任浙江省中西医结合心血管专业委员会副主委。

2007年，研究成果"Ⅰ+Ⅱ中医综合疗法治疗高血压肥胖的研究"获浙江省政府科技进步奖二等奖。

2008年，浙江省政府授予省级名中医的称号。

2008～2013年，任浙江省中西医结合学会第六届理事会理事、常任理事。

2012年，国家中医药管理局授予第五批全国名老中医药专家学术经验继承指导老师称号。

2017年，浙江省政府授予并资助浙江中医药大学附属第三医院成立了浙江省程志清名中医传承工作室，担任指导老师；受聘国家商务部现代精油专业委员会特聘专家。

2018年，国家中医药管理局授予并资助浙江中医药大学附属第二医院成立了全国老中医程志清经验传承工作室，担任指导老师；受聘世界中医药联合会植物精油疗法专业委员会副会长。

第二节 肾病名医刘时觉

一、良师益友

（一）师生情深

少年时，就闻知潘澄濂、陆芷青两位老先生的大名，也听长辈说起过他们在温州普安施医施药局行医的遗闻逸事，知道他们在杭州工作，是中医权威人士，很为温州人争光。不过年龄、经历所限，不知其详，也无意深究，更不能预测在若干年后他们竟然成为我学习生活的良师，陆芷青先生更成为我的研究生指导老师，对我从事中医学术产生深刻的影响。

1979年我考上浙江中医学院中医系古典医著专业研究生，在何任、陆芷青、徐荣斋、蒋文照、冯鹤鸣、朱古亭等名师组成的导师小组指导下学习研究中医古典医著。初识陆老师，消瘦清癯的苍老身材，一副高度近视的眼镜，加上贴着纸面看书的专注神情，让人顿生敬仰之心，而一口纯正的乡音带来的亲切感，却拉近了我们的距离。当时浙江中医学院79级研究生招了8人，其中温州3人，我和蔡定芳是古典医著专业，赵承来是中药专业。课间诊余，有时会情不自禁地用温州方言交谈，也使我在一班指导老师中与陆老有一种莫名的亲近。但是，一年半的研究生课程学习期间，我与陆老师的接触并不太多，还谈不上密切。只是因陆老的引荐，也由于同是温州人的关系，我们数次拜访潘澄濂老先生，聆听他对中医经典学以致用的高见，临别时，他还要求我们思考讨论一下"中医西医化、中医现代化"的问题，真是得益多多。

真正与陆芷青老师建立起密切的师生关系是始于1981年1月，在学期即将结束之际，冯鹤鸣老师代表研究生导师小组召集我们开会，分派各人的研

究方向，分派我随陆老师参加心胆疾病专科门诊。1月10日定下，1月15日便开始门诊第一课。三九时节，天寒地冻，患者不多，诊疗间隙我便向陆老师谈了选择毕业课题的事：我在学习过程中发现，朱丹溪的名篇《格致余论·阳有余阴不足论》是养生论，而《格致余论·相火论》谈的是内生火热，并不是养阴学说的理论基石，丹溪医案的辨证方法、用药经验也缺乏养阴派的实践基础，中心论点是对"朱丹溪是养阴派的代表医家"的传统观点提出异议，对丹溪学术思想的真谛提出自己的看法，作出中肯的评价。陆老师对此很是赞赏，认为有新东西、新见解，也有可以成立的根据，作为研究生毕业论文应当可行。听闻此言，我不禁大喜。故此，曾向冯鹤鸣老师汇报过自己的想法，可能是对"古典医著"四字的理解不同，冯老师认为其约等于经典著作，便一口拒绝，说："这是各家学说的内容，不是古典医著，不行。"我则从字面上理解为"古代的医学著作"，距今600余年的元代医学大家自然属此"古典"之列。后来再次得到陆老师的支持，令我信心倍增，接下来的寒假，我写了2万余字的《朱丹溪学术思想研究计划》，想凭扎实的前期研究基础和可靠可行的研究方法，获得导师组的支持，先后呈送陆芷青、徐荣斋老师审阅，获得赞赏，又送蒋文照、冯鹤鸣老师，却没了下文。5月7日，导师组否决了此毕业课题，理由当然就是"各家学说"，尽管陆老师大力支持，仍是无济于事；于是煞费苦心地把朱丹溪与内经研究结合到一起，重新写成《朱丹溪学说研究——丹溪对内经的发扬光大及其在中国医学史上的地位》的研究计划，6月25日开题报告会时仍逃不了被否决的命运，仍属"各家学说"而非"古典医著"，陆老师虽是支持，却也无可奈何。时近学期末，时不我待，我只得更弦改辙，着手进行"内经五脏辨证的研究"课题，对此我曾有过一定思考，并搜集了相关资料，所以不多时便拿出了研究计划，与陆老师商量，他仍主张继续朱丹溪研究课题。7月10日，我把两份研究计划一起交给蒋文照、冯鹤鸣老师，请导师组定夺，选择其中之一，随后便回温州度暑假了；7月底，收到陆老师信，学校领导同意了朱丹溪研究课题，纠缠了一个学期的毕业选题之争就此平息。

这场师生并肩努力的立题论争，却进一步培育和密切了我与陆芷青老师的关系，也让我深切感受到他的长者之风。事实证明，陆老师是有眼光的，我的毕业论文《朱丹溪学术思想研究》得到评审专家姜春华、潘澄濂的赞许和好评，其中心内容《丹溪是否养阴派的探讨》在1982年3月的《中医杂志》发表，还获得浙江省中青年中医药人员优秀论文奖二等奖。研究生毕业论文能在最高级别的中医学术刊物上发表的并不多见，篇幅长达7页超过万字的长篇更是凤毛麟角，能获省级的奖励也不容易。后来，进一步的深入研究，形成学术专著《丹溪学研究》，于2004年出版，在其书"后记"中，我深情地写下一段文字："本书终于得以问世。兴奋之余，抚今追昔，首先要感谢20年前指导毕业论文写作的恩师陆芷青教授，以及评阅、审正《朱丹溪学术思想研究》并给予我热情赞许和鼓励的姜春华教授、潘澄濂研究员，他们的指教使我在中医学术研究中得益弥深，至今仍受用不尽。"

（二）润物无声

1981年上半年是我学习和工作收获颇丰的一个学期，完成朱丹溪和《黄帝内经》五脏辨证两项研究计划，梳理相关资料，形成自己的思想观点，自是一大收获；跟随陆芷青老师参加心胆专科门诊，后来又跟随吴颂康、詹起荪参加内、儿科门诊，实践联系课本阅读内、儿科相关教材书籍，还一度到心电图、心超室见习，积累了不少验案方剂，这不仅大大充实了原本相对薄弱的中医临床实践，更学到许多独特的临床经验。

例如，陆老师重视舌诊，以鸡心舌为例，其临床意义并不一定是胃阴亏虚导致，有部分是中寒停饮为患，当以温药和之治疗，并非单一滋养胃阴治疗。我后来查阅了不少资料，学界似乎未见类似的说法，这应是陆老师的独家经验，老师特意指出，正确理解鸡心舌是寒湿内壅还是胃阴不足，须仔细观察舌质、舌苔的颜色、燥润、质地，才能为准确辨别疾病的病因病机提供诊断依据，这虽是细节，却很宝贵。

细节值得关注，规律性的诊疗、临床思维的方法更为宝贵，老师授以鱼更授以渔。门诊工作中，陆老师释疑解惑，循循善诱，既介绍同一疾病不同证型的治疗方法，又传授就具体病例分析病因病机，指出处方用药的规律和要点。他治疗胆病如胆石症、胆囊炎，尽管辨证类型、方法多种多样，理气导滞却是必不可少的一环，木香、郁金、枳壳之类配伍大黄常是基础配伍，无论是气滞、火郁、湿热、血瘀之实证，还是气虚型，都离不开此。有不少我以为应该属虚证的，应该以补气药为主的，陆老师仍然不离这个基础，只是适当调整药物用量，补药最多不过处于佐使地位。陆老师说，六腑以通为用，不通不仅为痛，更是火郁、湿热、血瘀诸实证产生的根本机制，因实致虚，也是气虚证的根源所在，抓住这个基本病机，便是胆病的治疗基础，随证变化，便是临床运用要点。治心病，注重虚实辨证，实则气滞血瘀，虚则

浙江中医临床名家·陆芷青

气阴两虚。血瘀是中西医一致的看法，气滞导致血瘀却是中医独到之处；由虚致实，血瘀导致心肌损害是西医的说法，心为火脏，虚易伤阴，则是中医的见解，立足脏腑特性，综合中西治疗，兼顾气血、阴阳、虚实，是陆老师治疗心病的特色。这一经验后来形成验方"舒心宝"，制成浓缩丸，我毕业后在温州医学院附属第二医院工作，还曾参与其临床研究工作，观察若干病例，无论是症状还是心电图表现，都显示其颇具疗效。陆芷青还特别注重胆病、心病之间的联系，由肝胆失于疏泄与胸膺闭塞导致胆心同病，在中老年胆病患者中占据不少份额，由此提出"胆心同病"的概念，采用胆心同治之法，收效颇佳。其要领是针对胆病在同病中的主导地位，以疏肝利胆、理气导滞为主，佐以活血化瘀、宽胸通络诸法，意在"通""利"，使气机调畅、腑气通达，而阳气舒缓，血脉通畅，胆心同治同解，诸证悉除而得愈。1981年底，陆老师嘱我归纳中医治疗心病的基本证型和用方用药，既是老师的经验总结，也是为中医基础教研室的心病科研提供资料，自己更在这个过程中进一步消化吸收老师的经验，体会中医心病诊疗的规律和方法，充实了临床治疗的知识结构。

随师门诊至1982年底毕业时方才结束，这两年的经历于我而言非常宝贵，陆芷青老师耳提面命，吴颂康、詹起荪先生循循善诱，使我不仅在具体的辨证方法、辨证类型，更在临床思维方法与临床辨证论治规律中，进一步掌握了运用中医药诊治疾病的相关知识，很快积累起临床经验，为毕业后在温州医学院附属第二医院以中医临床诊疗为主的职业生活奠定了业务基础。可以说，能够胜任临床工作，离不开陆、吴、詹等老师，尤其是陆老师的教导。1993年，我设立中医肾系疾病专科门诊，开展肾与老年性疾病的临床研究，对肾病、老年性疾病、免疫性疾病等，提出肾骨髓脑一体论观点。立足肾属水脏，主骨生髓，虚则水亏，运用补肾益髓法治疗肾及脑、髓的相关病变，治疗多种老年疾病如糖尿病肾病和脑病、肾虚髓枯的脑梗死，以及多发性硬化、失明之类，都有良好的疗效，其方法论基础即出于陆老师所授。

（三）踵事增华

随师2年间，文字工作是一项重要且得益颇多的任务，无论是为陆老师草拟、整理、抄誊文稿，还是审阅本科生论文稿件，都是难得的文字训练机会。印象最深、收获最大者，当数《王孟英医案》校点注释。

陆老师的先人建之公为浙南名医，精内难仲景之学，探索唐宋元明清诸大家，善汲取各家之长，于喻嘉言、叶天士、徐灵胎、王孟英诸家造诣尤深。《浙江历代医林人物》谓其"以善治温病著称于时"。温热病时人称为"蛇婆"，"蛇"温州方言谐音"邪"，谓其治"邪证"即温热病如捉蛇入婆，稳操胜券。陆老师自幼熟读《王孟英医案》，"文革"后百废俱兴，整理重版医学古籍提上议事日程，于是我又多了个受训提高的机会。

咸丰元年海宁周镰辑王孟英医案为《回春录》二卷，收录道光四年至二十三年的验案，详于杂病治疗；张鸿、盛钧、赵梦龄、陈坤、董介谷等续辑《仁术志》八卷，载道光二十四至三十年的七年间案，以温热暑湿诸外感证治为主；后杨照藜合辑二书，改题《王氏医案》，作正续二编；咸丰四年，徐然石又辑《王氏医案三编》。这次整理取《王氏医案正续编》十卷，作校点注释，出简体横排本，并定名《王孟英医案》。陆老师选《潜斋医书五种》道光三十年庚戌纬文堂刻本作为底本，参照其他版本及石念祖《王氏医案释注》进行校勘。我与陆老师商议整理办法，一是忠于原文，尽量保持古籍原貌，原书序跋、眉批、夹注一律保留，署名不变，编次不变，让读者看到的是古籍而非今人产品；使用现代标点以利阅读；注释简洁，可注可不注者尽量不注，不加按语，以免阅读时反为之分心。这一办法后来也成为我长期以来古籍整理所遵循的基本原则。无论是《永嘉医派研究》的《易简方》系列著作，《温州近代医书集成》的《松龄医铎》《华佗疡科拾遗》《伤寒论讲义》及利济医学系列著作，还是《丹溪逸书》，以至国家中医药管理局中医药古籍保护与利用能力建设项目的《医林绳墨》《医林绳墨大全》《医林口谱六治秘书》《坤元是保》等都照此办理。

这项工作进行得很是顺利，仅2个多月时间就完成了全书标点。校勘稍有点麻烦，寻找不同版本就不容易，颇花费了一些时间，幸石念祖《王氏医案释注》一书学院图书馆有藏，也就顺利地找齐了所需版本。底本是初刊本，质量颇佳，时代已属晚清，文字、语句都比较浅显，所以校勘难度不大。《回春录》详于杂病，《仁术志》详于外感，两相结合，全方位记录了一代大医王孟英的临床经验。审症溯因，辨脉论病，可察孟英辨证之明晰细致；随证处方，不拘成法，自见孟英论治之纯熟详审。《王孟英医案》于研究王氏学说有重要价值，于现实的临床实践也具参考意义，而整理过程是最好的学习，也是我最大的收获。

随后，我和陆老师不失时机地提出校点《朱丹溪著述四种》的建议。因我撰写毕业论文时考证发现，真正的丹溪著述仅《格致余论》《局方发挥》

《本草衍义补遗》《金匮钩玄》四种，其余或后人编纂，或托名伪作，均不可信。为此我们师生俩亦曾数次商议，我便动笔抄录四书，展开校勘工作。交稿5年余，1988年5月终于收到《王孟英医案》的清样，1989年9月23日收到散发油墨清香的新书，望着"陆芷青、刘时觉校点"字样，毕竟首次登上书籍封面，激动不已。《王孟英医案》为我医古籍整理开了头，而后校点、整理、辑佚的古籍有数十种，直至担任国家社科基金和国家中医药管理局中医药古籍保护与利用能力建设项目的审稿专家，均起于此青蘋之末。遗憾的是，《朱丹溪著述四种》最终未能成功，但前期的抄录、句点、校勘工作还是很有得益的。

二、人生经历

（一）个人简介

刘时觉，又名守庸，1949年10月出生，浙江温州市人。1965年8月初中毕业，插队温州市郊状元人民公社，一去十余年，在广阔天地饱受磨炼，烈日霜风中从事田间劳动，后来任乡村民办教师7年，兼任赤脚医生6年，历尽坎坷；至1976年底回城，在温州中学、温州第三中学担任语文教师。1979年考上浙江中医学院研究生，在何任、陆芷青、徐荣斋、蒋文照、冯鹤鸣、朱古亭等名师组成的导师小组指导下从事中医古典医著研究，追随陆芷青、吴颂康、詹起荪门诊临床，向林乾良先生咨询医史，陆芷青先生还是其学位论文的指导老师。1982年毕业，取得硕士学位，就职于温州医学院，长期在一线从事中医临床、教学和科研工作，一步步晋至教授、主任医师，于2012年12月退休。

2001年被评为温州市名中医，2004年被评为温州市优秀教师，2005年被评为温州市专业技术拔尖人才，2008年被评为浙江省名中医，2008年被评为第四批全国名老中医药专家学术经验继承工作及学位指导老师，2011年圆满完成工作。曾任中华中医药学会医史文献分会常务理事、浙江省中医药学会理事、浙江省中医药学会医史文献分会副理事长、温州市中医药学会副理事长，现任温州市中医药文化学会名誉会长。

（二）成长经历

我的人生道路，曲折崎岖，难有坦途，历经坎坷，饱尝艰辛，只是在逆境中苦苦坚持，读书自学，摸索钻研，最终熬到云开雾散，重见天日。

1. 青少年求学经历

1965年8月，我从温州第三中学初中毕业，插队于温州市郊状元人民公社，时年十五岁零十个月。沉重的农业生产劳动之余，先是自学高中的数理化，幻想有朝一日能够读书升学，有上大学深造的机会。"文革"乱起，读书升学的希望破灭，继续坚持自学一段时间之后，父亲建议学中医，一再告诫说，为人立足于世，应当有养家糊口、安身立命的一技之长。考虑再三，也实在无路可走，我便开始自学中医。当时书籍奇缺，资料全无，手头仅有一册《常用中药和方剂》，新华书店购得一本《内经摘要白话解》，后来又向亲戚借到一套《本草备要》和《医方集解》，这几本书的获得无疑是我艰难自学历程的肇始。

繁重的农田劳作足以耗尽人的全部精力，绝无"晨兴理荒秽，带月荷锄归"的轻松，更没有"采菊东篱下，悠然见南山"的闲适，耕读传家只是古人的遐思逸想罢了。一日下来，浑身酸痛，四肢无力，有时累得连话也不想多说，可还是得强打精神去啃那天书般的中医书；小小的知青点更成了当地青年人的聚会地，从早到晚，人来人往，晚上更是高朋满座、人声嘈杂，雨天农闲时，高谈阔论、打牌下棋、闲聊胡扯，更是整日不绝，直到夜深人静。知青们没有自己的空间，没有隐私，更没有能够读书、学习的环境和时间。但是，我知道要读书，不能浑浑噩噩、随波逐流，我不愿沉沦于此，空耗岁月。读书是唯一能够自我支配的路径，也是寄希望于明日的出路。局面无力改变，办法自己寻找，我的对策是，每隔一段时间便回温州城里待上几日，埋头读书，泡图书馆，与同在自学中医的小伙伴们交流学习心得。可是，以我懵懂的年龄及初中毕业的底子，去啃古朴深奥的中医，其困难可想而知，两三年下来，读读停停，竟难觅其门。所幸在这个过程中，杂七杂八地看了不少书，读了一些古诗文，有了点文字功底，也渐渐懂得阴阳、五行的意思，知道一些望、闻、问、切道理，开始有点开窍了。

体力透支，环境嘈杂，我很焦急，却无计可施，转机出现在1970年春，我经人介绍到本公社大罗山区的一个小村子山一大队任民办教师。我负责二三年级的复式教学，二三十个小孩，语、算、音、美、体一手抓。当时小学语文课本大体都是些政治口号的堆砌，没有什么解释和发挥的意义，但既然身为教师，便不能误人子弟，教学重心便放到字的音、形、义上，读音读

准，写字写正，笔顺正确，意思能够理解，听写能够写出，也就符合我的要求。算术还好，数字和加减乘除变不到哪里去，列横式，排竖式，一五一十给孩子们讲清楚就是了。复式教学就是二三年级合在一个教室里上课，给二年级学生上课，三年级的就抄书做作业，然后反过来，给三年级学生上课，让二年级的抄书做作业。于我而言，最大的益处就是有了大把的时间与独居的办公室兼卧室，可以静下心来读自己的书；甚至还有了星期六下午和星期日的休息时间，这于我更不知是何等的奢侈了。躲进小楼，管他春夏与秋冬，完全沉浸在书本之中，抓紧一切时间充实自己，读了中医读西医，读了医学读哲学、文学，以及诸子百家、唐诗宋词，饥不择食地装了一肚子。于是，山一小学成了我的大学，后来戏言，我毕业于"大罗山大学"，其源盖出于此。

其间，认识了何黄淼先生，与王建寅、娄绍昆也时常交往，二三子的谈论切磋，大有裨益，休息日便一起四处走动，穿街入户，为人义务针灸，有了最初宝贵的实践机会。读的书便转向了针灸，先是《腧穴学》，非常地详细，是针灸的基础课程。后来是针灸歌赋，就偏重于临床应用了。我对日本的针灸著作也很感兴趣，代田文志所著的《泽田派见闻录·针灸真髓》，叙事方法轻松自如，内容深入浅出，读来有别具一格的韵味；《针灸治疗总论》对腹诊、经络压诊、脊椎压痛等诊断方法叙述尤为详细，对症取穴有的放矢，也很精练。曾有一段时间，我对经络平衡、"天平"现象、知热感测定大感兴趣，不仅抄录其书，甚至还做了焚烧线香的支架以测定知热感，最终因难以实际运用而不了了之，但经络平衡、缪刺方法就此入脑。

温州图书馆是无言的老师，中医学的重要经典，如《黄帝内经》《伤寒论》《金匮要略》及多种注本，以及秦伯未的《中医临证备要》，都是那时向图书馆借、在图书馆读的，而给我留下最深刻记忆的是，一字一句地抄书。白仲英老先生的《中医诊断学》，是我入门的钥匙，现在还存有厚厚的抄本；翻开留存的笔记簿，《伤寒论百题问答》《小柴胡汤研究》《针灸治疗总论》《中医诊疗要览》《针灸真髓》等都记载着当时焚膏继晷、兀兀以求的艰辛；现在还清清楚楚地记得最后一次抄书的情景：《赤脚医生杂志》连载了北京焦树德的《用药心得十讲》，其书简明扼要，深入浅出，有比较，有分析，很切实际，便在温州图书馆的阅览室里一字一句地抄起来了，十讲之中抄到第三讲，便传来本书出版的消息，后来购到一册，视为至宝，爱不释手，时已1977年，我已回温。

　　然而，印象最深的还是读《素问》。我自学中医从湖南中医学院的一本薄薄的小册子《内经摘要白话解》起步，所以对《黄帝内经》就有所偏爱，向何老师借了一本《黄帝内经素问白话解》，很快便被头几篇那些优美的文字所吸引。完整的原篇与被肢解的摘要语录意境迥异，不可同日而语，于是对照注释和白话翻译，一篇篇认真地读下，记笔记，背诵，花了大量的时间与精力，终于啃下这块硬骨头。直接的收获是，通读《黄帝内经》，奠定了扎实的医学理论基础，对中医理论的认识和理解有了一个质的飞跃；同时也解决了文字问题，语言文字功底也有一个质的飞跃。此后，我未再专门阅读《医古文》之类的教材，即使报考研究生，作为考试课目的《医古文》，我也只是浏览一过，对其中的语法现象作一番梳理，并不必花大力气去全面复习。这个阶段这本书的精读可以说是受益终生。

　　读医书毕竟枯燥乏味，汪昂《本草备要》说："本草一书，读之率欲睡欲卧"，强打精神去读，效率就打了折扣。汪昂的办法是"主治之理务令详明，取用之宜期于确切"，做到"言畅意晰，字少义多"，让读者有兴趣；我的办法是放下医书不读，改读一些有趣有用的书。常备的有三套，一是《中国文学史》，再由此派生开来，诗经老庄、唐诗宋词，来者不拒，二是冯友兰的《中国哲学史新编》，三是范文澜的《中国通史简编》。这些书的好处在于有一条明晰的脉络，以此"辨章学术，考镜源流"，便可以进一步扩展知识领域。有兴趣，有时间，读书便有了门径，有了深造的基础；无法扩展深入，仅此也有提纲挈领的作用。记得有段时间读医书难以记忆，读了后段忘了前段，以至怀疑自己是否年纪大了，记忆力衰退，后来读《长恨歌》《琵琶行》《前后赤壁赋》，似乎很是愉快入味，没多少时间便背诵自如，也使自己重新找回信心。现在想想，这种开无轨电车式的自学，无拘无束，没有什么大纲、计划，由此形成的知识结构大概也是最适合我的。那时读书之杂，还可举一个例子，当时正值"文革"混乱时期，我也不由心生疑虑，想到该读读经济学的书以析疑辨惑，便请同事刘建新借了本经济学的书，一本正经地读起来，还记了笔记。从古希腊的色诺芬，到柏拉图、亚里士多德，从封建社会早期托马斯·阿奎那的公平价格论、货币论、商业论等，到晚期的重农主义、重商主义，还有英国的古典经济学、早期的空想社会主义。读得正兴致盎然，猛然醒悟过来，我的正业可是中医，这些是当不了饭吃的。父亲出于文字狱之忧，尤其反对我已然产生浓厚兴趣的社会科学内容的研究学习，故而我也不再继续读下去。现在还知道些亚当·斯密、大

卫·李嘉图，全是那时下了功夫。

村民对老师是很尊重的，一见面，口口声声"刘老师，刘老师"的，知道我喜欢看医书，有点头痛脑热的也愿意找我；而我读了些针灸中医书，又随何先生四处替人针灸，多少也有了些见识，早就跃跃欲动，想一试身手。所以，有求必应，来者不拒，课后有时还走东家，串西家，义务为山民针灸，结果有有效的，也有无效的，但开药方还是不敢的。时间一久，山民都知道有个会"打干针"的刘老师，来找的人渐渐多了起来。我乐此不疲，有时还跑到远在山下的永强去，来回2个小时，只为多一点实践的机会。只问耕耘不问收获，有付出就会有回报，古话讲得真不错，那段时间的义务针灸带给我的回报是，我当上了大队的赤脚医生，背着个药箱满山跑，西药中药、针灸拔罐，忙得不亦乐乎。这相当于"大罗山大学"的实习时期。最可贵的是，有了去状元公社卫生院进修学习的机会，拜张黄中老先生为师，学习西医的临床诊断用药，名正言顺地行起医来，眼界自然今非昔比，感受更为深刻。凭借这段时间的实践基础，后来考上了浙江中医学院的研究生，直接改变了自己的人生轨迹。

1971年初，有推荐上中专之事，经一番努力，终究落空；此后一年一度，几多挣扎，从大队、公社，到梧埏区、温州市，层层关卡，处处战场，头破血流，终成画饼。所有的一切，都在培养我的社会洞察力，了解上上下下、方方面面，激励我不屈抗争的斗志，激励我奋发读书，努力提高自我的意志，培育变革的萌芽。感谢那个令人振奋的丙辰秋日，使我们一代人重新燃起希望的火焰，有了改变自己的人生轨迹的机会。

现在回想起来，我有今日，首先，要感谢父亲的言传身教，培养了我强烈的读书愿望，给了我自学的能力，使我得以在一片"读书无用"声中继续读书；其次，便是要感谢我的"大罗山大学"，感谢温州图书馆这个无言的老师，给了我读书的环境，使我在无书可读的荒漠中有书可读，有条件读书。这是我青少年时代自学中医的经历，是与现今的青年学子迥然不同的刻骨铭心的求学经历。

2. 工作经历

我1982年研究生毕业，取得硕士学位，就职温州医学院，长期在一线从事中医临床、教学和科研工作，一步步晋至教授、主任医师，于2012年12月退休。

（1）临床工作：从1982年毕业到2012年退休，我在温州医科大学附属第二医院中医科从事临床工作整整30年，先是"大中医科"，内科、妇科、儿科一把抓；后来初步分科，则是"大内科"，五脏六腑都着手；1993年设立中医肾系疾病专科门诊，开展肾与老年性疾病的临床研究。能顺利开展门诊医疗工作，胜任愉快，即受益于陆芷青、吴颂康、詹起荪诸位老师。

临床工作中提出肾骨髓脑一体论观点，运用补肾益髓法治疗肾及脑、髓、骨的相关病变，治疗多种老年疾病如糖尿病肾病和脑病、对肾虚髓枯的脑梗死，以及多发性硬化失明、肢萎、骨关节炎、骨质疏松等，都有丰富的经验和良好的疗效，完成科研课题"补肾活血法治疗老年性疾病的临床研究"；提出阴阳燥湿论观点，以补充通行的阴阳寒热论之不足，在组方用药时从燥润角度考虑体质脏腑特性、病因病机特点、药物性质，丰富中医学理论，在临床运用中也颇具功效。依据痰瘀同治的观点，运用逐痰通络方治疗中风及其后遗症，都颇具功效。

我还提出中西相济论，认识中西医学临床治疗的优势与不足，从中西医取长补短、互补相济的三个关系进行中西医结合研究，即西医为主、中医参与，中西并重、中西结合，中医所长、中医治疗。"西医为主，中医参与"，西医优势病种有成熟的治疗方案，中医参与从减轻毒副作用入手，保证原治疗方案顺利实施，如皮质激素治疗、抗生素治疗、外科手术后、肿瘤放化疗的中医参与等；"中西并重、中西结合"，针对如急慢性支气管炎、慢性胃炎等疾病，中西医结合以起互补相加的作用；"中医所长，中医治疗"，则针对功能性疾病、退行性疾病、某些疾病并发症、后遗症及恢复期治疗或西医治疗有禁忌或亚健康状态等，以中医治疗为主。据此观点，主编了《中医教程新编》，用为中医学本科教材，又衍生出《西医运用中医的临床思路和方法》一书。

2001年被评为温州市名中医，2005年被评为温州市专业技术拔尖人才，2008年被评为浙江省名中医，2008年被评为第四批全国名老中医药专家学术经验继承工作及学位指导老师，2011年圆满完成工作。

（2）教学相长：我的教学工作经历，从山一小学开始，初中、高中、大学专科、本科、硕士研究生，我都教过，称得上是全能教师。教小学还是复式教育，一边三年级，一边二年级，教了这边教那边，这是正规的小学教师也未曾有过的经历；初中则复杂了，尽管后来认语文为主业，毕竟物理、

数学、生理卫生都插过一竿子，都零打碎敲地教过；高中主要在温州地区卫生学校教过差不多一年的古文，后来与朋友们一起创办医学职业高中，教过西医专业的中医学，中医专业的中医基础、中药、内科等课程；近30年，教大学本科成为主业，最为得意的成果是，2002年一手创办了温州医学院中医专业，是中医系的创始人和首任系主任，直接承担了"中医学基础""医古文""黄帝内经""中国医学史""中医各家学说"等多门课程的教学工作；最有意义的还是硕士研究生的教学，毕竟一对一，师生情谊也重，算来迄今六届共六名，都学而有成；最遗憾的是，未能成为博士生导师。

（3）最有成就感的工作：1999年出版《中医学教程》，阐述辨证层次，倡导理法方药一贯，用为温州医科大学临床医学专业的中医学教材，相关课题"西医院校《中医学》教学内容和课程体系的改革"获温州医学院教学成果奖一等奖、浙江省高等教育教学成果奖二等奖，后又形成专著《解读中医》，更为广泛地推广运用。从中医临床治疗优势入手，提出中西相济论，阐述中西医临床方法和思路，即西医为主中医参与、中西并重中西结合、中医所长中医治疗三种关系，出版《中医教程新编》，开展西医院校《中医学》教学内容和课程体系的改革第二期，获温州医学院教学成果奖一等奖，衍生为专著《西医临床运用中医的思路和方法》。

2002年主持创办了温州医学院中医专业，是中医系的创始人和首任系主任，从课程设计、拟设教学计划、制定教学大纲，到选聘教师、选择教材，一手操办，完美完成，还直接承担了多门课程的教学工作。

2004年被评为温州市优秀教师，2005年被评为温州市专业技术拔尖人才，2008年被评为第四批全国名老中医药专家学术经验继承工作及学位指导老师，2011年圆满完成工作。

三、春华秋实

先后发表学术论文98篇，通讯作者论文10篇；独著或主编或第一作者出版著作15部，共1640万字，尚在出版程序中1部；完成国家级课题5项、省级2项、厅局级3项、温州市级3项，在研省部级2项。获国家高等学校科研优秀成果奖、浙江省社科研究优秀成果奖、浙江省高校优秀科研成果奖、浙江省中医药科技进步奖、浙江省教育厅科技进步奖、温州市科技进步奖等奖项的一等、二等、三等奖多项。

1. 丹溪学研究

丹溪学研究持续20余年，是研究生毕业论文《朱丹溪学术思想研究》的深入、扩展，发表论文24篇，《朱丹溪学术思想研究》1999年获温州市科技进步奖三等奖，2004年出版《丹溪学研究》，2005年获浙江省中医药科技创新奖三等奖，2005年出版《丹溪逸书》。

2. 宋代永嘉医派及《易简方》系列著作的研究

其是浙江省中医药重点课题，发表论文9篇，2000年出版《永嘉医派研究》，2002年获浙江省中医药科技进步奖三等奖。

3. 温州历代医学著作的整理研究

其为温州市科技发展项目，发表论文6篇，2005年出版《温州近代医书集成》，2006年获温州市科学技术进步奖三等奖，2007年获浙江省中医药科技创新奖二等奖。

4. 温州医学史

温州通史专题史项目，是温州市哲学社会科学规划课题，于2016年出版，获温州市哲学社会科学优秀成果奖三等奖。

5. 医学古籍目录学研究

积30年之辛劳勤苦，设计并实施这项极其艰巨的宏大计划，包括5个方面的内容及多项子课题。

（1）前期工作：编纂《四库续修四库医书总目》，收录《四库全书》《四库未收书目》《续修四库全书总目提要》医家类书目788种，于2005年出版。

（2）主体工作：中国医籍续考、中国医籍补考是整个研究计划中心内容，对现存古籍书目进行整体性的调查、搜集和考证研究。其共载录古医籍6875种，其中现存6216种，阙97种，辑佚59种，笔者亲见6372种，占全部书目的92.68%，并做了翔实、周详的考证研究。分别获2010年和2015年国家科学技术学术著作出版基金项目资助，"中国医籍补考"还为国家社会科学基金项目，两书均由人民卫生出版社出版。"中国医籍续考"获浙江省社科联社科研究优秀成果奖一等奖、浙江省第十七届哲学社会科学优秀成果奖一等奖、国家高等学校科学研究社会科学优秀成果奖三等奖、温州市科技进步奖二等奖。

（3）编年研究：纵向的编年研究，根据医学古籍成书、出版、补订、

浙江中医临床名家·陆芷青

增辑、重刊的时间展开，注重版本流传，先后传承，编纂《宋元明清医籍年表》获浙江省中医药科技创新奖、浙江省高校科技成果奖、温州市社科成果奖，均为三等奖。在补续二考的整体性调查和考证研究基础上，又进一步深入、扩充，立为浙江省哲学社会科学规划重点课题，《宋以后医籍年表》已完稿，进入出版流程。

（4）地域性研究：横向的地域性研究，根据著者的籍贯、生活地域、医事活动开展，注重学术环境和传承，注重文化的联系与影响。浙江医籍考为浙江省文化研究工程课题，于2008年出版，获浙江省高校科技成果奖一等奖、浙江省社科联社科研究优秀成果奖三等奖、温州市科技进步奖三等奖。苏沪医籍考为教育部人文社会科学研究规划项目，已经完稿，正申报国家科学技术学术著作出版基金。拟进一步开展安徽医籍考的研究。

（5）扩充研究：以书求人，由书及事，跳出目录学范畴，开拓新领域，研究中国医学发展的历史及其规律。浙江医人考是浙江医籍考进一步的深入开拓，为浙江省历史文化工程研究、国家科学技术学术著作出版基金项目，于2014年出版，获温州市社会科学优秀成果奖二等奖。

整个目录学系列研究是全方位、立体性的，目标是使我国医学古籍目录学研究达到新的高度和广度。笔者为此付出了毕生的精力，脚踏实地、一步一个脚印的基础研究，取得的成果也是丰硕的。

另外，前述"补肾活血法治疗老年性疾病的临床研究""西医院校《中医学》教学内容和课程体系的改革""中医药古籍保护与利用能力建设项目"等，不再一一赘述。2年的随师时间是短暂的，而对我的影响是深远的，可谓是终身受益，古人有谓"一日为师，终身为父"，信而有征也。

第三节　杂病能手郑红斌

一、良师益友

（一）师生情深

1983年本科毕业后，我应届考入浙江中医学院中医学专业，开始了3年的研究生学习生涯。期间有幸拜于陆芷青教授门下，学习理论知识，随师临床实践。陆芷青教授出身中医世家，娴熟岐黄仲景之学，精于中医内科，业医80载，其时，陆芷青教授在浙江中医学院附属门诊部、浙江省中医院、中医药学会门诊部等处均有门诊安排。我作为门下学生，三年如一日，跟随老师出诊学习。陆老精于中医内科，善治时病及内科疑难杂症，经过长期的跟师学习，我对中医内科疾病有了较系统的认识，积累了丰富的临床经验。

当时研究生课程开设有"黄帝内经"，课堂上陆芷青先生的悉心教导和倾囊相授，我与诸僚均受益匪浅。陆芷青先生自幼熟读四书五经，精通文理医理，教学多年，曾讲授"中医基础理论""中医诊断学""中医内科学""黄帝内经""伤寒论""各家学说""温病学"等多门中医课程，讲课深入浅出，融会贯通，经验丰富，深受学生们敬重。其扎实的医学功底，渊博的学识，可见一斑。闲暇之余，陆芷青先生喜赋诗词与书法，我亦受老师影响，抓住点滴时间练字写诗，博览群书，坚持至今。

研究生第二学年，我作为陆教授的教学助教，参与《黄帝内经》教学。通过在角色上的转换，使我对中医学理论知识的理解更加深刻。在攻读研究生期间，我参与了陆芷青先生的"舒心宝的临床与实验研究"课题，也为我之后研究中医基础理论、临床科研工作等打下了坚实的基础。

陆老认为自古医之为道，非精不能明其理，非博不能至其约，业医能做到"博学"与"求精"，必定学有所成。在学习和生活的过程中，陆芷青先生常常语重心长地劝勉学生，多读中医经典医籍，不但要读，有些还要能背诵。多读书的同时也要重视临床，多认证，多实践。《礼记·中庸》有"博学之，审问之，慎思之，明辨之，笃行之"的要求，其中博学居于首位。陆芷青先生丰富的学识，一部分得益于他的治学方法。我在研究生学习期间，老师将自己的读书心得倾囊相授，告诫我和师门学生治学应着眼于"博"与"精"的"出入"，读书前将书划分为用功书、浏览书、工具书3类。

其中用功书分为：经典理论类，如《黄帝内经》《难经》《伤寒论》等；药物类，如《本草疏证》等；温病类，如《温热经纬》等；各家学说类，如《脾胃论》《格致余论》《证治准绳》等；医案类，如《临证指南医案》等。读用功书强调以下三点。

一要熟读精记，熟读原文至朗朗上口，所谓书读百遍，其义自通；对精要处须做到熟记，临证时才能胸有成竹，运用自如。

二要善思明理，学而不思则罔，每读一篇一章，都应回味消化，析疑解惑，这就需要一个"思"字，尤其是经典著作，更需深思熟虑，反复推敲，但要强调明理，即对文理医理做到明白晓畅，对脱简阙文义理难通者，应采取"缺其所可疑，通其所可通"的态度，不要依文附义，牵强附会。

157

三要勤记贵恒，在明理基础上，随时将学习心得在书上注以眉批，持之以恒，必有收获。陆芷青读过的医籍里，随处可见珠笔或墨笔写下的眉批，或赞，或批，曲尽精微，少则一二十字，多则百余字。

使用浏览书时，陆芷青主张先读序言、凡例，因序言和凡例皆为作者著书的目的、要求和方法，跋是作者的体会，再择其精华而读，这样读书事半功倍。因此，浏览书着眼于"精"，取其长而融会贯通。

使用工具书时，在遇到问题时查阅使用。中医著作浩如烟海，汗牛充栋，人之精力有限，不能兼收尽取。带着问题去翻阅，能够开阔视野，加深对问题的理解。

仅仅有理论学习还不够，陆芷青先生常年坚持出诊看病，他认为读书不临证，则书为"死"的，务须验之临床，书就读"活"了。我谨记于心，将书本理论专心付诸实践即笃行，并在实践中运筹灵活即务活，这样才能达到治医的最终要求。即使学习和工作再繁忙，我也坚持定时临床实践。在实践中积累心得体会，日久必有所成。我每次跟师临证都留有记录，笔记可以作为检验临床效果好坏的依据，便于日后总结。这种好习惯是受陆芷青先生影响。陆芷青先生坚持处方留底几十年，至今仍保留甚多。陆芷青及其学生的记录为后期整理研究陆芷青先生的临床经验和学术思想等，提供了第一手资料。不得不感叹学医之人，贵在积累。

陆芷青先生要求学生在临证方面应谨守病机，运筹灵活，遣方用药，师古不泥。药贵合宜，法当应变，忌胶柱鼓瑟，执守不变。遣方用药，贵在匠心独运，泥其常者，人参反以杀人；通其变者，乌头可以活命。并认为医者临证，贵在于"活"，在药物配伍上，主张以药物的四气五味、升降浮沉来调整人体气机的升降出入。如治疗肝阳上亢之高血压患者，除用珍珠母、茺蔚子、牛膝、钩藤等平肝潜降之品外，常加一味川芎疏肝气、升清阳，寓降中有升之意，以防降之太过，有碍肝之升发。

研究生期间，在老师的指导下，我完成了"内经以外知内法则"研究及"内经诊断学"方向的毕业论文。陆芷青先生严谨的治学态度、丰富的临床经验，以及在学习和生活中给予学生的关心和指导，对我后来的学习研究有着重要的意义。

（二）润物无声

我曾在陆芷青教授门下，学习《黄帝内经》的学术研究方法，以及《黄帝内经》理论的内涵、应用。在攻读研究生期间，在陆芷青的指导下撰写了《素问脉要精微论的诊断学》《望诊遵经理论》等论文。

陆芷青教授娴熟岐黄、仲景之学，精于中医内科，善以经方治疗时病及内科疑难杂证，而且善于吸收现代医学之长。早在上海中国医学院求学时，就在陆渊雷先生门下研读了陆氏《生理学补正》《病理学补正》等西医学知识，这对陆芷青先生以后的医学生涯影响深远。陆芷青先生认为他山之石，可以攻玉，取其所长，为我所用，衷中参西，可以相得益彰。在对待中西医的差异上，陆芷青先生丝毫不抱有门户之见，反而十分重视吸收现代医学之长。我在跟师期间，深深体会到了这种不拘门户之见，兼收并蓄的学术思想，在临床诊治疾病及教学中无不体现着"衷中参西、中西结合"的思想。他认为，中医在治疗手段上比西医丰富，而西医在诊断上更胜中医一筹。由于中医辨证所采用的整体宏观的观察方法，尚难以对微观病理变化做出确切的分析与判断，故在中医辨证尤其是在疗效的检测上，参考西医指标是很有必要的。如临床曾遇一位水肿患者，全身浮肿消退后，根据中医辨证，患者已基本恢复，而根据西医理化检测，尿中蛋白仍为阳性，提示患者尚未痊愈。若仅依靠中医检查，就很难发现隐患。又如病毒性肝炎，常常是患者自觉症状消失，已无证可辨，而肝功能检查或乙肝三系指标尚未达到正常，这在治疗上就需要参考理化检查指标，以求达到临床证候和微观病理变化同步改善的目的。陆芷青认为，要真正提高中医诊断水平，仅仅让理化检查数据为中医辨证提供参考还是不够的，让中医的微观辨证趋向规范化、科学化，是今后努力的方向。我继承了陆芷青中西医结合的思想，认为中医诊治疾病强调整体观念、辨证论治，望闻问切立足整体与宏观；西医则着眼局部与微观。医者若能在整体宏观辨证基础上参考西医诊断及化验检查结果，可对病证有比较深入和全面的了解，使治疗针对性更强，有利于提高疗效。

陆芷青先生临床精于中医内科，尤善治疗心、胆、胃疾病，主张"胆心同病""胆胃相关"，治胃以和为贵，所谓和者，顺也，平也，谐也。脾胃同居中州，刚柔相济，燥湿互用，升降相因。肝主疏泄，条达脾胃气机。和胃者，当和其寒热，调其升降，谐其润燥，顺其气机，平其阴阳。在我开始工作后，门诊以消化系统疾病为主，继承了陆芷青的临床经验和主张，在辨证用药时也参考陆芷青先生的诊治用药经验，加之自己的学习感悟，每每收效。和胃心法主要有以下六种：第一，顺气机，疏肝和胃；第二，和寒热，温脾清胃；第三，平阴阳，润降兼施；第四，调升降，化饮和胃；第五，理气血，化瘀通络；第六，解郁结，利胆清热。

陆芷青先生主张"胆胃相关"，胆胃生理相关、中医认为胆胃同属六腑，同居中焦。腑以通为用，胃以降为顺，胃属阳明，胆属少阳，两经脉循于耳前在少腹交会。由于经气的相互贯通，所以在生理上少阳、阳明相互维系，因此胆气不足则生机不旺，胃气不旺则化源不足。就胆胃关系而言，即"胃随胆升""胆随胃降"。故认为胆胃在生理上相互关联，共同起调畅气机、协同消化的作用。同时，胆胃在病理上可以互相传变。"胆宜沉降"，即指胆火、胆汁宜降。若肝胆不疏，郁而化火，不得宣泄，则反逆犯胃，临证常见口苦、嘈杂、泛酸、暖气等；若兼有湿热，则兼见胁痛伴呕恶，甚则发热、黄疸等。即胆失通降，导致胆病及胃。胃病及胆，大多由于胃阳不振，寒湿凝聚所致；或湿郁生热，壅阻滞留，气机不利，而影响胆之疏泄；或因胃热移胆而致胃胆同病。临床可见脘胁胀痛、痞满、纳少、大便失常，或口苦咽干、目眩、头胀等。而现代医学认为，胆囊与胃均属消化系统，胃上接食道，食物经胃下口通向十二指肠，胆在肝右叶下，胆汁通过胆囊管、胆总管下行进入十二指肠，因而十二指肠自然地成了胆与胃的交会点。胆石症、胆囊炎患者，由于胆汁郁结，疏泄不畅，引起胆汁反流于胃，反流液中的胆酸盐等物质反复刺激胃黏膜，破坏了胃黏膜屏障，而致胃黏膜慢性炎症、糜烂及溃疡的发生，引起胆胃同病。反之胃部疾病造成幽门功能紊乱，既可使胆汁反流，破坏胃黏膜屏障，加重胃本身的病变；同时又可使缩胆素分泌减少，致胆囊收缩力减弱，形成胆汁瘀积而转变为胆囊炎、胆石症，甚至导致胃病及胆。

胆胃同病辨证要点为胃脘有不同程度的胀满，多数脘痛连胁引背，痞胀多于脘痛，口苦或呕吐苦水，暖气嘈杂，辨证以胆为气滞、肝胆湿热、肝胃不和多见，亦有胃阴不足、气阴两虚、肝郁脾虚等见证。掌握治胆莫忘和胃，和胃每兼利胆的原则，常可收到胆利胃亦和，胃和胆自利的效果。因此疏肝利胆、和胃降逆为治疗本病之大法。根据本病的病理机制，陆芷青先生临证常用四逆散合茵陈蒿汤化裁后治之。药用柴胡、枳壳，白芍、生甘草，茵陈、焦山栀、制大黄、郁金、绿萼梅、佛手片等。

我将陆芷青先生对心胆胃疾病的辨证论治方法应用到了胆汁反流性胃炎的治疗上，在继承的同时又有所发展。临床遣药加减灵活，方简效专，大体辨证思路与用药经验总结如下所述。

胆汁反流性胃炎，临床多见反酸、暖气、恶心，胃脘灼痛等症状，其病主要由七情失调、饮食不节、劳倦过度、手术损伤等引起，致使胃气不降反升，夹杂胆汁，反流入胃，灼伤胃络。正如《灵枢·四时气》云："邪在胆，逆在胃，胆液泄则口苦，胃气逆则呕苦"。肝与胆相表里，肝气疏泄得当，则有利于胆汁的正常排泄，两者共助胃行受纳腐熟之能。若肝郁胆滞，胆腑不畅，肝失疏泄，横逆犯胃，久则损伤脾胃，土虚木乘，中焦气机升降失司，胆汁不循常道，上逆犯胃，出现胃脘胀痛、嘈杂不适、吞酸嗳气、口苦口干等诸症。基于以上分析，我认为，胆汁反流入胃是本病的发病根源，强调"其病在胃，其因在胆，重点在肝"是本病的病机关键。这一观点遂成为我临床辨证论治的重要依据。

根据长期临床经验，我将胆汁反流性胃炎中医辨证总结为以下6个证型。

1. 肝郁气滞

此证多见胃脘胀痛不舒，痛引两胁，胸膈满闷，嗳气，每随情志变化加重，舌淡苔薄，脉弦。治当疏肝和胃，理气止痛。药用柴胡、川芎、白芍、陈皮、枳壳、制香附、苏梗、延胡索。

2. 胆胃失和

此证可见胃脘不适，晨起口苦尤甚，泛吐苦水，心烦不寐，眩晕，苔白腻，脉弦滑。治宜利胆通腑，行气和胃。药用半夏、陈皮、茯苓、黄连、竹茹、枳实、制大黄、郁金、广金钱草、甘草。

3. 湿热壅滞

此证多见胃脘灼痛，痞满纳呆，时呕苦水，口苦黏腻，便溏不爽，舌红薄黄腻，脉弦滑或数。药用苦杏仁、薏苡仁、白豆蔻、姜半夏、川朴、广藿香、猪苓、泽泻、制大黄、焦山栀。

4. 脾胃虚弱

此证可见胃脘隐痛，时作时休，食少无味，面色萎黄无华，神疲乏力，四肢倦怠，舌淡苔白，脉缓弱。治宜益气健脾，和胃降逆。药用黄芪、怀山药、薏苡仁、陈皮、广木香、砂仁、党参、茯苓、炒白术、甘草。

5. 胃阴亏虚

此证多见胃脘隐痛或灼痛，嘈杂不适，反酸，口干，舌红少苔，脉细数。治宜滋阴润燥，和胃止痛。药用北沙参、玉竹、麦冬、川楝子、天花粉、生地、当归、枸杞子。

浙江中医临床名家·陆芷青

6. 气滞血瘀

此证多见胃脘刺痛，呃逆口苦，舌黯苔薄，脉弦涩。治宜行气活血，化瘀和胃。药用百合、乌药、丹参、砂仁、失笑散、桃仁、红花、枳壳、豆蔻。

据我临床病案记录，曾有位50岁左右的女性患者，胃脘胀痛不适，晨起口苦、口干，频发反酸嗳气，纳差，大便3～4日/次，平素急躁易怒，病情每随情志变化加重。胃镜报告示：慢性浅表性胃炎伴胆汁反流；Hp（＋）。舌淡、苔白腻，脉弦细，证属肝郁气滞，治以疏肝解郁，和胃降逆。方用柴胡、陈皮、川芎、炒白术、制大黄各10g，佛手、炒白芍、蒲公英、平地木、太子参、苏梗、瓜蒌子、槟榔各15g，炒枳壳30g，制香附9g，郁金12g，共7剂。每日1剂，水煎服，分上下午2次温服。药后诉胃脘胀痛、口苦明显缓解，大便1日/次，仍有反酸嗳气。故守原法原方，随症加减。服药3个月后，诸证皆平，随访半年未再复发。

个人认为本病以胆胃不和占大多数，宜疏肝利胆和胃，少用滋腻之品，以防阻碍中焦气机升降。同时反流液为碱性，应适当减少选用苦寒化湿碱性药（如黄芩、黄连、黄柏等），以免加重反流液对胃黏膜的刺激。本病与情志、饮食关系密切，临证时，除药物治疗本病外，时嘱患者戒躁戒怒，心态平和；饮食方面，还嘱患者戒烟忌酒，饮食宜和软清淡，尽量少食或不食辛辣、油腻、刺激性食物，少食多餐，切忌暴饮暴食。同时，进行适量的劳作运动，如饭后散步等，可促进胃肠蠕动，有益于本病恢复。让患者树立治疗与调摄并重的理念，是取得疗效的基础。

（三）踵事增华

我在继承陆芷青先生"胆胃相关"理论的同时，以第一作者或通讯作者发表了《〈黄帝内经〉胆胃同治的理论探讨》《〈灵枢·四时气〉"胆液泄则口苦，胃气逆则呕苦"》《郑红斌治疗胆汁反流性胃炎经验》《郑红斌辨治反流性食管炎经验》等文章，也曾指导一位研究生撰写了胆胃相关理论的毕业论文。可以说是继承并发展了陆芷青先生的"胆胃相关"的理论及临床应用。

我在《黄帝内经》理论的研究方面的学术成果颇丰。这得益于求学期间陆教授等老师们的理论指导，以及个人的学习领悟。《黄帝内经》是我国现存医学文献中最早的一部较为完整的经典著作，它集中反映了秦汉时期的医学成就，确立了中医理论体系，是中医古典理论的奠基之作，是中医学理论与防治疾病技术的渊源。同时也包含着丰富的临床诊治内容，2500年以来一直被奉为医学理论之宗，为学习中医的必读书籍。除了文章、著作的发表及教材的编写，我还致力《黄帝内经》的教学方法研究。在浙江中医药大学研究生教育教学改革研究项目申请中，提出了内经学研究专题教学法的应用与实践。课程的教学对象是中医学专业的研究生，培养目标主要是服务于社会，以培养面向地方经济社会发展需要的具有创新精神和实践能力、适应性强、择业面广的全面型人才为宗旨，以先进教育思想、教育教学观念为指导。本课程是中医学专业的后期提高课程，因主题型教学法具有明确的目标性、深刻的启发性、充分的自主性和较强的综合性等特点，故通过专题讲授教学、网络讨论及撰写论文等方式，提高运用中医理论分析问题、解决问题的能力，培养具有扎实中医理论功底并能够将所学综合整理、融会贯通的优秀人才。

由于《黄帝内经》文字古奥，义理隐晦，给中医学子学习和研究带来了不少困难。个人认为长期以来的《黄帝内经》教学普遍以分章节理论讲解为主，缺乏从宏观角度进行方向性引导，使学生在教学过程中所学知识较零碎，难以形成系统，增加了学习《黄帝内经》的难度，给中医研究生学习研究中医经典精华，提高理论水平造成了一定困难，也为深化中医教学、提高研究生课程教学质量等提出新的课题。内经学研究课程是选取《黄帝内经》中的理论精华，对中医研究生进行教学的一门课程。本课程是基于学习《中医基础理论》之后的提高课程，是学习和研究中医药其他各门课程的基础。《黄帝内经》知识体系庞大，内容丰富但较繁杂，未形成系统性理论结构，因此，在《黄帝内经》课教学中运用专题教学法十分重要。针对中医学研究生开展以专题讲授为重点的内经学研究教学模式改革研究，对激发学生学习的积极性、主动性，加强学生所学知识的系统性，提高学生分析、解决问题的能力，更好地掌握领会《黄帝内经》原文的精髓及其临床运用等具有重要导向作用。

在教学模式改革方面，我主张以《黄帝内经理论与实践》为主要参考书籍，以理论专题讲课形式，将《黄帝内经》理论分为哲学、藏象、病证、病因病机、诊法、养生等多个专题进行讲授，对相关研究进展进行拓展。同时，应用计算机网络技术，学生利用网络平台，通过PPT课件、视频资料，以主题的形式确定若干个论题，辅助学生开展自主学习，提高语言

浙江中医临床名家·陆芷青

表达等能力，巩固学习效果。课程结束后，针对所学专题，组织学生进行论文的撰写。

二、人生经历

（一）个人简介

郑红斌教授，男，汉族，生于1963年11月11日，浙江省金华市磐安县人。自幼聪颖好学，刻苦读书，1983年于浙江中医学院中医系本科毕业，1986年于浙江中医学院中医基础理论专业硕士研究生毕业，2000年于上海中医药大学中医内科专业博士研究生毕业。2001年，作为国家教育部公派访问学者，赴日本东京大学医学部消化内科进行学习交流。工作后曾担任浙江中医药大学研究生处处长、基础医学院院长、中华医学会内经学会常委、浙江中医药学会内经学分会主任委员、浙江省中医学会常委、浙江省高校研究生学会理事等职务。从事中医教学、临床与科研工作30余年，主讲《黄帝内经选读》《中医基础理论》《中医内科学进展》等课程。主治中医内科疾病，擅长肠、胃、心、胆病的中西医结合诊疗。

近年来主要开展中医经典脾胃学说及中医药防治肠胃病、肠道健康产品开发研究，运用《黄帝内经》等相关中医基础理论，通过菌群分离检测、蛋白组学、细胞信号转导等方法研究炎症性肠病、菌群失调症和溃疡性结肠炎相关性大肠癌等疾病的中医证候本质及其影响调控机制。主持教育部、浙江省自然基金、浙江省教育厅等课题10余项。此外，长期从事中医基础理论教学科研及中医经典的文献整理研究工作，先后主编整理出版中医古籍5部，参与编写著作和教材多部，发表中医理论及文献研究论文20余篇。具备了扎实的中医文献整理研究功底和较好的古代医学文献研究能力，相关研究成果获得了良好的社会评价。已培养研究生10余人，现指导博士研究生3名、硕士研究生6名。

近年来研究成果丰富，其中中医与现代医学科技结合的课题有"麦芽纤维抗溃疡性结肠炎相关性结直肠癌的$p27$及$IGFBP7$基因表达研究""麦纤散对溃疡性结肠炎大鼠Bcl-2/Bax基因及$ERK1/2$信号通路的影响""新麦纤散制剂开发及其抗溃疡性结肠炎作用研究"等；科技类课题有"浙江中药产业历史和当代发展研究""《修龄要指》的文献整理研究""《医经小学》的整理研究"等。

（二）成长经历

我自幼聪颖好学，高中毕业后，于1978年考入浙江中医学院中医系本科，经过五年的中医学习，本科毕业后应届考入中医理论专业黄帝内经素问研究方向，攻读硕士研究生，毕业后留校任中医基础黄帝内经教研室中基、内经教师，1997年赴上海中医药大学中医内科专业脾胃病方向读博。2000年毕业后回浙江中医学院任教。2001年9月～2002年8月作为访问学者赴日本东京大学医学院消化器内科交流学习。回国后留任浙江中医学院中医基础黄帝内经教研室，从事中医学临床、教学及科研工作多年，现为浙江中医药大学基础医学院院长，担任中华医学会内经学会常委、浙江省中医药学会内经分会主任委员等职务。

三、春华秋实

工作后主持了教育部、浙江省自然基金、浙江省教育厅等多项课题。长期从事中医基础理论教学科研及中医经典的文献整理研究工作，出版了多部著作，主持多项文献研究课题，成果颇丰。

1. 研究课题

（1）主持"《医经小学》整理校注研究"，浙江省卫生厅课题（2014年），成果《医经小学校注》已出版。

（2）主持"《修龄要指》的文献整理研究"，国家体育总局课题（2010年），成果《修龄要指译注》已出版。

（3）主持"研究生《黄帝内经》主题教学的改革与实践研究"，浙江中医药大学课题（2015年），成果《内经精要译注》已出版。

（4）参与"《张山雷医集·脉学正义》研究"，浙江省卫生厅项目（1991年），成果获浙江省科技进步二等奖，专著《张山雷医集》已出版。

（5）参与"何任名老中医学术经验传承研究"，科技部支撑项目（2010年），成果《医宗金鉴四诊心法要诀》已出版。

2. 教材编写

（1）《内经选读》，主编，2017年出版，科学出版社。

（2）《内经选读》，副主编，2016年出版，科学出版社。

（3）《内经选读》，编委，2014年出版，科学出版社。

（4）《中医哲学基础》，编委，2010年出版，中国中医药出版社。

（5）《内经病证学概论》，编委，2016年出版，中国中医药出版社。

3. 出版著作

（1）主编《内经精要译注》《修龄要指》《医经小学》《黄帝内经白话详解》《医宗金鉴四诊心法要诀白话解》。

（2）参编《张山雷医集》《祖国医学璀璨明珠黄帝内经》、《金匮要略发微》《中医病因探要》《中医内科处方手册》。

4. 论文及被引情况

（1）《心肾相交的理论渊源》。

（2）《中医形神观源流与内涵》。

（3）《中医病因古今演变的研究之四——〈黄帝内经〉六淫病因学说概要》。

（4）《中医病因古今演变的研究之一——〈黄帝内经〉七情内伤病因概论》。

（5）《〈黄帝内经〉脾主四时理论探讨》。

（6）《脾主时令形成渊源初探》。

（7）《从〈黄帝内经〉时脏的确立看脾主长夏的主导地位》。

（8）《日本汉方医学的几个主要学术特点》。

（9）《"阳气"当作"元气"解》。

（10）《略述〈望诊遵经〉对内经理论的继承发挥》。

（11）《"诸呕吐酸，暴注下迫，皆属于热"的临床应用》。

（12）《〈内经〉胀病理论探讨》。

（13）《浅析〈内经〉"诸胀腹大，皆属于热"的临床意义》。

（14）《试论〈内经〉体质发病观》。

（15）《李东垣阴火解析》。

（16）《溃疡性结肠炎全球发病情况比较》。

（17）《形神关系及其在中医学的体现》。

（18）《学习〈黄帝内经〉五步法》。

（19）《〈黄帝内经〉呕吐哕病证探讨》。

（20）《日本汉方医学的盛衰消长及其对中医理论发展的启示》。

（21）《〈黄帝内经〉胆胃同治的理论探讨》，《中华中医药杂志》，2018。

（22）《〈灵枢·四时气〉"胆液泄则口苦，胃气逆则呕苦"》的临床意义，《中国中医急症》，2014。

（23）《郑红斌治疗胆汁反流性胃炎经验》，《浙江中医杂志》，2014。

（24）《郑红斌辨治反流性食管炎经验》，《浙江中医杂志》，2015。

5.《黄帝内经》相关研究成果

（1）《内经精要译注》，2016出版。

（2）《黄帝内经白话详解》，2012出版。

（3）《医经小学》，2015出版。

（4）《修龄要指》，2014出版。

（5）《医宗金鉴四诊心法要诀白话解》，2010出版。

（6）《〈黄帝内经〉呕吐哕病证探讨》，发表于《中华中医药杂志》，2015，30（7）：2316-2319。

（7）《浅析〈内经〉"诸胀腹大，皆属于热"的临床意义》，发表于《江西中医药大学学报》，2015（2）：15-17。

（8）《〈内经〉胀病理论探讨》，发表于《浙江中医药大学学报》，2014（12）：1378-1381。

（9）《〈灵枢·四时气〉"胆液泄则口苦，胃气逆则呕苦"的临床意义》，发表于《中国中医急症》，2014（12）：2385-2386。

（10）《试论〈内经〉体质发病观》，发表于《浙江中医药大学学报》，2012（8）：855-857。

第四节　肺脾之星郑小伟

一、良师益友

（一）师生情深

1983年5月经浙江省人民政府同意，省卫生厅、省中医学院批准，由程志清同志和我担任陆芷青教授的助手，传承整理陆芷青教授的学术经验。同年7月，我开始了为期五年的跟师学习。

初见导师陆芷青是在门诊，我内心十分紧张，还没来得及跟陆老打招呼，陆老便坐下开始了一日的门诊工作，仔细的询问病患情况，询问结束后

又是一言不发，默默脉诊，然后舌诊，结束后又耐心询问了患者几个问题，才看向了我，并未有任何寒暄，只说了一句"甘露消毒丹"。第一次跟着陆老抄方的我愣了几秒，才反应过来，迅速的写下了方药，陆老检查了一遍，确认无误，又是一阵沉默，我一直没有听到陆老的回复，不由得开始担心自己方药是否有问题，悄悄抬头，只见陆老温和地看了我一眼，同时将写好的方子递给了患者，并且不厌其烦地嘱咐患者平时该如何调护、避开哪些禁忌。虽然从接诊到患者离开，陆老始终对我未发一言，但那个温和的眼神已经认可了我，让我至今记忆犹新。

有了那个眼神的肯定，我仿佛是顺利通过了跟诊的第一关，内心更有了学习的动力。随后的跟诊日子里，陆老逐步对我有了新的要求。他常常对我们说"学而不思则罔，思而不学则殆"，意思是读书不临证，是谓读死书，务须验之临床，书就读"活"了。他还常常提醒我们"因地有高卑、气有寒温、年分老幼、性别男女、禀有厚薄，且病之变化无穷"，告诉我们应以书之"活"方去应万变之证，方能学而有所得。陆老十分强调学习中医经典，同时还考察我临床实践技能的掌握程度。因此每隔一周，他都会抽出半日时间与我一起学习中医经典，让我整理他的门诊医案并予以总结、点评，在不断地学习、交流过程中，我发现平时沉默寡言的陆老变得侃侃而谈，不经意间拉近了彼此的距离，更坚定了我学习的决心。

在临床上陆老特别强调医风医德，对患者和蔼可亲，诊断疾病过程中耐心询问、去伪存真、防止漏诊、误诊，为患者诊治时尊重患者，关心患者生活条件，为条件不好的患者绞尽脑汁地节约治疗成本，一切从实际出发，真心实意地替患者考虑。这种尽心尽责、医者仁心的良好品行给我学习和临证树立了榜样，不断影响着作为临床新手的我。

作为学习导师，陆老对待工作、学习态度十分严谨，在学业上给予了我极大的帮助，经常与我一起交流学术问题，但在日常生活中，他却极少与我交流，常常怕麻烦我而沉默寡言。陆老将自己的一生全部都投入到了中医事业中，很少为自己考虑，劳心工作也不太注重保养。记得有一次，我去陆老家看望他，那日他显得很高兴，热情地接待我，准备烧水沏茶，与我分享他新得的茶叶，水还未沸，却发现煤气罐中的煤气用尽了（彼时杭州市还未铺设管道煤气），我便主动去换来了新的煤气。但若不是正好碰到，这种事情，陆老是不肯麻烦我们去做的。诸如此类爱护学生、替学生着想、不舍得麻烦学生的例子太多了。由于陆老的子女大多在外地工作，唯一在身边的小女儿也有一些残疾，为此我留了一个心眼，有空便去陆老家，帮忙换煤气罐，干些力所能及之事，以报眷眷师恩。30多年过去了，往事历历在目，我常常和自己的学生提起此事，虽未听到陆老说过一声谢谢，但是我知道，他心里都记着。陆老虽不善表达，但其为人让我肃然起敬。

5年助手工作转瞬即逝，我与陆老虽然日常交流多在于学术，但情谊却日渐深厚。陆老已去世近10年，冥诞100周年，恰逢浙江中医药大学60周年校庆编写此书，在收集有关陆老生前的资料时，我意外收到了陆老去世前写好却未来得及亲手赠予我的一幅墨宝，上书一首刘禹锡的《乌衣巷》："朱雀桥边野草花，乌衣巷口夕阳斜。旧时王谢堂前燕，飞入寻常百姓家"。睹物思人，让我感到冥冥之中，我与老师虽阴阳相隔，但今生情谊不灭。

（二）润物无声

陆老学术经验丰富，从不藏私，因此许多经验我们都得到了很好的继承、发展。对于我来说，这些经验对我近40年的学习、临床、工作影响深远。

1.知整体、辨阴阳、看体质

陆老强调人体本身的统一性、完整性及其与自然界的相互关系，认为这种内外环境的统一性是人体生命活动正常进行的前提，尤其看重人与自然界存在着既对立又统一的关系。在治疗疾病的过程中，借鉴宋代陈无择提出"千般疢难不越三条"之"三因学说"，陆老将其概括为"因人制宜、因时制宜、因地制宜"的三因制宜原则。在辨证论治过程中，我深受陆老思维的影响，特别注意和分析外在环境与内在整体的有机联系，结合现代体质学研究，提出"知整体、辨阴阳、看体质"的临床思维。

《黄帝内经》中提出的"阴平阳秘，精神乃治"，讲究"春夏养阳，秋冬养阴"。即人体阴阳和谐平秘，则健康无病；阴阳失调逆乱，则百病丛生。在治疗疾病时，要强调人体的整体性，诊断上要诊察阴阳的失调状况，在治疗上重视纠正阴阳的偏盛偏衰，使人体失调的阴阳气血恢复至和谐平秘状态，这是治疗疾病的总则，春夏万物生发，热气蓬勃，性质属阳；秋冬万物萧凌，寒凉闭藏，性质属阴。人与天地相应，顺自然之气，春夏阳气盛于外虚于里，秋冬阴气主于外虚于内，人与四时相应，春生夏长秋收冬藏。即以调节阴阳为治疗总纲，而调理阴阳，需顺应天时。

在临床中，根据《黄帝内经》中的理论结合陆老经验，我认为要重视患

者的整体情况，在养护正气的基础上攻伐邪气，才能事半功倍。同时，强调要"具体问题具体分析"，即要根据患者情况分析，不可一概而论。具体来说，在江浙地区，自然环境良好，气温适中，一般情况下，雨量充沛，东面临海，江湖纵横，气候偏潮湿，饮食偏嗜甜咸，接诊的当地许多患者"湿气重"。但"湿气重"常不会成为患者的首要治疗诉求，考虑湿气困阻易导致疾病传变，有碍于治疗效果，不利于机体功能平衡，如同恶性循环。此细节虽小但千里之堤毁于蚁穴，不加重视易事倍功半，贻害无穷，因此我常常在用药时视患者情况，加入化湿理气药物如藿香、佩兰之属。

临证中我特别强调舌诊，一旦发生疾病，都能从舌头上反映出来。人体气血、阴阳、寒热、虚实、包括痰瘀等病理情况，都可以从舌上表现出来，如舌白常有寒虚，舌苔黄，舌质红常为有热，舌质紫则为有瘀，舌苔腻则为有痰湿等等。一个人的体质可以反映在舌象上，舌就像人体的一面镜子，因此，查验舌象是辨析体质的重要方法。

2. 中西合参

陆老受其父影响，踏入中医行业，钻研中医数十载，从中医经典到当代杂学，信奉"三人行则必有我师"，勤学好古，不耻下问。陆老半生投身于中医事业，并不排斥西医，在认识到西医的诊治优势后，积极接触西医。在日常生活中，许多患者习惯用西医病名，激励了陆老临床上开始中西融合，用西医方法进行诊断，用中医方药进行治疗，这种中西合参的思路和我的家庭氛围不谋而合。

我的母亲长年从事西医工作，我从小对西医耳濡目染，大学时开始接触中医，自然而然会对这两类医学进行比较、融合。跟随陆老学习后，在他的支持鼓励下，除了不断精炼自己的辨证论治水平，同时加强了对西医的学习。临床上遇到一些中医诊治疗效不明显的案例，我也会考虑结合现代药理研究，从现代医学的微观角度对病因、病理认识，结合中医辨证原则来判断，选用有明确药理作用的中药，达到精准用药来提高临床疗效。例如，外感热证伴感染性疾病，结合现代医学对中药的认识，我会选用明确具有抗感染作用的中药，如大青叶、黄芩、焦栀子等，这既是按传统四诊所得的辨证用药，也是从疾病发病的特点、局部病理特性来用药，可见中西医在基础理论方面是有共通性的。

鉴于此，我在教学工作中常强调，在21世纪日新月异的科技大环境下，中医学生不仅要扎实掌握中医的基本理论知识，也应尽可能地多学习现代医学知识，掌握现代科技带给医学的先进成果，用现代化手段更深入了解中医深奥难解的理论知识，紧跟时代步伐，做到活到老学到老。这不仅能切实提高临床疗效、减轻患者的痛苦，更是对自己职业素质的进一步提升。

我在跟随陆老学习的过程中，收获满满，不胜枚举，以上两个方面是我在学习、传承过程中感触最深的，也是促使我不断继续学习的原始动力。随后多年总结的个人临床经验及协定处方，有些也是从陆老思维中提炼出来的。回想当年年少时，对老一辈名家如何制定验方的思路不甚了了，经历多年自己临证、课题科学研究后，才慢慢体会到陆老当初制定经验药方时斟酌严谨的不易。这些从多年临床经验反复淬炼提取出来的经验方，几乎可以代表陆老在行医过程中独特的思维方式，只有不断临证才能渐渐悟出其中门道，真正了解陆老认真严谨的辨证论治技巧。因此，我在独立门诊时，也慢慢地形成了这种辨证论治的思维方式，在不断的临证中，反复优化药物配伍。

我想，这就是陆老留给我，也是留给中医事业的一份宝藏，我期待，未来还有更多的人来继续挖掘。我相信，陆老的学术思想，绝不会止步于此。

（三）踵事增华

我从事中医临床工作30余年，对内科常见病、多发病及疑难杂症的论治颇有心得，尤其擅长对慢性咳嗽、支气管哮喘、肺结节、咽喉炎、胃病疾病和心胆病的调治，在肺系疾病和脾胃系疾病方面取得了一定成就。

1. 肺系疾病

中医认为，肺主气，司呼吸，为体内外气体交换的通道。唐代王冰曾说："言脉气流经，乃为大经，经气归宗，上朝于脉，肺为华盖，位复居高，治节由之，故受百脉之朝会也。故肺朝百脉，然乃布化精气，输于皮毛矣"。我十分赞同这个观点，肺为华盖，其位最高，清肃之脏，气降为顺，且肺为娇脏，不耐寒热，不容异物，外感和内伤因素都极易引起损伤病变，而这些汇集于肺，无外乎咳、痰、喘。因此，我将治疗肺系疾病30余年的经验分享如下。

（1）顽固咳嗽：临床观察发现，不仅冬春寒冷易致风寒外侵，夏秋炎热时节因贪凉等导致寒邪犯肺的情况也不少见。此时的风寒咳嗽，只需温宣肺卫，则肺气上逆之症，迎刃而解，不止咳而咳自止。但此时许多患者不重视，滥用抗生素、润喉片、清热解毒中药，或不重视调养，贪凉饮冷、反复

受凉，将会使肺气郁闭，非但不能止咳，反会使咳嗽迁延，客邪留恋。即便治疗当时颇有疗效，若不加养护，复感外邪，会导致病情加重，出现咳嗽日久，耗伤正气，损及他脏，遂出现机体抗御外邪能力低下，人体免疫调节能力下降，对寒冷和气温变化更为敏感，易发感冒和继发感染，而引发病情的反复和急性加重，最终导致慢性咳嗽。又或因心气不足，脾虚湿盛，肝火犯肺，肾虚体弱等原因使脏腑有病，功能失调，影响及肺，又受外邪引发咳嗽或加重原本咳嗽。此时本虚与标实互为因果，相互影响，在临床上难以快速见效和根治。诸如此类的情况常使医患均陷于被动地位，疲于应付。所谓"邪之所凑，其气必虚"，我结合多年临床经验，转换思维方式，采用边攻边防的治疗模式，扶正与祛邪同时进行，标本同治，变被动为主动。提高患者全身和局部的防御功能，强化"扶正以祛邪"，可有效减少慢性咳嗽的急性发作次数，提高防治效果。

（2）哮喘：通常情况下，中医把"哮喘"分为"哮病""喘病"两类。哮病是由于宿痰伏肺，遇诱因或感邪引发，以致痰阻气道，肺失肃降，痰气搏击所引起的发作性痰鸣气喘疾患。发作时常有喉中哮鸣有声，呼吸气促困难，甚至喘息不能平卧等主要表现。此外，中医学认为肺为气之主，肾为气之根，肾不纳气，则会影响呼吸功能及全身之气升降出入运动。动则喘促、呼多吸少被认为是肾不纳气或肾失摄纳的主要表现。因此，我认为哮喘的主要病理特点是宿痰伏肺和肾不纳气，治疗过程中应该祛痰、补肾并重，这是我临床治疗哮喘的一个要点。

多数医家认为治疗哮喘应恪守"急则治其标，缓则治其本"的原则。但我认为无论是哮喘的急性期，还是稳定期，虚实夹杂的证候表现全程都可见，当临床表现是实证为主要矛盾时，虚证为次要矛盾却左右实证的治疗效果；当临床表现是虚证为主要矛盾时，实证又常成为引发病情复发的重要诱因。因此在治疗哮喘的过程中，重视虚实夹杂的问题存在于治疗的各个阶段，这对提高临床疗效、有效稳定病情，甚至治愈患者，都将发挥重要作用。虽然中医药治疗哮喘效果显著，但我并不过高估计中医的治疗效速，常嘱咐患者在急性发作期选择性地使用激素、支气管解痉、抗过敏药等药物治疗，及时有效地控制哮喘，用药过程渐次停药，中西医结合治疗，减少药物副作用，提高患者的生存质量。

（3）肺结节：结节病为一种可侵犯全身多系统的慢性疾病，多见于中、青年女性，以肺、肺门淋巴结最常受累，临床上结节90%累及肺，其基

浙江中医临床名家·陆芷青

本病变为形成非干酪样坏死性肉芽肿，也可累及浅表淋巴结、皮肤、眼、扁桃体、肝、脾、骨髓等处，病因及发病机制目前尚不清楚。现在定期体检越来越被大家重视，在体检时发现肺结节的情况也越来越多。目前，临床上对肺结节的基本治疗原则是以定期观察影像学变化为主要处理策略，对经过上述检查高度怀疑恶性时，处理应当更为积极，以手术探查（胸腔镜或开胸）为主。除了手术治疗，至今无特殊有效的治疗方法，因为该病对激素反应较好，患者可以选择激素疗法，但对于后期激素难以减停及纤维化形成的问题西医也没有很好的解决办法。

我在临床的体会是对于肺结节的诊治，中医中药效果还是不错的，中西医协同治疗时主要是能减少激素的副作用和依赖，对纤维化的患者来说，可以最大程度恢复或保持肺功能，提高生活质量。西医治疗对患者副作用太大，一般并不建议患者采用手术或激素治疗。结合我多年的临床经验，经过不断探索与改良治疗方式后，总结出了"消肿散结、改善体质、提高患者的抗病能力"的治疗原则。即在治疗中先针对症治疗改善症状，缓解患者痛苦，而后加入消散结节的特色中草药，用量由小到大，缓缓而进，并在治疗疗程后期注意增强患者体质，去除邪气的同时培育正气，在治疗疾病的同时提高患者抗病能力，有效防止复发。

2. 脾胃疾病

脾胃病是我临床诊治的常见病之一，我比较推崇健脾保元的脾胃观点，提倡《脾胃论》中"调理脾胃，安和五脏"的学术思想。此外，我十分认可"脾胃虚实，病之根本"的观点，认为脾胃病以脾虚为主，临证诊治多立足于补脾胃之气，一方面健脾可巩固正气，另一方面脾胃吸收功能提高有利于药物的吸收，提高治疗质量。因此，我在临证用药上多偏于温补，善用白术、茯苓、山药、人参、黄芪等药。

（1）胃脘痛：是胃气阻滞，胃络瘀阻，胃失所养，导致上腹胃脘近心窝处经常发生疼痛为主要表现的一种脾胃肠病证，又称胃脘痛。此多由感受外邪、饮食失宜、情志失调及素体脾胃虚弱所致，主要涉及西医学慢性胃炎、消化性溃疡、功能性消化不良等病症。我认为胃痛的病机无外乎"不通则痛""不荣则痛"，其中"不通则痛"以实证为主要表现，"不荣则痛"则以虚证为主要表现。

在临床治疗胃痛的过程中，我首先强调的是辨明病因，实者理气祛邪为主，虚者调养脏腑为主，祛除病因，才能拨乱反正。寒邪伤胃则温之，气滞

阻滞则通之，饮食停滞则导之，湿热困阻则清之，血瘀阻络则化之，胃气虚弱则补之，胃阴亏虚则滋之等。若各证互相转化和（或）兼夹成病的，如寒热错杂、虚实夹杂、气血同病等，临床治疗时，应结合各证的临床特点，治疗则以通降和胃为主要原则，再综合考虑，具体分析，做到寓补于通，标本兼治。

（2）脾虚泄泻：泄泻亦称"腹泻"，大便质薄而势缓者为泄，大便如水而势急者为泻。现代一般合称，是指大便次数增多，粪便稀薄，甚至泻出如水样，分为急性泄泻和慢性泄泻两类。西医学认为腹泻可由多种原因引起，根据其不同的发病机制，分为渗透性腹泻、分泌性腹泻、渗出性腹泻（炎症性腹泻）、胃肠运动功能异常性腹泻等。而中医认为其是因各种原因导致脾胃运化失常，或元气不足、脾肾虚衰所致。

考虑到江浙地区自然环境与人文环境，我提出脾气不足，湿浊内生而导致江浙地区体质多偏"湿气重"的病理观点。患者常见大便稀溏，或完谷不化，迁延反复，稍进油腻、生冷食物则大便次数增多的症状，常伴见面色萎黄、身体困重、神疲倦怠。从其环境因素及湿热困脾的特点，常选用芳香化湿类药物，如玫瑰花、扁豆花、绿萼梅、厚朴花、蒲公英等，用药轻和，祛邪而不伤正，成为江浙地带医学治法运用上的一大特色。且脾胃病患，后天失养，又会累及其他脏腑，需补脾胃以安其本，兼安五脏以治其标，丰富和完善了脾胃学说，对当代临床颇多借鉴意义。

3. 用药经验

（1）随症加减：传统医学根据症状的轻重、缓急，将不同的药物放在君、臣、佐、使不同的位置以组方，做到证、病、症三者兼顾，分清主次，合理配伍，充分发挥中药复方的特色。症状是构成证候的重要部分，一般来说，患者常以某种症状为主诉来就诊，因此在辨证与辨病结合的基础上，还要兼顾其主要症状的改善和消除。临床治病可从证候出发，通过辨证论治以消除症状，把治"症"作为主要矛盾来处理，即"急则治其标"。

专病专药自古有之，在辨证论治的基础上，使用对病有独特疗效的药物，疗效会更好。如独参汤专注于大补元气，这种对某种疾病具有特殊效果的药物，结合辨证情况来配伍使用，对于提高中医中药的临床疗效有所裨益。

（2）穴位敷贴："冬病夏治"，是指选择夏天炎热之季，采用适当的药物，以治疗某些好发于冬季，或在冬季加重的病变，如支气管炎、支气管哮喘、风湿性关节炎及类风湿关节炎等。这些疾病虽在夏季鲜有发作，但其宿根常存于体内。因此需要用一种手段，在夏季将这些宿根尽可能地祛除干净。因为夏季自然界阳气旺盛，人体阳气浮越，腠理开泄，气血趋于体表，此时用助阳药或温里、祛寒药，将这些药通过敷贴在穴位的方式，最易刺激穴位、激发经气，使药物有效成分易于汗腺渗透吸收，进入血液，可更好的发挥扶阳祛寒、祛除根因的作用。同时，可为秋冬储备阳气，使人体不易在冬季被严寒所伤。三伏贴就是此类治疗思想的一个重要体现，主要的做法就是将中药敷贴于相对应的穴位上进行治疗。

中医通常在三伏日进行穴位敷贴，我进一步将"三伏贴"发展成"周周贴"，将一个冬病夏治的预防医学思维扩大到疾病日常治疗，不拘于时节，提倡中药汤剂与穴位敷贴综合调理，内服加外治，协同作用，加强疗效。

二、人生经历

（一）个人简介

郑小伟，浙江中医药大学教授，主任中医师，博士生导师。历任中医诊断学教研室主任、中医临床基础研究所常务副所长、中医基础诊断学研究所所长、校长办公室主任、基础医学院院长、书记。从事中医治疗内科常见病和疑难杂病30余年，尤其擅长治理哮喘、气管炎、慢性咽喉炎、小儿咳嗽、肺心病、冠心病、胃病等。1982年毕业于浙江中医学院，1987年在上海中医药大学修完硕士研究生课程，1999年获教授、主任中医师职称，2003年评为博士研究生导师。2004年成为浙江省高校"重中之重学科"中医临床基础学科方向负责人，2007年被评为国家重点学科中医临床基础证候现代化研究学科带头人，2010年被评为浙江省中医药重点学科中医临床基础学学科带头人，2012年被评为浙江省机能实验教学示范中心负责人、学科带头人。

（二）成长经历

少年时期的我自强独立，从小具有探索精神。家中长辈工作繁忙，我经常自己一个人外出"探险"，从大街小巷到荒林野岛。在母亲的影响下，我对医学有着浓厚的兴趣，同时民间一些郎中的妙手回春之术深深吸引了我的注意力，虎杖根、蝉衣、蒲公英、菊花、凤尾草、薏米、百合、陈皮等，

这些生活中司空见惯的茎叶花果，在妙手下熬出一碗碗酽酽药汁，于悠悠苦香中竟能起到防治疾病的作用。中医竟是如此神奇。经过后来的探索，我的目标开始逐渐明确，西湖中央的荒岛（现阮公墩）随处可见的虎杖，掩藏于树叶光影下的蝉衣，隔壁小院中盛开的菊花，这些对我来说已不再是寻常景色，而是整个秘密花园。花近一个小时的时间，从少年宫游泳到西湖中央的荒岛上，采集蝉衣成了我每年夏天的最大乐趣。随后的一次机缘巧合，一本偶然得到的中药书，更是开启了我与中医的不解之缘。

1977年高考恢复后，我参加了"文革"后的首次高考，曾纠结于计算机专业和中医学专业的抉择，最终被浙江中医学院录取，成为一名中医专业学生。由于在校表现优异，我毕业后留校任教，并在次年担任陆芷青老师的助手学习工作。同时，在上海中医药大学修完中医诊断学研究生课程。

在这短暂而又充实的5年时间里，我苦读中医，除了在上课时间认真学习中医知识，还充分利用课余时间自学中医经典。毕业后，我被分配到浙江中医药大学基础医学院，在学校老师和前辈的指点下，通过不断学习和钻研，我的医术得到了很大的提升。之后，我还在国医大师何任老师处继续学习，时间虽短，但皆有所获。在勤奋的学习与努力工作中我脱颖而出，我选择继续留在基础医学院，从事教学、科研、临床工作。在不断地积极进取中，担任了中医诊断学教研室主任，继续钻研中医诊断学，不断自我提升和发展，继而荣升教授、主任中医师，成为博士生导师。在任职中医诊断学教研室主任的工作中，我勤勤恳恳，不断历练自己，相继担任中医临床基础研究所常务副所长、中医基础诊断学研究所所长、基础医学院院长、书记一职。

现为中华中医药学会中医诊断学分会副主任委员，浙江省中医药学会中医诊断与方剂学分会主任委员、浙江省中西医结合呼吸病专业委员会副主任委员、浙江省中医药养生康复专业委员会副主任委员。国家重点基础研究发展计划项目"973"、国家自然科学基金、国家霍英东基金项目、浙江省重大科技项目评审专家，国家重点学科学术带头人，全国优秀教师。主持国家自然科学基金3项、省自然基金5项、省厅局级科技项目20项。主编著作6部，副主编著作12部，公开发表论文160余篇。培养博士后2名，博士生30余名，硕士生50余名。

三、春华秋实

（一）科研课题

1. 主持课题

（1）国家自然科学基金项目，微小RNAs和长链非编码RNA对胃溃疡肝郁脾虚证线粒体低氧调控机制的研究（No.81473596），2015～2018年。

（2）国家自然科学基金项目，Treg/Th失衡机制的转录因子、微小RNA在肾气虚哮喘中特征表达及益肾喘宁汤干预研究（No.81273664），2013～2016年。

（3）国家自然科学基金项目，肝郁脾虚证胃溃疡大鼠差异性蛋白质的表达及柴黄胃溃宁干预作用（No.81072755），2010～2013年。

（4）浙江省自然科学基金项目，肝郁脾虚证大鼠蛋白质表达谱的变化及柴黄胃溃宁对其干预的机制研究（Y207812），2007～2010年。

（5）浙江省自然科学基金项目，补中益气汤对脾气虚证胃泌素调节作用的基因表达研究（M303719），2003～2005年。

（6）浙江省自然科学基金项目，金匮肾气丸对肾阳虚皮质类固醇调节作用的基因表达研究（399020），2000～2003年。

（7）浙江中医药管理局项目，T-bet、GATA-3在肾气虚哮喘，模型的表达及中西医联合干预研究（2008CA005），2008～2010年。

（8）国家重点学科项目，中医实验动物模型方法学研究，2000～2009年。

2. 主要参与课题

（1）国家重点基础研究发展计划（973）项目，"性、味结合归经"的温凉药性共同规律研究（2007CB512603），2007～2010年。

（2）国家自然科学基金项目，急性发作期虚哮证的生物网络及镇喘保肺汤整体干预研究（No.81373521），2013～2017年。

（3）浙江省自然科学基金，多重基因分析技术对胃溃疡肝郁脾虚证本质的研究（LY19H270008），2019～2021年。

（4）浙江省自然科学基金，基于TFF/ERK通路研究柴黄胃溃宁对肝郁脾虚证胃溃疡大鼠的作用机制（LQ16H270003），2016～2018年。

（5）浙江省自然科学基金青年项目，胃溃疡肝郁脾虚证与线粒体低氧

调控机制的相关性研究（LQ15H270005），2015～2017年。

（6）浙江省自然科学基金，肾气虚哮喘的生物网络及益肾喘宁汤整体干预研究（LY13H270008），2013～2015年。

（7）中国博士后科学基金一等资助，胃溃疡低氧微环境中蛋白表达及柴黄胃溃宁干预作用（2013M540502），2013～2014年。

（8）浙江省自然科学基金，基于NM23/TIMP的表达探讨脾气虚症影响肿瘤转移的分子机制（Y206667），2007～2009年。

（9）浙江省中医药科技计划青年基金，基于代谢组学技术的脾虚证（脾气虚、脾阳虚）本质研究（2009YA004），2009～2011年。

（二）代表性成果

（1）中医经典课程传承与创新培养体系的构建与应用，国家级教学成果奖二等奖，2009。

（2）中医综合实验课教学改革的探索与实践，浙江省政府教学成果奖二等奖，2005。

（3）中医经典课程传承与创新培养体系的构建与应用，浙江省政府高等教育教学成果奖一等奖，2007。

（4）中医指套传感器虚拟脉象仪的研制，浙江省中医药科学技术创新奖二等奖，2005。

（5）肾气虚哮喘模型生物标志物探讨及益肾喘宁汤效用机制的研究，浙江省中医药科学技术奖二等奖，2018。

（6）中医实验动物模型方法学研究，浙江省科学技术进步奖三等奖，2001。

（7）金匮肾气丸对肾阳虚大鼠垂体$ACTH$基因表达的影响，浙江省科学技术成果奖三等奖，2004。

（8）补中益气汤对脾气虚胃泌素调节作用的基因表达研究，浙江省科学技术奖三等奖，2008。

（9）关于肾气虚哮喘的研究，浙江省科学技术奖三等奖，2013。

（10）补中益气汤对脾气虚胃泌素调节作用的基因表达研究，浙江省中医药科学技术创新奖三等奖，2007。

（11）十全大补汤对肿瘤转移干预作用的机理研究，浙江省中医药科学技术创新奖三等奖，2006。

（12）中医体格检查方法的规范化研究，浙江省中医科技进步奖三等奖，1998。

（13）舒心宝的临床与实验研究，浙江省中医药科学技术进步奖三等奖，1992。

（14）寒凝血瘀证实验动物模型的研究，浙江省中医药科学技术进步奖三等奖，1994。

（15）养阴生津法抗血瘀证作用机理的实验研究，浙江省科学技术进步奖三等奖及浙江省高校科研成果奖二等奖，2001。

（16）肝郁脾虚胃溃疡基因表达的研究，浙江省科学技术成果奖，2015。

（17）中医综合实验课教学改革的探索与实践，浙江中医药大学教学成果奖二等奖，2004。

（18）以临床辨证思维能力培养为核心的中医临床经典课程教育教学研究与实践，浙江中医药大学教学成果奖二等奖，2008。

（三）著作成果

（1）《实验中医学》（新世纪全国高等中医药院校创新教材），主编。

（2）《中医学概论》（浙江省高等教育重点教材），主编。

（3）《中医诊断学声像题库》，主编。

（4）《中医体格检查》，主编。

（5）《中医实验动物模型方法学》（全国研究生教材），主编。

（6）《中医诊断学》（全国中医药行业高等教育"十二五"规划教材），副主编。

（7）《中医诊断学》（全国高等中医药院校"十二五"规划教材），副主编。

（8）《中医诊断学研究思路与方法》，副主编。

（9）《中医诊断实验方法学》（普通高等教育"十一五"国家级规划教材，全国高等中医药院校教材），副主编。

（10）《中医学基础概论》（全国中医药行业高等中医药院校成人教育规划教材），副主编。

（四）专利成果

（1）一种用于模型构建中的大鼠束缚装置（专利号：ZL201620580913.X）。

（2）一种中医脉诊测试笔（专利号：20092011831.1）

附 录

学术传承脉络

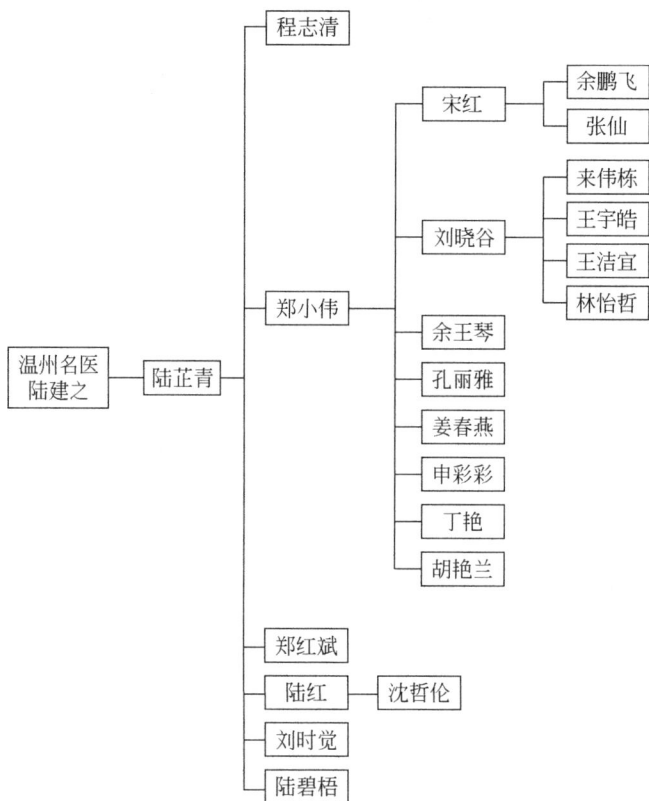

温州名医陆建之 → 陆芷青

陆芷青
- 程志清
- 郑小伟
  - 宋红
    - 余鹏飞
    - 张仙
  - 刘晓谷
    - 来伟栋
    - 王宇皓
    - 王洁宜
    - 林怡哲
  - 余王琴
  - 孔丽雅
  - 姜春燕
  - 申彩彩
  - 丁艳
  - 胡艳兰
- 郑红斌
- 陆红 → 沈哲伦
- 刘时觉
- 陆碧梧

陆芷青教授在家中读医书

陆芷青教授80寿辰师生合影（左程志清，中坐陆芷青教授，右1郑小伟）

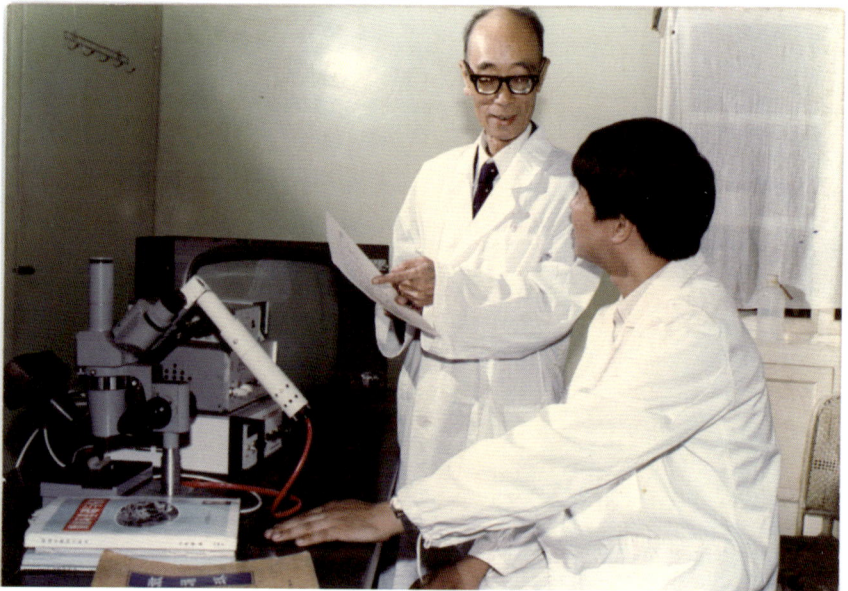

1989年陆芷青教授指导学生郑小伟科研

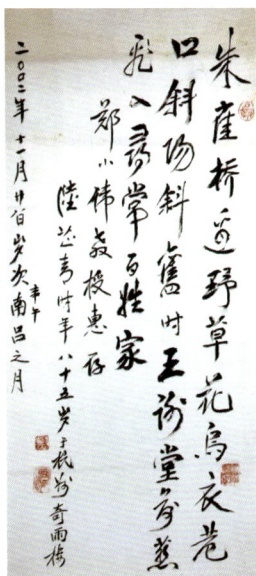
陆芷青教授85岁赠学生郑小伟墨宝

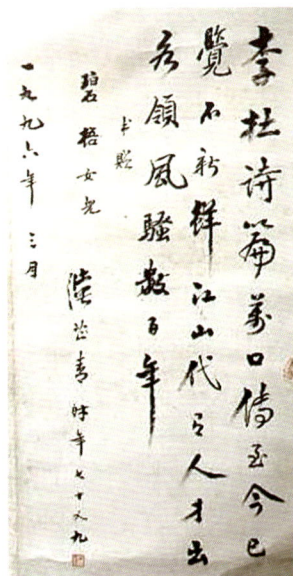
陆芷青教授赠女儿陆碧梧墨宝

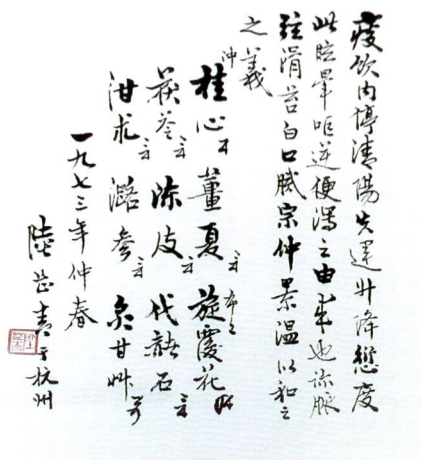
陆芷青教授临证药方墨宝

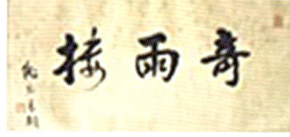

陆芷青教授"奇雨楼"墨宝

1987年9月27日陆芷青教授诊治胆病电脑程序鉴定会（前排左1为浙江省卫生厅中医处处长于诗俊，左2为浙江中医学院副院长魏欣甫，左3为卫生厅副厅长王绪鳌，中间为陆芷青教授，右1为国家级名老中医盛循卿，右2为浙江医院吴士元主任医师，右3为浙江省中医院院长杨继荪，右4为国家级名老中医裘笑梅，后排左1为郑小伟，中排右2为程志清）